论语通义

单英中 ◎ 著

北京理工大学出版社
BEIJING INSTITUTE OF TECHNOLOGY PRESS

版权专有　侵权必究

图书在版编目（CIP）数据

论语通义 / 单英中著. -- 北京 ： 北京理工大学出版社，2023.10
ISBN 978-7-5763-2792-2

Ⅰ. ①论… Ⅱ. ①单… Ⅲ. ①《论语》- 注释 ②《论语》- 译文 Ⅳ. ①B222.2

中国国家版本馆CIP数据核字(2023)第161159号

责任编辑：李慧智　　**文案编辑**：李慧智
责任校对：周瑞红　　**责任印制**：边心超

出版发行 /	北京理工大学出版社有限责任公司
社　　址 /	北京市丰台区四合庄路6号
邮　　编 /	100070
电　　话 /	(010) 68944451（大众售后服务热线）
	(010) 68912824（大众售后服务热线）
网　　址 /	http://www.bitpress.com.cn

版 印 次 /	2023年10月第1版第1次印刷
印　　刷 /	三河市华骏印务包装有限公司
开　　本 /	710 mm×1000 mm　1/16
印　　张 /	25.75
字　　数 /	358千字
定　　价 /	50.00元

图书出现印装质量问题，请拨打售后服务热线，负责调换

前言

孔子师徒的"长征路"

孔子生平

孔子名丘,鲁陬邑人。三岁丧父,母子相依。
自幼好学,十七丧母。十九成家,二十得鲤。
乘田小吏,学于郯襄。三十办学,近悦远来。
鲁乱适齐,四十不惑。三请不仕,修文教子。
天命出仕,一鸣惊人。司寇摄相,夹谷会盟。
力隳三都,止步郈邑。齐人离间,仕途遂断。
灵公问战,道异不谋。子畏于匡,厄于陈邦。
楚王欲封,阻于子西。周游列国,凡十四年。
年近古稀,康子归孔。老不求仕,删定经书。
七十读《易》,韦编三绝。鞠躬尽瘁,七十有三。

思想贡献

仁为核心,执御精神。愚公移山,一往无前。
不知不愠,不念旧恶。闻国有难,千里披肝。
自顾不暇,当仁不让。知人善任,子贡攻坚。
一门忠烈,五湖四海。教化民众,历尽艰险。
危难之际,不离不弃。难能可贵,始终如一。
宛如长征,一样热血。救亡图存,可歌可泣。

最小成本，实现大同。五美四恶，取代暴力。
以民为本，以德治国。德近于仁，法近于礼。
学而不厌，诲人不倦。中庸之道，忠恕而矣。
内仁外礼，内圣外王。修齐治平，天下为公。

文化智慧，述而有作，人文化成，传统承继。
伦理智慧，仁礼合一，古今之变，重义轻利。
政治智慧，德治民本，道之以德，齐之以礼。
教育智慧，因材施教，各遂其性，教依人立。
社治智慧，礼和为贵，古为今用，促进统一。

文行忠信，培育十哲。为人处世，实宜九思。
孝信礼廉，堪为八目。尧舜三代，史称七王。
好学六言，除却六蔽。惠劳欲泰，威加五美。
虐暴贼吝，合铸四恶。三省吾身，可言三知。
仕学行知，诚贵二优。修己安人，仁成一贯。

孔门群贤

弟子三千，桃李满天。受业身通，七十有二。
子以四教，文行忠信。论其能者，盖有十哲。
子贡一使，五国巨变。通达无匹，陈蔡脱困。
常相鲁卫，家累千金。尊师重道，立德立功。
子路果敢，片言折狱。忠勇过人，结缨而死。
颜回好学，德行居前。闵损至孝，不食污禄。
伯牛好德，子为叹息。仲弓庶子，可使南面。
冉求多艺，文武双全。宰予善辩，子亦无言。
吾门有偃，吾道其南。子夏文采，承继儒学。
参鲁师辟，大器晚成。有若子羽，不可小觑。

《论语》结构

学而为仁,切磋琢磨。为政以仁,譬如北辰。
礼为仁表,礼可彰仁。里仁为美,德必有邻。
为仁标准,心系苍生。仁行中庸,博文约礼。
教化养仁,文行忠信。往圣之仁,尧舜禹周。
仁者无忧,玉汝于成。礼仁日常,张弛有度。

先进于礼,孔门十哲。为仁以礼,礼仁共生。
仁政之路,上行下效。礼仁守则,下学上达。
治国之道,言语为要。齐家之道,参政议事。
修身之道,德行为先。得道多助,仁才相依。
后继有人,其道大光。仁政纲要,至圣三知。

古今赞誉

子贡尊师:夫子难及,犹天不阶。他贤丘陵,子为日月。
颜渊谓师:仰之弥高,钻之弥坚。博我以文,约我以礼。
战国孟子:出于其类,拔乎其萃。子集大成,金声玉振。
战国荀子:德齐周公,名并三王。好学宗师,治世大儒。
汉董仲舒:素王之政,平治天下。罢黜百家,独尊儒术。
汉司马迁:高山仰止,景行行止。君王时荣,至圣流芳。
唐李世民:尧舜之道,周孔之教。如鸟有翼,如鱼依水。
唐代韩愈:生民未有,贤过尧舜。尊王攘夷,赓续道统。
宋帝赵恒:立言不朽,垂教无疆。人伦之表,帝道之纲。
宋代朱熹:天无仲尼,万古长夜。
明帝宪宗:布帛粟菽,民不可缺。
明王守仁:存养慎独,化育参赞。
清帝康熙:日月并行,天地同运。
梁启超评:平凡伟大,难及可学。
孙中山评:大道之行,天下为公。三民主义,继承周孔。
蔡元培评:孔子德行,朗如日月。万世师表,灿若星辰。

梁漱溟评：子贵态度，不计利害。
毛泽东评：孔子孙文，承继遗产。
日本伊藤：最上至极，《论语》第一。
美国加州：孔子诞辰，成教师节。
诺奖得主：新的世纪，回取孔智。
英国罗素：中国文化，基于孔子。文明复兴，世界中心。
世界宗教：逾百组织，共同宣言。己所不欲，勿施于人。
联合国评：世界名人，子列榜首。

2022年12月31日

| 学而第一 | 001 |

学而为仁：1.学之内容 2.学之效果 3.为学三要

| 为政第二 | 023 |

为政以仁：1.德行第一 2.言语第二 3.政事第三

| 八佾第三 | 043 |

礼为仁表：1.无仁无礼 2.礼可彰仁 3.仁为礼本 4.礼不求全

| 里仁第四 | 065 |

里仁为美：1.仁不可缺 2.仁的表现

| 公冶长第五 | 081 |

为仁标准：1.弟子优缺 2.为官仁德 3.仁之四面

| 雍也第六 | 103 |

仁行中庸：1.守中 2.守庸 3.中庸结合 4.五个难点

| 述而第七 | 127 |

教化养仁：1.先师画像 2.仁与义礼 3.教书育人

| 泰伯第八 | 161 |

往圣之仁：1.仁礼相依 2.养仁三步 3.仁以成圣

| 子罕第九 | 179 |

仁者无忧：1.利与命仁 2.玉汝于成 3.仁贵有恒

| 乡党第十 | 199 |

礼仁日常：1.公私举止张弛有道 2.衣食住行皆有礼

先进第十一 ·············· 215

先进于礼：1.学礼有成 2.礼行中庸 3.志当达礼

颜渊第十二 ·············· 237

为仁以礼：1.礼存仁在 2.仁归礼复

子路第十三 ·············· 257

仁政之路：1.复礼正名 2.仁政常德 3.文教育人 4.仁政效果

宪问第十四 ·············· 279

礼仁守则：1.仁的表现 2.大仁小义 3.到位不越位 4.知其不可而为之 5.君子定义

卫灵公第十五 ·············· 307

治国之道：1.首重言语 2.仁有三难

季氏第十六 ·············· 333

齐家之道：1.首重政事 2.言语第二 3.德行第三

阳货第十七 ·············· 345

修身之道：1.德行为先 2.不学无仁 3.言语贵实 4.仁义礼智

微子第十八 ·············· 365

得道多助：1.仁者之风 2.隐者之嘲 3.仁才相依

子张第十九 ·············· 377

后继有人：孔门五子

尧曰第二十 ·············· 393

仁政纲要：1.往圣之政 2.孔子之政 3.至圣三知

后记：《论语》的声音 ·············· 399

学而第一

学而第一

本篇提要

《学而》是《论语》第一篇的篇名。《论语》中各篇看似以第一章的前两三个字作为该篇的篇名，但通读之后实有深意。《学而》篇包括16章，497字，开宗明义提出学之内容（1～8章）、学之效果（9～12章）、为学三要（13～16章）三个方面，即文、行、忠、信四项内容；上可安民、中可知政、下可知人、中庸为贵四大效果；乐学、友贤、修己三个要求。

【原文】

1.1 子①曰："学②而时习③之，不亦说④乎？有朋⑤自远方来，不亦乐⑥乎？人不知⑦而不愠，不亦君子⑧乎？"

【注释】

①子：中国古代对男子的尊称。《论语》中"子曰"的子，都是指孔子而言。②学：主要是指学习为人处世之道，包括小六艺，即礼、乐、射、御、书、数，也包括大六艺，即六经：《诗》《书》《礼》《乐》《易》《春秋》等传统文化典籍。③时习：时，意为在适当的时候或者时机。《说文解字》："习，鸟数飞也。"这里主要指演习、练习。④说（yuè）：通"悦"，愉快、高兴的意思。⑤有朋："同门曰朋，同志曰友"，即同在一位老师门下学习的叫朋，泛指志同道合的人。⑥乐：与"悦"有异有同，悦在内心，乐见于外。⑦人不知：知，是了解的意思。人不知，是说别人不了解自己。⑧君子：《论语》中的君子，一般指孔子理想中具有高尚人格的人。

【译文】

孔子说:"学了又能适时运用、演练,不是很高兴吗?有志同道合的人从远方来,不是很快乐吗?人家不了解我(不用我),我也不怨恨、恼怒,不也是一个有德的君子吗?"

【评析】

学有所悟的欣喜、学有所成的收获(有认同者、追随者)、学至大成的不愠三个阶段实际上也对应了:一、自修学道,学有所思、习有所得,朱熹侧重格物致知的"学",写出了《近思录》;王阳明注重知行合一的"习",写出了《传习录》。二、共修行道,近悦远来、切磋琢磨,去除"意必固我",协作共事。三、专注弘道,修为德行,知其不可而为之。人最不能接受的是委屈,能做到"人不知而不愠"的少之又少。人都有"潜龙在渊"的时候,需要耐心等待"飞龙在天"的机会。

本章以"君子"二字结尾,"君子"一词在《论语》中出现了一百多次,某种程度上,可以把《论语》称为《君子学》。"君子"最早出现于《尚书·大禹谟》("君子在野,小人在位")、《易经》("天行健,君子以自强不息")等典籍中。"君"字从尹从口,甲骨文上代表"手持权杖,发号施令"之意。《论语》中的君子多指德高位尊之人。

仁、智、勇是君子的三达德,三者合一谓之中庸。君子是一个修行的过程,"志于道,据于德,依于仁,游于艺"。具体要做到"四不""九思":"四不"即君子不妄动,动必有道;君子不徒语,语必有理;君子不苟求,求必有义;君子不虚行,行必有正。"九思"即视思明、听思聪、色思温、貌思恭、言思忠、事思敬、疑思问、忿思难、见得思义。

朱熹说此章是"入道之门,积德之基"。笔者认为本章是整部《论语》的"书眼",言简意赅地展现了孔子学而不厌、诲人不倦、注重修养的高尚品质以及良好的情绪管理能力。此三句分别对应礼、义、仁,立言(修身)、立功(齐家)、立德(治国平天下)。

【原文】

1.2 有子^①曰:"其为人也孝弟^②,而好犯上者^③,鲜矣;不好犯上,

而好作乱者，未之有也④。君子务本⑤，本立而道生⑥。孝弟也者，其为仁之本⑦与！"

【注释】

①有子：孔子的学生，姓有，名若，比孔子小33岁。《论语》中记载的孔子学生，一般都称字，曾参和有若称"子"。因此，许多人认为《论语》即由曾参和有若及其弟子所著述。但实际上还有子贡、闵子骞、冉有亦称端木子、闵子、冉子，故前述不足信。②孝弟：善事父母曰孝，善事兄长曰弟。弟通"悌"，孝、悌是孔子和儒家特别提倡的两个基本道德规范。③犯上：犯，冒犯、干犯。上，指在上位的人。④未之有也：此为"未有之也"的倒装句型。⑤务本：务，专心、致力于。本，根本。⑥道：此处的道，指孔子提倡的仁道，即以仁为核心的整个道德思想体系及其在实际生活的体现。⑦为仁之本：仁是孔子哲学思想的最高范畴，又是伦理道德准则。为仁之本，即以孝悌作为仁的根本。

【译文】

有子说："孝顺父母，顺从兄长，而喜好触犯官长，这样的人是很少见的；不喜好触犯官长，而喜好造反的人是没有的。君子专心致力于根本的事务，根本建立了，治国做人的原则也就有了。孝悌就是仁的根本啊！"

【评析】

在这一章句的基础上产生了一本唐玄宗作序的儒家经典著作《孝经》。有子在这里强调天下的事情有本有末，如果只去务其末，通常会劳而无功；君子凡事都要务根本，要在切要处用力，要聚焦在根本点上，只有根本牢固了，才能枝繁叶茂。习惯成自然，养成"孝悌"的习惯，就有了成仁德的基石。《论语》中出现了"二十四孝"中的三位：闵子骞（芦衣顺母）：母在一子寒，母去三子单；子路（百里负米）：子欲养而亲不待；曾子（啮指痛心）：母子连心，身体发肤受之父母，善待自己就是善待父母的财产。还有子贡（六年守孝）：鲁卫两国宰相，事务繁忙，庐墓六年。有若认为，能够在家中对父母尽孝、对兄长顺服，是在外对国家尽忠的前提。儒家认为，在家中实行了孝悌，国家内部就不会发生"犯上作乱"的事情；再把孝悌推广到劳动民众中去，民众也会服从，而不会起来造反，这样就可以维护国家和社会的安定。在春秋时代，周天子实行嫡长子继承制，其余庶子则分封为诸侯，诸侯以下也是如此。整个社会从天子、诸侯到大夫这样一种政治结构，其基础是封建的宗法血缘关系，而孝、悌说正反映了当时宗法制社会的道德要求。

孝悌是儒家八条伦理道德原则"孝悌忠信礼义廉耻"居首的两条，与社会的安定有直接关系。孔子看到了这一点，所以他的思想主张由此出发，他从"为人孝悌就不会发生犯上作乱之事"这点上，说明孝悌即为仁的根本这个道理。秦朝推行严刑峻法，两世而亡；周朝推崇忠孝，存续了八百年。自春秋战国以后的历代封建统治者和文人，都继承了孔子的孝悌说，主张"以孝治天下"，汉代即是一个显例，对民众的道德观念和道德行为产生了极大影响，也对整个中国传统文化产生了深刻影响。人之初性本善还是性本恶，是个有争议的话题。但人们有一个共识：道高一尺，魔高一丈，人学坏容易变好难，人心惟危，需要防微杜渐。我们要重视对于原典的学习，读历史沉淀下来的经典书。

"仁"的解读：仁是一个人在天地、日月之间，应该要采取的合适的为人处世的方式和方法。仁就是爱，爱自己、爱他人、爱世界，可以跟西方的自由、平等、博爱一一对应。爱自己即自尊自爱，爱别人即待客如己，爱世界即天下为公。这三种爱也可以用三个字分别对应：真、善、美。爱自己首先要找到真我真诚待人。良言一句三冬暖，恶语伤人六月寒。任劳容易任怨难，成己达人多为善。爱世界才能美美与共。要放下自身的好恶，倾听别人的声音，兼容并包，海纳百川。一定要对不同的声音有充分慎重的评估。要叩其两端，不能执其一端。理解"仁"的内涵有三组概念需要重视：一是仁义礼智信，仁是内在的，礼是外在的；二是温良恭俭让，侧重个人修身；三是恭宽信敏惠，属于齐家治国的角度。"仁"是我们心灵的家园，是我们精神的归宿。

有若，鲁国人，《论语》中提及4次。有若为人和易笃行，是孔子晚年的得意弟子。他强记好古，明习礼乐，倡和睦，重礼教。在与鲁哀公论政时，提出了"百姓富足了，国君怎么会不够？百姓贫困，用度不

够，国君又怎么会够"的"贵民"观点。他还提出孝悌"为仁之本""礼之用，和为贵"等主张，丰富了儒家的学说。他亦曾辩证地论述过"礼"与"和"之间的关系。他说，礼的应用，要以能够斟酌损益，从容中和为最可贵。假如什么事情都死守着礼规不放，有时也会行不通的；一味地用"和"，而不用"礼"来规范，也是不行的。

因为有若的相貌气质和孔子非常相像，所以当孔子去世以后，弟子们思念老师，就把有若当作老师一样地对待。但曾子认为孔子如同用江汉的水洗濯过，如同在盛夏太阳下暴晒过，洁白得无以复加，无与伦比，不同意把有子当作孔子来对待。有子去世后，葬于肥城，鲁悼公曾向他吊唁致哀。

【原文】

1.3 子曰："巧言令色①，鲜矣仁。"

【注释】

①巧言令色：巧是好，令是善。巧言令色，装出和颜悦色的样子。

【译文】

孔子说："花言巧语，装出和颜悦色的样子，这种人的仁心就很少了。"

【评析】

张居正评曰："盂人之常情，莫不喜于顺己，彼巧言令色之人，最能逢迎取悦，阿徇取容，人之听其言，见其貌者，未有不喜而近之者也。既喜之而不觉其奸，由是变乱是非，中伤善类，以至覆人之邦家者，往往有之矣！"孔子和儒家学说的核心是仁，仁的表现之一就是孝与悌。这一章，孔子讲仁的反面，即为花言巧语，工于辞令。儒家崇尚质朴，反对花言巧语；主张说话应谨慎小心，说到做到，先做后说，甚至做到不一定说，反对说话办事随心所欲，只说不做，停留在口头上。这表明，孔子和儒家注重人的实际行动，特别强调人应当言行一致，力戒空谈浮言，心口不一。这种踏实态度和质朴精神长期影响着中国人，成为中华传统思想文化中的精华内容。

【原文】

1.4 曾子①曰："吾日三省②吾身：为人谋而不忠③乎？与朋友交而不信④乎？传不习⑤乎？"

【注释】

①曾子：名参（shēn），字子舆，比孔子小46岁，生于公元前505年，鲁国人，孔子的得意门生，以孝出名。②三省：省（xǐng），检查、察看。三省，从三个方面检查。③忠：指对人应当尽心竭力。④信：诚实守信。⑤传不习：传，老师传授给自己的。习，指温习、实习、演习等。

【译文】

曾子说："我每天从三方面反省自己：为别人办事是不是尽心竭力了呢？同朋友交往是不是做到诚实可信了呢？老师传授给我的学业是不是温习了呢？"

【评析】

儒家十分重视个人的道德修养，以求塑造理想人格。而本章所讲的自省，则是自我修养的基本方法。在春秋时代，社会变化十分剧烈，人们的思想信仰开始发生动摇，传统观念似乎已经在人们的头脑中出现危机。于是，曾参提出了"反省内求"的修养办法，不断检查自己的言行，使自己修炼成完美的理想人格。《论语》中多次谈到自省的问题，要求孔门弟子自觉地反省自己，进行自我批评，加强个人思想修养和道德修养，改正个人言行举止上的各种错误。张居正说："曾子之学，随事精察而力行之，故其用功之密如此。然古之帝王，若尧之兢兢，舜之业业，成汤之日新又新，检身不及，亦此心也，此学也。故《大学》曰：'自天子以至于庶人，壹是皆以修身为本。'"这种自省的道德修养方式在今天仍有值得借鉴的地方，因为它特别强调进行修养的自觉性。

在本章中，曾子还提出了"忠"和"信"的范畴。忠的特点是一个"尽"字，办事尽力，死而后已。如朱熹所说，"尽己之谓忠"。"为人谋而不忠乎"，是泛指对一切人，并非专指君主。即指对包括君主在

内的所有人，都尽力帮助。至于汉代以后逐渐将"忠"字演化为"忠君"，这既与儒家的忠有关联，又有重要的区别。"信"的含义有二：一是信任，二是信用。其内容是诚实不欺，用来处理上下级和朋友之间的关系，信特别与言论有关，表示说真话，说话算数。这是一个人立身处世的基石。

"传不习乎"，我们上学都有体会，听课似乎都懂了，一做习题就不会了。如果不去做题，都不知道自己不会，还以为自己会了。所以每天学的东西，一定要及时复习、练习，放事上演习，才知道自己到底学没学到手。王阳明的《传习录》，就强调"放事上琢磨"，若不放在具体事情上琢磨推演，并且经历过、运用上，就不算真正学到。

曾参，鲁国南武城(今山东嘉祥县)人，《论语》中提及17次。出身于没落贵族家庭，是曾点的儿子。青壮年时参加过农业劳动，因为经常干粗活，手足生出了老茧。往往是三天不煮饭，十年不添置新衣。曾做过小官。

曾子性情沉静，举止稳重，为人谨慎谦恭，以孝著称于世。十六岁拜孔子为师。一次，他在孔子身边侍坐，孔子就问他："以前的圣贤之王有至高无上的德行和精要奥妙的理论，用之教导天下之人，人们就能和睦相处，君王和臣下之间也没有不满，你知道它们是什么吗？"曾子听了，明白老师要向他传授最深刻的道理，于是立刻从坐着的席子上站起来，走到席子外面向老师请教。

他学习刻苦，从孔子教导中悟出"三省吾身""慎独"等修养方法，注重"信"的品德。传说他的妻子要去集市，孩子哭着要跟随，妻子就哄孩子说："别哭，我回来后就杀猪给你吃。"结果，她回来后，曾子就真的把猪杀了，并说对小孩子也不能失信。他从理论和实践上都特别重视孝道，受到孔子的赏识。他对名利、权势十分淡泊，鲁国的国君几次派人要封给他一块采邑，曾子都坚决不受。别人问他原因，他说："我听说，接受别人馈赠的人就会害怕得罪馈赠者；给了人家东西的人，就会对接受东西的人显露骄色。那么，就算国君赏赐我采邑而不对我显露一点骄色，我能不因此而害怕得罪他吗？"孔子知道后，评价说："曾参的话，是足以保全他的节操的。"齐、楚、晋等国也都曾请他去做大官，他都辞而不就。一生全力埋头研究学习孔子的教导和收徒讲学，积极推行儒家学说，传播儒家思想。相传著有《孝经》和《大学》。

从儒家的道统来说，孔子的孙子孔汲(子思)师从曾子，又传授给孟子。因此，曾参上承孔子之道，下启思孟学派，对孔子的儒学思想既有继承，又有发展和建树。

【原文】

1.5 子曰："道①千乘之国②，敬事③而信，节用而爱人④，使民以时⑤。"

【注释】

①道：通"导"，治理的意思。②千乘之国：乘（shèng），意为辆。这里指古代军队的基层单位。每乘拥有四匹马拉的兵车一辆，通常车上甲士3人，车下步卒72人，后勤人员25人，共计100人。千乘之国，指拥有一千辆战车的国家，即诸侯国。春秋时代，战争频仍，所以国家的强弱都用车辆的数目来计算。③敬事：对待所从事的事务要严肃认真、一丝不苟。④爱人：人，指士大夫以上各个阶层的人，与民相对。⑤使民以时：时指农时。古代百姓以农业为主，这是说要按照农时耕作，与收获季节错开役使百姓。

【译文】

孔子说："治理一个拥有一千辆兵车的国家，就要严肃认真地办理国家大事而又恪守信用、诚实无欺，节约财政开支而又爱护官吏臣僚，役使百姓要不误农时。"

【评析】

治国有五大要事：第一是要敬事。面对每一件事，首先要敬，有敬畏。做领导日理万机，第一重要的是对每一件事都要心存敬念。因为一念之差就可能有举国之忧。我们看到历史上很多政策，由于出台轻率，最后带来制定者自己完全无法想象、无法控制的可怕后果。这也是在说掌握权力和公器的人，须心存敬慎。第二是信。赏罚分明，言而有信，则人服从。尤其要注意朝令夕改的问题。如何做到信呢？首先是自己要

诚实不欺,一言一行都要内外相符,表里一致,足以取信于人。第三是节用。防止铺张浪费。《大学》讲:"生财有大道,生之者众,食之者寡,为之者疾,用之者舒,则财恒足矣。"创造财富的人要多,吃皇粮的人要少,要精简机构。用钱的人要量入为出,以免财政赤字太大。第四是爱人。在上者,为民之父母。不能爱人,何以使人?鳏寡孤独、穷苦无依的,受到水旱灾害、饥寒失所的,都要加以抚恤关爱。第五是使民以时。不要在农忙的时候征召农民大兴土木,节用爱人和使民以时是连在一起的。不要透支钱,也不要透支人。

【原文】

1.6 子曰:"弟子①入②则孝,出③则弟,谨④而信,泛爱众,而亲仁⑤。行有余力⑥,则以学文⑦。"

【注释】

①弟子:为人弟和为人子的人。②入:在家。③出:宗族乡党间。④谨:寡言少语。⑤仁:有仁德之人。⑥行有余力:指有空余时间。⑦文:文献知识,《诗》《书》《礼》《乐》等六艺。

【译文】

孔子说:"为人子弟的在家要孝顺父母,出门在外要尊重兄长,言行要谨慎,要诚实可信,要广泛地去爱众人,亲近那些有仁德的人。这样躬行实践之后,还有余力的话,就再去学习文献知识。"

【评析】

本篇第2章中曾提到孝悌的问题,本章再次提及这个问题。孔子要求弟子们首先要致力于孝悌、谨信、爱众、亲仁,培养良好的道德观念和道德行为,如果还有闲暇时间和余力,则用以学习古代典籍,增长文化知识。这表明,孔子的教育是以道德教育为中心,重在培养学生的德行修养,而对于书本知识的学习,则摆在第二位。换句话说,孔子强调,德行实践是根本,文献理论是枝干。学习本章可以知道:一、《弟子规》出自本句;二、孔子是一个实践者,他办教育是为了教实践技能和培养品德、才干、从政能力结合在一起的人才,不只是为阶级服务、为统治者服务，对于把孔子理解为为统治者服务是不符合孔子思想的；三、此章句特别指出"行"和"学"之间的差异关系，在"行、忠、信"有余力之后学文，学"文"是为了提高"行、忠、信"。

【原文】

1.7 子夏①曰："贤贤②易色③；事父母，能竭其力；事君，能致其身④；与朋友交，言而有信。虽曰未学，吾必谓之学矣。"

【注释】

①子夏：姓卜，名商，字子夏，孔子的学生，比孔子小44岁。孔子死后，他在魏国宣传孔子的思想主张，收了很多门徒，吴起、魏文侯都是他的学生。②贤贤：第一个"贤"字做动词用，尊重的意思。贤贤即尊重贤者。③易色：指因崇敬而改变神色。色不应解为女色，否则学的标准太高了，句式上与后边三句皆正向表述也不协调。④致其身：把生命奉献给君主。致，意为"献纳""尽力"。

【译文】

子夏说："敬重贤人，神色庄重恭敬；侍奉父母，能够竭尽全力；服侍君主，能够献出生命；和朋友交往，说话诚实守信。这样的人可能未必有学历，但是真有学问。"

【评析】

"易色"，有两种解释。主流的解释都将"易"解释为"移"，替换的意思。则"贤贤易色"的意思是，以敬重贤德的心，来替代喜好美色之心。第二种解释，"易"，是平易，不重视。贤贤易色，是指对自己的妻子，重贤德，而不重容貌。在笔者看来，这两种解释都有问题，前者要求太高，这个标准衡量，天下几无学人；后者把夫妻关系摆在忠孝之前，完全脱离了当时的社会背景。因为下文是讲对父母，对君王，对朋友，都是讲人伦。既然放在父母、君王之前，"贤"应指圣贤或良师，或是一个国家的栋梁，才让人肃然起敬。

关于"色"不是指女色，还有以下三点理由：一、以戒除女色为标准，学校不一定有学生；二、或者说"学"的标准太高了，不符合人性

的常规标准；三、学生也有十几岁年龄小的，没有女色方面的诉求，从逻辑上说不合理。

　　上一章有"行有余力，则以学文"一句，本章中子夏所说的这段话，实际是对上章的进一步发挥。子夏认为，一个人有没有学问、学问的好坏，主要不是看他的文化知识，而是要看他能不能实行"孝""忠""信"等伦理道德。如果做到了这些，即使他说自己没有学习过，但他已经是有道德修养的人了。也就是说，不是读书多就有学问。所以，将这一章与前一章联系起来阅读分析，就更可以看到孔子教育重在德行、实践的基本特点。

　　卜商，字子夏，卫国人，《论语》中提及23次。他是在孔子自卫返鲁(公元前484年)之后，到孔门受业，是孔子门下最为杰出的十位弟子之一。他的性格勇武，为人"好与贤己者处"，以"文学"著称，曾为鲁国的莒父(今山东省莒县)宰。他与孔子讨论问题都具有一定的深度，甚得孔子的赏识。有一次，他问孔子说："古诗中描写美人'笑得真好看啊，黑白分明的眼睛顾盼多动人啊，再用素粉来增加她的美丽啊'这三句诗是指什么？"孔子说："这是说，要画画得先把底子打好，然后再加上色彩。"子夏说："这不就是说，人先得具有忠信的美德，然后再用礼加以文饰吗？"孔子说："启发我心志的要算卜商了，像这样，就可以跟你谈《诗》了。"子夏被列为孔门"四科十哲"(文学科)之一。

　　孔子逝世后，他到魏国西河讲学，主张国君要学习《春秋》，吸取教训，以防止臣下篡权。他提出过"仕而优则学，学而优则仕"的思想，还主张做官要先取信于民，然后才能使其效劳。李悝、吴起都是他的弟子，魏文侯也奉他为师，向他请教国政之事，对后世的儒生产生了很大的影响。

　　卜商一生博学笃志，学识渊博，传授五经，整理和传播古代文献。孔门弟子中有著作传世的，数卜商为最多。《毛诗》传自卜商，《诗序》即为卜商所作；《仪礼·丧服》篇亦传自卜商；《易传》一卷，亦卜商所撰。汉人徐防又有"诗书礼乐，定自孔子；发明章句，始于子夏"之说。他在传播儒家学说上，独立形成子夏氏一派，成为孔门弟子中具有深远影响的重要人物。

【原文】

1.8 子曰:"君子不重①则不威,学则不固②。主忠信③,无④友不如己者⑤,过⑥则勿惮改。"

【注释】

①重:深厚凝重。②学则不固:与上句相连,不庄重就没有威严,所学也不坚固。③主忠信:秉持忠信。④无:通"毋","不要"的意思。⑤不如己者:不类乎己,所谓"道不同不相为谋"。"如"解释为"类似"。⑥过:过错、过失。

【译文】

孔子说:"君子不厚重就没有威严,学识也难以真正巩固。要秉持忠信;不要与自己不同道的人交朋友;有过错不要怕改正。"

【评析】

本章中,孔子提出了君子应当具有的品德,这部分内容主要包括厚重威严、秉持忠信、慎重交友、过而能改等项。作为具有理想人格的君子,从外表上应当给人以庄重大方、威严深沉的形象,使人感到稳重可靠,可以付之重托。以上所提四条原则是相当重要的。作为具有高尚人格的君子,"过则勿惮改"就是对待错误和过失的正确态度,可以说,这一思想闪烁着真理光辉,反映出孔子理想中的完美品德,对于研究和理解孔子思想有重要意义。

关于"不如己"不能理解为不如自己的人,有以下四点理由:一、与"三人行,必有我师焉"相矛盾,不自洽;二、人各有所长,别人一方面不如你,未必另一方面也不如(尺有所短,寸有所长),不好定义"不如"的标准;三、如果每个人都不与不如自己的人交朋友,那么人人都将没有朋友,此为逻辑漏洞;四、没交之前不知道如不如自己,交了之后才能发现不如自己,这样没有可操作性。

【原文】

1.9 曾子曰:"慎终①追远②,民德归厚矣。"

【注释】

①慎终：人死为终。这里指父母的去世。旧注曰："慎终者丧尽其哀。"②追远：长久追思。旧注曰："追远者祭尽其敬。"

【译文】

曾子说："为上者谨慎地对待父母的去世，长久追思怀念，自然会导致老百姓受到感化，兴仁孝之心。"

【评析】

本章仍是继续深化"孝"这一道德观念和道德行为的内容。孔子并不相信鬼神的存在，他说"敬鬼神而远之"，就证明了这一点。他非常重视丧祭之礼。在孔子的观念中，是把祭祀之礼看作一个人孝道的继续和表现，通过祭祀之礼，可以寄托和培养个人对父母尽孝的情感。通常来说，父母在世，养老尽孝能做到的多，去世时丧葬能尽礼的就少了，随岁月流逝，祭祀之礼能尽诚的就更少了。对上位者的要求：上位者是下民的表率，上位者慎终追远，老百姓就会效仿，形成良好的风气。一个人的感恩之心、恭敬之心不应该因时间的推移而变化，古有守孝三年，也是从仪式上和行为上的言传身教，要一以贯之地持续下去。儒家重视孝的道德，是因为孝是忠的基础，一个不能对父母尽孝的人，他是不可能为国尽忠的。所以忠是孝的延伸和外化。关于忠、孝的道德观念，在《论语》中时常出现，表明儒家十分重视忠孝等伦理道德观念，希望把人们塑造成有教养的、忠孝两全的君子。这是与春秋时代宗法制度相互适应的。只要做到忠与孝，那么，社会与家庭就可以得到安定。

【原文】

1.10 子禽①问于子贡②曰："夫子③至于是邦④也，必闻其政，求之与？抑⑤与之与？"子贡曰："夫子温、良、恭、俭、让⑥以得之。夫子之求之也，其诸异乎人之求之与？"

【注释】

①子禽：姓陈名亢，字子禽，孔子的学生，在《论语》中出场3次。②子贡：姓端木名赐，字子贡，卫国人，比孔子小31岁，是孔子的学

生，生于公元前520年。子贡善辩，家累千金，常相鲁卫。③夫子：这是古代的一种敬称，凡是做过大夫的人都可以取得这一称谓。孔子曾担任过鲁国的司寇，所以他的学生们称他为"夫子"。后来，因此而沿袭以称呼老师。④邦：指当时割据的诸侯国家。⑤抑：表示选择的文言连词，有"还是"的意思。⑥温、良、恭、俭、让：就字面理解即为：温和、善良、恭敬、俭朴、谦让。这是孔子的弟子对他的赞誉。

【译文】

子禽问子贡说："老师到了一个国家，总是预闻这个国家的政事。是他自己求人家告诉他的呢，还是人家主动说给他听的呢？"子贡说："老师温良恭俭让，所以才得到这样的待遇，他求得的方式，大概与别人主动访求得知实不相同吧？"

【评析】

本章是子贡回答子禽的问话，子贡用"温良恭俭让"五个字把孔子的为人处世品格总结得精妙绝伦，流传千古。《诗》温柔敦厚，温则人亲之；《乐》广博易良，良则人信之；《书》疏通知远，恭则人敬之；《礼》恭俭庄敬，俭则人使之；《易》絜静精微，让则人与之。孔子之所以受到各国统治者的礼遇和器重，就在于孔子具备温和、善良、恭敬、俭朴、谦让的道德品格。例如，这五种道德品质中的"让"，在人格的塑造过程中，就起着十分重要的作用。"让"是在功名利权上先人后己，在职责义务上先己后人。"让"用之于外交如国事访问，也是合乎客观需要的一个重要条件。孔子就是因具有这种品格，所以每到一个国家，都受到各国国君的礼遇。孔子认为，好胜而争取名声，夸功而争取名利，争不到便怨恨别人，以及在名利上贪心不足，都不符合"让"的原则。据此可知，"让"这一基本原则形成社会风尚的可贵之处是：就人情而言，长谦让名利地位之风，人们就多学别人所长而鉴人所短。"让"可以导人于团结、亲睦、向善，"不让"则诱人嫉贤妒能。二者的社会效果截然相反。

端木赐，卫国人，孔子弟子与孔子的问答之言，见于《论语》的，以他为最多，出现57次，孔子十分器重他。子贡口才很好，善于雄辩，

曾灵活地运用《诗经·卫风·淇奥》中"如切如磋，如琢如磨"的诗句来回答老师的提问，孔子认为子贡的回答十分贴切，故而称赞子贡"始可与言《诗》已矣"。而且说子贡"告诸往而知来者"，认为他对该诗的理解达到了心领神会的地步。故他被列为言语科之优异者。子贡有济世之才，办事通达，孔子曾称其为"瑚琏之器"。曾任鲁、卫两国之相，是春秋末期有名的外交家。昔年齐欲伐鲁，鲁国有倾覆之危，他在齐、吴、越、晋诸国间游说，使吴国攻齐，从而保全了鲁国。他还善于经商，曾经货殖于曹、鲁两国之间，富致千金，为孔门弟子中首富。孔子说："赐不受命，而货殖焉，亿则屡中。"

司马迁作《史记·仲尼弟子列传》，对子贡这个人物所费笔墨最多，其传记就篇幅而言在孔门众弟子中也是最长的。可见子贡的非同寻常。他学绩优异，文化修养丰厚，政治、外交才能卓越，理财经商能力高超，其影响之大，作用之巨，是孔门弟子中无人所能企及的。

在孔门弟子中，子贡是把学和行结合得最好的一位。他的名声地位甚至一度超过了他的老师孔子。当时鲁国的大夫叔孙武叔就公开在朝廷说"子贡贤于仲尼"。他听到后，坚决地予以辩止，忠实维护孔子的声望和地位。司马迁认为孔子之所以能名满天下，儒学之所以能成为当时的显学，在很大程度上是因为子贡推动的缘故。子贡犹如孔子学校的"常务副校长"。孔子死后，他与同窗弟子一起为孔子服丧三年，又独自守墓三年，师生之情胜过父子。

【原文】

1.11 子曰："父在，观其①志；父没，观其行②；三年③无改于父之道④，可谓孝矣。"有子曰："礼⑤之用，和⑥为贵。先王之道⑦，斯⑧为美。小大由之，有所不行。知和而和，不以礼节之，亦不可行也。"

【注释】

①其：他的，指儿子，不是指父亲。②行：指行为举止等。③三年：对于古人所说的数字不必过于机械地理解，只是说要经过一个较长的时间而已，不一定仅指三年的时间。④道：有时候是一般意义上的名词，无论好坏、善恶都可以叫作道。但更多时候是积极意义的名词，表

示善的、好的东西。⑤礼：在春秋时代，"礼"泛指社会的典章制度和道德规范。孔子的"礼"，既指"周礼"、礼节、仪式，也指人们的道德规范。⑥和：调和、和谐、协调。⑦先王之道：指尧、舜、禹、汤、文、武、周公等古代帝王的治世之道。⑧斯：这、此等意。

【译文】

孔子说："当他父亲在世的时候，要观察他的志向；在他父亲死后，要考察他的行为；若是能长期传承他父亲的优良传统，可以说是尽到孝了。"有子说："礼的应用，以和谐为贵。古代君主的治国方法，宝贵的地方就在这里。但不论大事小事只顾按礼的约束去做，会过于严迫，有的时候行不通。而为和谐而和谐，不以礼来节制，会失于放纵，也是不可行的。"

【评析】

"三年无改于父之道"不是强调守旧，而是突出对前人的尊重，不轻易否定改变正确的传统。新官上任把前任的东西一概否定，标新立异不足取。实有"一张蓝图绘到底"之意。父亲在的时候是一家之主，儿子没有自主决策的能力和权利，所以观其志不观其行。"父之道"形而上角度可以指家风、价值观，形而下角度可以指家具、房屋等。睹物思人，不要随便丢弃父亲的物件以及疏离父亲的部下、亲朋好友，所谓"故旧不遗则民不弃"。树高千丈因为有根，懂得感恩，懂得传承，有底层逻辑。当然有问题的"父之道"要速改，因时因地制宜，合情合理，允执其中。

"和"是儒家所特别倡导的伦理、政治和社会原则。《礼记·中庸》认为："喜怒哀乐之未发谓之中，发而皆中节谓之和。"《论语疏证》解释道："事之中节者皆谓之和，不独喜怒哀乐之发一事也。和今言适合，言恰当，言恰到好处。"儒家认为，礼的推行和应用要以和谐为贵。但是，如果凡事都要讲和谐，或者为和谐而和谐，不受礼的约束也是行不通的。这是说，既要遵守礼所规定的等级差别，相互之间又不要出现不和。有子在本章提出的这个观点是有意义的。春秋时代社会关系开始破裂，臣弑君、子弑父的现象已属常见。对此，有子提出"和为

贵"之说，其目的是为缓和不同等级之间的对立，使之不至于破裂，以安定当时的社会秩序。有子既强调礼的运用以和为贵，又指出不能为和而和，要以礼节制之，可见儒家提倡的和并不是无原则的调和，这是有其合理性的。

【原文】

1.12 有子曰："信近①于义②，言可复③也。恭近于礼，远耻辱也。因④不失其亲，亦可宗⑤也。"

【注释】

①近：接近、符合。②义：万事万物合宜的部分，义是儒家的伦理范畴，思想和行为符合一定的标准。这个标准就是"礼"。③复：实践。④因：依靠、凭借。⑤宗：主、可靠，追随。

【译文】

有子说："讲信用要符合于义，（符合于义的）话才能实行。恭敬要符合于礼，这样才能远离耻辱。所依靠之人不失道义可亲，也就值得长期追随了。"

【评析】

有子在本章所讲的这段话，是对上一章的进一步阐述。礼包括礼制、礼仪、礼义。《周礼》又叫《周官》，六官：天官、地官、春官、夏官、秋官、冬官。中和为贵、过犹不及是为人处世的基本准则，指出了许人、敬人、跟人的"礼和"之道。"因不失其亲"的解读历来众说纷纭，笔者的理解是：上位之人或有恩于他人之人依然平易近人，不挟恩以报，"鲜花簇拥然而不拒野草"；在被掌声包围的时候，他还能听到哨子的声音。登顶不飘然自傲，沉底不妄自菲薄，此等人方为可宗之人。

【原文】

1.13 子曰："君子食无求饱、居无求安，敏于事而慎于言，就①有道②而正③焉，可谓好学也已。"

【注释】

①就：靠近、看齐。②有道：指有道德的人。③正：匡正、端正。

【译文】

孔子说："君子饮食不求饱足、居住不要求舒适，做事主动积极而说话小心谨慎，到有道德的人那里去匡正自己，这样可以说是好学了。"

【评析】

本章重点提到对于君子的三项道德要求：清心寡欲、行胜于言、见贤思齐。作为君子应该克制追求物质享受的欲望，把注意力放在塑造自己道德品质方面，这是值得借鉴的。学习的三点要求：第一，对物质的渴求度极简；第二，在行动上不敢有一丝懈怠，在言语上不敢有一点放肆；第三，如果说前两点是自力更生，第三点则是改革开放。能够结交有贤德的人，相互切磋琢磨，考证自己的短处。高人眼里看过去都是高人，庸人眼里都是平庸的人。一个人有内在的魅力和吸引力，才能使人近而敬之。后面三章依次阐述了清心寡欲、见贤思齐、行胜于言。

【原文】

1.14 子贡曰："贫而无谄①，富而无骄，何如②？"子曰："可也。未若贫而乐，富而好礼者也。"

【注释】

①谄：巴结、奉承。②何如：《论语》中的"何如"，都可以译为"怎么样"。

【译文】

子贡说："贫穷而能不谄媚奉承，富有而能不骄傲自大，怎么样？"孔子说："这也算可以了。但是还不如虽贫穷却乐于道，虽富裕而又好礼之人。"

【评析】

　　这是名师高徒之间的一场"凡尔赛"。子贡属于富而无骄,一边问老师,一边想请老师表扬自己;孔子的回答扬中带抑,褒中带贬。孔子希望他的弟子以及所有的人,都能够达到贫而乐道、富而好礼这样的理想境界,因而在平时对弟子的教育中,就把这样的思想讲授给学生。贫而乐道,富而好礼,社会上无论贫或富都能做到各安其位,便可以保持社会的安定了。信息互联时代,更加需要我们有辨别和思考能力,从根上去学,建立思维体系。

【原文】

　　1.15 子贡曰:"《诗》云'如切如磋,如琢如磨①',其斯之谓与?"子曰:"赐也!始可与言《诗》已矣,告诸往而知来者②。"

【注释】

　　①如切如磋,如琢如磨:此二句见《诗经·卫风·淇澳》。有两种解释:一说切磋琢磨分别指对骨、象牙、玉、石四种不同材料的加工,否则不能成器;一说加工象牙和骨,切了还要磋,加工玉石,琢了还要磨,有精益求精之意。②告诸往而知来者:诸,相当于"之";往,过去的事情;来,未来的事情。

【译文】

　　子贡说:"《诗》上说'要像加工骨、象牙、玉、石一样,切磋它,琢磨它',就是讲的这个意思吧?"孔子说:"赐呀!我可以同你谈论《诗》了,你能从我讲过的话中领会到我还没有说到的意思,举一反三。"

【评析】

　　这段突出交友交流的作用,见贤思齐,友可辅仁。子贡能独立思考、举一反三,因而得到孔子的赞扬。这也是孔子教育思想中的一个显著特点。《诗经》的作用:诗言志,陶冶心性,培养德性,修养身心。切磋琢磨相当于乐学、好礼,与上一章紧密相连;子贡出场三句话,颗颗都是夜明珠。"告诸往而知来者",对应"亿则屡中"。把"切磋琢磨"理解成四道依次相连的工序，做投资、选行业都需要这四道工序。写文章的四个步骤也可以对应"切磋琢磨"：确定论题（切）、列出论点（磋）、论据支撑（琢）、通篇润色（磨）。从学习生活来讲：切磋就是定位、删繁就简，琢磨就是精益求精、密益求密。切磋琢磨的对象，可以用"子绝四：毋意、毋必、毋固、毋我"中的"意必固我"来一一对应；用于形而上，对应于修行，是实现"温良恭俭让"的具体方法和过程。

【原文】

1.16 子曰："不患①人②之不己知，患不知人也。"

【注释】

①患：忧虑、怕。②人：指有教养、有知识的人，而非民。《论语》中的人，常指有身份的人，民指代普通百姓，不同于今天的人民。

【译文】

孔子说："不怕别人不了解自己，只怕自己不了解别人。"

【评析】

这段话突出行胜于言，做好自己最重要。谋事在人，成事在天，真金不怕火炼，是金子总会发光。正所谓：君子之学，专务为己，不求人知。少说多做，与"人不知而不愠"前后照应，更有递进。知才容易知人难，合情合理，允执其中。本篇第14、15、16章同时也是呼应开篇首章提出的乐学、友贤、修己三个方面。

为政第二

为政第二

本篇提要

《为政》篇主题是为政以仁，包括24章，583字。内容涉及如何谋求官职和从政为官的基本原则、学习与思考的关系、孔子本人学习和修养的过程、温故而知新的学习方法，以及对孝、悌等道德范畴的进一步阐述。为政的要素，德行第一，言语第二，政事第三。

【原文】

2.1 子曰："为政以德①，譬如北辰②，居其所而众星共③之。"

【注释】

①为政以德：以，用的意思。此句是说统治者应以道德来管理政事，即"德治"。②北辰：北极星。③共：通"拱"，环绕的意思。

【译文】

孔子说："国君以道德教化来治理政事，就会像北极星那样，自己居于一定的方位，而群星都会环绕在它的周围。"

【评析】

这段话代表了孔子的"为政以德"的思想，意思是说，统治者如果实行德治，群臣百姓就会自动围绕着他转。这是强调道德对政治生活的决定作用，主张以道德教化为治国的原则。这也表明儒家治国的基本原则是德治，而非严刑峻法。

志于道，据于德：道是道理，属于"知"的部分；德是德行，属于"行"的部分。为上之人要率先垂范，以德治国，老百姓才会心悦诚服。《荀子》："主好要，则百事详；主好详，则百事荒。"领导不用管那么细，领导不是包办。领导有经营和管理两大职能，"居其所"是经营管理方向，"众星共之"是下边人员做执行，可见领导的重要性。俗话说：火车跑得快，全靠车头带。诸葛亮鞠躬尽瘁，事无巨细，把自己累垮了，与没有建立梯队培养机制不无关系。

【原文】

2.2 子曰："《诗》三百①，一言以蔽②之，曰'思无邪'③。"

【注释】

①诗三百：诗，指《诗经》一书，此书实有305篇，三百只是举其整数。②蔽：概括的意思。③思无邪：出自《诗经·鲁颂》，此处的"思"作思想解。无邪，解为纯正。

【译文】

孔子说："《诗经》三百篇，可以用一句话来概括它，就是'思想纯正'。"

【评析】

孔子时代可供学生阅读的书很少，《诗经》经过孔子的整理加工以后，被用作教材。孔子对《诗经》有深入研究，所以他用"思无邪"来概括它。《论语》中解释《诗经》的话，都是按照"思无邪"这个原则而提出的。一切社会问题都是思想问题，思想纯正了问题就迎刃而解。《诗经》为善去恶，诗是抒发情绪的载体，不是用来舞文弄墨、卖弄华丽辞藻的，而是用来培养德性、引领方向的。正如哲学史家并不是哲学家，孔子对上古典籍的整理，奠定了集大成的基础。《论语》是一本生活哲学书，出自《论语》的成语有200多个。

【原文】

2.3 子曰："道①之以政，齐②之以刑，民免③而无耻④；道之以德，齐之以礼，有耻且格⑤。"

【注释】

①道：有两种解释：一为"引导"；二为"治理"。前者较为妥帖。②齐：整齐、约束。③免：避免、躲避。④耻：羞耻之心。⑤格：有两种解释：一为"至"；二为"正"。

【译文】

孔子说："用政令领导百姓，用刑罚约束百姓，百姓只是求得免于犯罪受惩，却失去了羞耻之心；用道德教化引导百姓，用礼制规范百姓，百姓不仅会有羞耻之心，而且会守规矩。"

【评析】

在本章中，孔子举出两种截然不同的治国方针。孔子认为，刑罚只能使人避免犯罪，不能使人懂得犯罪可耻的道理，而道德教化比刑罚要高明得多，既能使百姓循规蹈矩，又能使百姓有知耻之心。这反映了道德在治理国家时有不同于法制的特点。前者是他律，后者是自律；前者是管行为，后者管思想。上医治未病，法治是一般的医生，高明的医生是预防为主，德治让犯罪行为不发生。孔子强调以德治为先，要人为善，禁人为恶。"知耻近乎勇"，不知耻就没有勇，知耻是做人的及格线。德、礼、政、刑的运用次第很重要。

【原文】

2.4 子曰："吾十有①五而志于学，三十而立②，四十而不惑③，五十而知天命④，六十而耳顺⑤，七十而从心所欲不逾矩⑥。"

【注释】

①有：通"又"。②立：指自立于社会，有所成就。③不惑：掌握了知识，不被外界事物所迷惑。④天命：指不能为人力所支配的事情。⑤耳顺：对此有多种解释。一般而言，指对那些于己不利的意见也能正确对待。⑥从心所欲不逾矩：从，遵从的意思；逾，越过；矩，规矩。

【译文】

孔子说："我15岁有志于学习，30岁能够自立，40岁能不被外界事物所迷惑，50岁懂得了天道运行的规律，60岁能正确对待各种言论，不觉得不顺，70岁能随心所欲而不越出规矩。"

【评析】

《白虎通·辟雍》篇："古者所以年十五入大学何？以为八岁毁齿，始有识知，入学学书计；七八十五，阴阳备，故十五成童志明，入大学学经术。"立：经术学成，学有根柢，而有以自立。按：学有所成，不退不转，能有以自守自立。刘宝楠："诸解'立'为'立于道''立于礼'，皆统于学。"皇侃："古人三年明一经，从十五至三十，是又十五年，故通五经（指《诗》《书》《礼》《乐》《易》）之业，所以成立也。"《汉书·艺文志》："古之学者耕且养，三年而通一艺。"

在本章里，孔子自述了他学习和修养的过程。30岁：扎根，立足，不被别人所改变；40岁：知其然，不惑于名利，懂得了物是什么；50岁：知其所以然，明白上天赋予自己的使命，懂得了我是什么；60岁：达到了物我合一、物我两忘；70岁：人生圆融。孔子总结他的一生中五个阶段的次第，"苟日新，日日新，又日新"呈现的是一份循序渐进、不断积累的人生履历表。这一过程，是一个随着年龄的增长，思想境界逐步提高的过程。就思想境界来讲，整个过程分为三个阶段：15～40岁是学习领会的阶段；50～60岁是安心立命的阶段，也就是不受环境左右的阶段；70岁是主观意识和做人的规则融合为一的阶段。在这个阶段中，道德修养达到了最高的境界。孔子的道德修养过程，相当合理：第一，他看到了人的道德修养不是一朝一夕的事，不能一下子完成，不能搞突击，要经过长时间的学习和锻炼，要有一个循序渐进的过程。第二，道德的最高境界是思想和言行的融合，自觉地遵守道德规范，而不是勉强去做。这两点对任何人都是适用的。

【原文】

2.5 孟懿子①问孝，子曰："无违②。"樊迟③御④，子告之曰："孟孙⑤问孝于我，我对曰'无违。'"樊迟曰："何谓也？"子曰："生，事之以礼；死，葬之以礼，祭之以礼。"

【注释】

①孟懿子：鲁国的大夫，鲁国三桓之一，姓仲孙，名何忌，"懿"是他的谥号。孟懿子相当于当时的国务院副总理，其父临终前要他向孔子学礼。②无违：不要违背。③樊迟：姓樊名须，字子迟。孔子的弟子，比孔子小46岁。他曾和冉求一起帮助季康子进行革新。④御：驾驭马车。⑤孟孙：指孟懿子。

【译文】

孟懿子问什么是孝。孔子说："孝就是不要违背礼。"后来樊迟给孔子驾车，孔子告诉他："孟孙问我什么是孝，我回答他说不要违背礼。"樊迟说："不要违背礼是什么意思呢？"孔子说："父母活着的时候，要按礼侍奉他们；父母去世后，要按礼埋葬他们、祭祀他们。"

【评析】

孔子极其重视孝，要求人们对自己的父母尽孝道，无论他们在世或去世，都应如此。忠臣出于孝门，小孝孝亲，大孝孝国，本质上都是应该有的一种责任。而这里着重讲的是，尽孝时不应违背礼的规定，否则就不是真正的孝。可见，孝不是空泛的、随意的，必须受礼的约束，依礼而行。

"无违"可以从三方面理解：第一，不违背父母的想法和意愿；第二，口头上尊重，明面上不要针锋相对；第三，强调孟懿子对父母的祭祀仪式也要合礼。

【原文】

2.6 孟武伯①问孝。子曰："父母唯其疾之忧②。"

【注释】

①孟武伯：孟懿子的儿子，名彘，"武"是他的谥号。②父母唯其疾之忧：其，代词，指子女。疾，病。

【译文】

孟武伯向孔子请教孝道。孔子说："父母爱自己的子女，无所不至，不奢求荣华富贵，唯恐其有疾病。"

【评析】

本章是孔子对孟懿子之子问孝的回答：子女只要能够体会父母在自己生病时那种焦虑之情，就会懂得孝。因为孟武伯无能而好胜，做事任性，脾气比能力大，多次使他父亲生气。孔子对此做有针对性的提醒劝告。一个"唯"字体现了父母之爱的纯粹、无私。上一章是以理服人，这一章是以情动人。

【原文】

2.7 子游①问孝。子曰："今之孝者，是谓能养。至于犬马，皆能有养；不敬，何以别乎？"

【注释】

①子游：姓言名偃，字子游，吴人，出生于公元前506年，比孔子小45岁。

【译文】

子游问什么是孝。孔子说："如今所谓的孝，只是说能够赡养父母便足够了。然而，就是犬马都能够得到饲养。如果不存心孝敬父母，那么赡养父母与饲养犬马又有什么区别呢？"

【评析】

孔子着重强调孝顺父母要有恭敬心。

言偃，吴国常熟人，是孔门七十二贤人中唯一的南方人，他是孔子晚年的学生，《论语》中提及7次。言偃才华出众，与子夏同属孔门文学科的高足。文学指诗、书、礼、乐文章而言。他不仅以习礼自见，更重要的是能行礼乐之教。他曾在鲁国做官，出任武城的邑宰，实践并贯彻了孔子有关礼乐之治的教导，故邑人皆弦歌。有一天，孔子路过武城，听到满城都是弦歌之声，很是高兴，就微笑着对他说："杀鸡何必要用宰牛的刀？"言偃听了回答说："从前我常听老师说君子学了礼乐之道，就能爱民。普通人学了礼乐之道，就容易听从教令，好治理。我现在就是实行这样的教化啊！"孔子听后，对随行的弟子们说："你们

听听,他讲得很对。我刚才说杀鸡岂用牛刀,只不过是跟他开开玩笑罢了。"孔子的说法一方面是惋惜言偃大材小用,一方面是对言偃能推行礼乐而感到欣慰。言偃还善于识别人才,发现了一位叫澹台灭明的有才干却不投机取巧的人。他学成后南归,为江南文化的繁荣做出了很大贡献,孔子评价说:"我门下有了言偃,我的学说才得以在南方传播。"故言偃被誉为"南方夫子"。

【原文】

2.8 子夏问孝。子曰:"色难①。有事,弟子服其劳②;有酒食,先生③馔④,曾是以为孝乎?"

【注释】

①色难:色,脸色。难,不容易的意思。②服其劳:服,从事、担负。其,那。劳,劳作。子女要承担起父母要做的事。③先生:指长者或父母;前面说的弟子,指晚辈、儿女等。④馔(zhuàn):意为饮食、吃喝。

【译文】

子夏问什么是孝。孔子说:"(当子女的要尽到孝),最不容易的就是对父母和颜悦色,仅仅是有了事情,儿女需要替父母去做,有了酒饭,让父母吃,难道能认为这样就可以算是孝了吗?"

【评析】

本篇的第5、6、7、8章,都是孔子谈论有关孝的问题。孔子所提倡的孝,体现在各个方面和各个层次,反映了宗法制度的需要,适应了当时社会的需求。一个共同的思想,就是不仅要从形式上按周礼的原则侍奉父母,而且要从内心深处真正地孝敬父母。真正的孝发乎内心,显象于外。"久病床前无孝子",子女常常有分别心,而父母是真的没有分别心。孝会让自己的人生更有意义,也是还账报恩的应尽责任。孝不仅是主观上的意愿,还是行为上的能力,四种孝由浅入深,循序渐进。

【原文】

2.9 子曰:"吾与回①言,终日不违②,如愚。退而省其私③,亦足以发，回也不愚。"

【注释】

①回：姓颜名回，字子渊，生于公元前521年，比孔子小30岁，鲁国人，孔子的得意门生。②不违：不提相反的意见和问题。③退而省其私：考察颜回私下里与其他学生讨论学问的言行。

【译文】

孔子说："我整天给颜回讲学，他从来不提反对意见和疑问，像个蠢人。等他退下之后，我考察他私下的言论，发现他对我所讲授的内容有所发挥，可见颜回其实并不蠢。"

【评析】

颜回13岁跟孔子学习，和孔子情同父子，41岁去世。如果孔子是"素王"，颜回有点像"太子"，《论语》中出现了30次，一生贫困，一箪食一瓢饮。颜回堪称学习标兵，听话照做，听孔子的话，照着孔子的教导做。

【原文】

2.10 子曰："视其所以①，观其所由②，察其所安③，人焉廋④哉？人焉廋哉？"

【注释】

①所以：所做的事情。②所由：所走过的道路。③所安：所安的心境。④廋（sōu）：隐藏、藏匿。

【译文】

孔子说："要了解一个人，应看他言行的动机，观察他所走的道路，考察他安心于什么，这样，这个人怎么能隐藏得了呢？这个人怎么能隐藏得了呢？"

【评析】

本章主要讲如何了解别人的问题。孔子认为，对人应当听其言而观其行，还要看他做事的心境，从他的言论、行动到他的内心，全面了解

观察一个人,那么这个人就没有什么可以隐瞒得了的。

【原文】

2.11 子曰:"温故而知新①,可以为师矣。"

【注释】

①温故而知新:故,已经过去的。新,刚刚学到的知识。

【译文】

孔子说:"在温习旧知识时,能有新体会、新发现,就可以当老师了。"

【评析】

"温故而知新"是孔子对我国教育学的重大贡献之一,他认为,不断温习所学过的知识,可以获得新知识。这一学习方法不仅在封建时代有其价值,在今天依然值得提倡。人们的新知识、新学问往往都是在过去所学知识的基础上发展而来的。因此,温故而知新是一个十分可行的学习方法。

【原文】

2.12 子曰:"君子不器①。"

【注释】

①器:器具。

【译文】

孔子说:"君子不像器具那样,只有某一方面的用途。"

【评析】

君子不止于器,应志于道。君子不应只停留在器的阶段,成为只掌握单一技能,限定单一作用的人。要上达求道,注重成长、变通,志于道而不是器,避免固化、僵化。这里不是反对有技能专长,而是提倡在此基础上发展成为多才多艺之人。联系上句:温故而知新,不能故步自封、僵化成器。君子是孔子心目中具有理想人格的人,不是凡夫俗子,应该担负起治国安邦之重任。对内可以妥善处理各种政务；对外能够应对四方，不辱君命。所以，孔子说，君子应当博学多识，具有多方面才干，不只局限于某个方面，因此，他可以通观全局、领导全局，成为合格的领导者，在不同的场合扮演不同的角色。

【原文】

2.13 子贡问君子。子曰："先行其言而后从之。"

【译文】

子贡问怎样做一个君子。孔子说："对于你要说的话，先实行了，再说出来。"

【评析】

做一个有道德修养、博学多识的君子，这是孔子和弟子们孜孜以求的目标。孔子认为，作为君子，不能只说不做，而应先做后说。只有先做后说，才可以取信于人。

【原文】

2.14 子曰："君子周①而不比②，小人③比而不周。"

【注释】

①周：合群。②比：勾结。③小人：没有道德修养的凡人。

【译文】

孔子说："君子团结而不勾结，小人勾结而不团结。"

【评析】

孔子在这一章中提出君子与小人的区别点之一，就是小人结党营私，与人相勾结，不能与大多数人融洽相处；而君子则不同，他胸怀广阔，与众人和谐相处，从不与人相勾结。君子把公心置于私心之上，君子型领导赏罚分明，可以组成团队；小人私心较重，趋炎附势，容易结成团伙。

【原文】

2.15 子曰:"学而不思则罔①,思而不学则殆②。"

【注释】

①罔:迷惑、糊涂。②殆:疑惑、危险。

【译文】

孔子说:"只读书学习,而不思考问题,就会惘然无知而没有收获;只空想而不读书学习,就会疑惑而不能肯定。"

【评析】

孔子认为,在学习的过程中,学和思不能偏废。他指出了学而不思的局限,也道出了思而不学的弊端。只有将学与思相结合,才可以使自己成为有道德、有学识的人。一打计划赶不上一个行动,庸人常立志,君子立长志。学而不问,没有学问。问的对象,根据学识或职位高低可以分为三类:不惧上问、不忌平问、不耻下问。"读书破万卷,下笔如有神",加上"听君一席话,胜读十年书",这便是学与思的结合。

【原文】

2.16 子曰:"攻①乎异端②,斯③害也已④。"

【注释】

①攻:治力,专攻。②异端:另外、不同的言论。③斯:代词,这。④也已:这里用作语气词。

【译文】

孔子说:"专门治力于与圣道相悖的不一样的学说,这是有害的。"

【评析】

张居正评曰:"自古圣人继往开来,只是一个平正通达的道理,其伦则君臣、父子、夫妇、长幼、朋友,其德则仁、义、礼、智、信,其民则士、农、工、商,其事则礼、乐、刑、政。可以修己,可以治人。世道所以太平，人心所以归正，都由于此。舍此之外，就是异端，便与圣人之道相悖。人若惑于其术，专治而欲精之，造出一种议论，要高过乎人，别立一个教门，要大行于世，将见其心既已陷溺，其说必然偏邪，以之修己，便坏了自己的性情；以之治人，便坏了天下的风俗，世道必不太平，人心必不归正，其害有不可胜言者，所以说斯害也已！"中庸之道是中正通达的思维体系，讲求合情合理，允执其中。异端邪说与整个社会的治理机制有关，宋儒"存天理，灭人欲"便没有走在中道上。

【原文】

2.17 子曰："由①！诲女②知之乎？知之为知之，不知为不知，是知也。"

【注释】

①由：姓仲名由，字子路。生于公元前542年，孔子的学生，与孔子生死相随，非常讲义气，最后为他自己的忠勇献出了生命。②女：通"汝"，你。

【译文】

孔子说："由！我教你的你明白了吗？知道就是知道，不知道就是不知道，这才是智慧。"

【评析】

本章里孔子说出了一个深刻的道理："知之为知之，不知为不知，是知也。"对于文化知识和其他社会知识，人们应当虚心求教、刻苦学习，尽可能多地加以掌握。但人的知识再丰富，总有不懂的问题。那么，就应当有实事求是的态度。只有这样，才能学到更多的知识。

【原文】

2.18 子张①学干禄②，子曰："多闻阙③疑④，慎言其余，则寡尤⑤；多见阙殆，慎行其余，则寡悔。言寡尤，行寡悔，禄在其中矣。"

【注释】

①子张：姓颛孙名师，字子张，生于公元前503年，比孔子小48岁，

孔子的学生。②干禄：干，求的意思。禄，即古代官吏的俸禄。干禄就是求取官职。③阙：缺。此处意为放置在一旁。④疑：怀疑。⑤寡尤：寡，少的意思。尤，过错。

【译文】

子张要学谋取官职的办法。孔子说："要多听，有怀疑的地方先放在一旁不说，其余有把握的，也要谨慎地说出来，这样就可以少犯错误；要多看，有怀疑的地方先放在一旁不做，其余有把握的，也要谨慎地去做，就能减少后悔。说话少过失，做事少后悔，官职俸禄就有保障了。"

【评析】

孔子并不反对他的学生谋求官职，在《论语》中还有"学而优则仕"的观念。孔子根据子张的特点提醒他，学以为己，本末顺置，从根入手，少说多做，名誉昭彰自然有人用你，本立而道生。他认为，身居官位者，应当谨言慎行，说有把握的话，做有把握的事，这样可以减少失误，减少后悔，这是对国家对个人负责任的态度。当然这里所说的，并不仅仅是一个为官的方法，也表明了孔子在"知与行"二者关系问题上的观念，是对上一章"知之为知之"的进一步解说。

【原文】

2.19 哀公①问曰："何为则民服？"孔子对曰②："举直错诸枉③，则民服；举枉错诸直，则民不服。"

【注释】

①哀公：姓姬名蒋，"哀"是其谥号，鲁国国君，公元前494—前468年在位。②对曰：《论语》中记载对国君及在上位者问话的回答都用"对曰"，以表示尊敬。③举直错诸枉：举，选拔的意思。直，正直公平。错，通"措"，放置。枉，不正直。

【译文】

鲁哀公问："怎样才能使百姓服从呢？"孔子回答说："把正直无私的人提拔起来，把邪恶不正的人置于一旁，老百姓就会服从了；把邪恶不正的人提拔起来，把正直无私的人置于一旁，老百姓就不会服从了。"

【评析】

鲁哀公是孔子周游列国回来后鲁国的国君，在位27年，被三桓打败逃到国外；曾亲自为孔子念诔文，但不能任用贤才。对于鲁哀公的提问，从逻辑上说，孔子这个回答没有问题，但孔子不是正面回答，而是从根本上，从在位者自身来说，要顺应民心，执政者最重要的是识人用人。这也反映了孔子的民本思想。亲君子，远小人，这是孔子一贯的主张。荐举贤才、选贤用能，这是孔子德治思想的重要组成部分。宗法制度下的选官用吏，唯亲是举，非亲非故者即使再有才干，也不会被选用。孔子的这种用人思想可以说在当时是一大进步。"任人唯贤"的思想，在今天仍不失其珍贵的价值。

【原文】

2.20 季康子①问："使民敬、忠以②劝③，如之何？"子曰："临④之以庄，则敬；孝慈⑤，则忠；举善而教不能，则劝。"

【注释】

①季康子：姓季孙名肥，"康"是他的谥号，鲁哀公时任正卿，是当时政治上最有权势的人。②以：连接词，与"而"同。③劝：勉励。这里是自勉努力的意思。④临：对待。⑤孝慈：一说当政者自己孝慈；一说当政者引导老百姓孝慈。此处采用后者。

【译文】

季康子问道："要使老百姓对当政的人尊敬、尽忠而努力干活又互相勉励，该怎样去做呢？"孔子说："你用庄重的态度对待老百姓，他们就会尊敬你；你对父母孝顺、对子弟慈祥，百姓就会尽忠于你；你选用善良的人，又教育能力差的人，百姓就会互相勉励，加倍努力了。"

【评析】

本章内容还是在谈如何从政的问题。孔子主张"礼治""德治"，这不单单是针对老百姓的，对于当政者更是如此。当政者本人应当庄重

严谨、孝顺慈祥，老百姓就会对当政者尊敬、尽忠又努力干活。孔子主张"举善而教不能"，由此可见，"孔子愚民"的说法是完全站不住脚的。对国君、执政者的回答都是要反求诸己，由此可见，愚忠也是误读。鲁哀公和季康子都不能任用贤人，孔子是根据情况给出答案。

【原文】

2.21 或①谓孔子曰："子奚②不为政？"子曰："《书》③云：'孝乎惟孝，友于兄弟。'施于有政④，是亦为政，奚其为为政？"

【注释】

①或：有人。不定代词。②奚：疑问词，相当于"为什么"。③《书》：指《尚书》。④施于有政：施，加，施加。有，无实义，用于名词前作词头。

【译文】

有人对孔子说："你为什么不从事政治呢？"孔子回答说："《尚书》上说：'孝不只是孝敬父母，会带动友爱兄弟。'把孝悌的风气影响到政事上去，也就是参与政治了，为什么一定要当官才算参与政治呢？"

【评析】

这一章反映了孔子两方面的思想主张。其一，国家政治以孝为本，孝敬父母、友善兄弟的人才有资格担当国家的官职，说明了孔子的"德治"思想主张。其二，孔子从事教育，不仅是教授学生的问题，而且是通过对学生的教育，间接参与国家政治，这是他教育思想的实质，也是他为政的一种形式。家是最小国，齐家然后才有治国。所谓政者，是正人之不正，施于国，使一国之人服从教化，是为政；修于家，使一家之人遵守礼法，也是为政。

【原文】

2.22 子曰："人而无信，不知其可也。大车无輗①，小车无軏②，其何以行之哉？"

【注释】

①輗（ní）：古代大车车辕前面横木上的木销子。大车指的是牛

车。②轧（yuè）：古代小车车辕前面横木上的木销子。小车指的是马车。没有輗和軏，车就不能走。

【译文】

孔子说："一个人不讲信用，不知道他还可以做什么。就好像大车没有輗、小车没有軏一样，它靠什么行走呢？"

【评析】

信，是儒家传统伦理准则之一。孔子认为，信是人立身处世的基点。在《论语》中，信的含义有两种：一是信任，即取得别人的信任，二是对人讲信用。人指领导、在位者，作为领导者，尤其需要讲信用。政策出来之后，要执行到位，不能朝令夕改。车是当时重要的生产资料，孔子以车为例，从而以小见大。

【原文】

2.23 子张问："十世①可知也？"子曰："殷因②于夏礼，所损益③可知也；周因于殷礼，所损益可知也。其或继周者，虽百世可知也。"

【注释】

①世：古时称30年为一世。也有的把"世"解释为朝代。②因：因袭、沿用、继承。③损益：减少和增加，即优化、变动之义。

【译文】

子张问孔子："今后十世（的礼仪制度）可以预先知道吗？"孔子回答说："商朝继承了夏朝的礼仪制度，所减少和所增加的内容是可以知道的；周朝又继承商朝的礼仪制度，所废除的和所增加的内容也是可以知道的。将来有继承周朝的，就是一百世以后的情况，也是可以预先知道的。"

【评析】

本章中孔子提出一个重要概念：损益。它的含义是增减、兴革。既对前代典章制度、礼仪规范等有继承、沿袭，也有改革、变通。这表明，孔子本人并不是顽固保守派，并不一定要回到周公时代，他也不反对所有的改革。当然，他的损益程度是受限制的，是以不改变周礼的基本性质为前提的。"不践迹亦不入于室"，孔子是历史唯物者，用历史发展的眼光看问题。最后一句话"其或继周者"，可见孔子不但不愚忠，而且能够非常大胆地推测。

【原文】

2.24 子曰："非其鬼①而祭之，谄②也。见义③不为，无勇也。"

【注释】

①鬼：有两种解释：一是指鬼神，二是指死去的祖先。这里指后者。②谄（chǎn）：谄媚、阿谀。③义：人应该做的事就是义。

【译文】

孔子说："不是你应该祭的鬼神，你却去祭它，这就是谄媚。见到应该挺身而出的事情，却袖手旁观，就是怯懦。"

【评析】

百姓祭祖先，诸侯祭五世，大夫祭山川，天子祭天地。在本章中，孔子提出"义"和"勇"的概念，这都是儒家有关塑造高尚人格的规范。仁、义、礼对应的是人的思想、行为、规则。义，就是宜，符合于仁、礼要求的，就是义。"勇"，就是果敢，勇敢。孔子把"勇"作为实行"仁"的条件之一，"勇"，必须符合"仁、义、礼、智"，才算是勇，否则就是"乱"。不该干的干了，不义；该干的时候又不干，无勇。

八佾第三

八佾第三

◉ 本篇提要

《八佾》篇主题是礼为仁表，包括26章，693字。从无仁无礼、礼可彰仁、仁为礼本、礼不求全四方面做了论述。主张维护礼在制度上、礼节上的种种规定；孔子提出"绘事后素"的命题，表达了他的伦理思想以及"君使臣以礼，臣事君以忠"的政治道德主张。

【原文】

3.1 孔子谓季氏①："八佾②舞于庭，是可忍也③，孰不可忍也？"

【注释】

①季氏：鲁国正卿季孙氏，即季平子。②八佾（yì）：古代只有天子才有资格使用的舞蹈规格。佾，古时乐舞的行列。古时一佾八人，八佾就是六十四人，据《周礼》规定，只有周天子才可以使用八佾，诸侯为六佾，卿大夫为四佾，士用二佾。季氏是正卿，只能用四佾。③可忍：可以忍心。一说可以容忍，不合上下文。

【译文】

孔子谈到季氏时说："他用六十四人在自己的庭院中奏乐舞蹈，这样的事他都忍心去做，还有什么事情做不出来呢？"

【评析】

春秋末期，奴隶制社会处于土崩瓦解、礼崩乐坏的过程中，违反周礼、犯上作乱的事情不断发生，这是封建制代替奴隶制过程中的必然表现。季孙氏用八佾舞于庭院，是典型的破坏周礼的事件。对此，孔子表现出极大的愤慨和担忧，"是可忍孰不可忍"一句，反映了孔子对此事的基本态度。孟子说："人皆有不忍之心。"君子对不该做的事，不敢去做，就是不忍之心。而季氏能忍心僭越天子之礼，他就没什么不忍之事，弑父弑君他都干得出来。鲁国恐怕会因此而内乱。这是孔子担心的地方。

【原文】

3.2 三家①者以《雍》彻②。子曰："'相维辟公，天子穆穆'③，奚取于三家之堂④？"

【注释】

①三家：鲁国当政的三家：孟孙氏、叔孙氏、季孙氏。他们都是鲁桓公的后代，又称"三桓"。②《雍》：《诗经·周颂》中的一篇。古代天子祭宗庙完毕撤去祭品时唱这首诗。③相维辟公，天子穆穆：《雍》诗中的两句。相，助。维，语助词，无意义。辟公，指诸侯。穆穆，庄严肃穆。④堂：接客祭祖的地方。

【译文】

孟孙氏、叔孙氏、季孙氏三家在祭祖完毕撤去祭品时，也命乐工唱《雍》这首诗。孔子说："'助祭的是诸侯，天子严肃静穆地在那里主祭。'这样的意思，怎么能用在你们三家的庙堂里呢？"

【评析】

本章与前章都是谈鲁国当政者违"礼"的事件。诗言志，夫子借诗反讽三桓狐假虎威，东施效颦。对于这些越礼犯上的举动，孔子表现得极为愤慨，天子有天子之礼，诸侯有诸侯之礼，各守各的礼，才可以使天下安定。因此，"礼"是孔子政治思想体系中的重要范畴。

【原文】

3.3 子曰："人而不仁，如礼何？人而不仁，如乐何？"

【译文】

孔子说："一个人没有仁德，他怎么能实行礼呢？一个人没有仁

德，他怎么能运用乐呢？"

【评析】

乐是表达人们思想情感的一种形式，在古代，它也是礼的一部分。礼与乐都是外在的表现，而仁则是人们内心的道德情感和要求，所以乐必须反映人们的仁德。所谓"皮之不存，毛将焉附"，这里，孔子就把礼、乐与仁紧紧联系起来，认为没有仁德的人，根本谈不上什么礼、乐的问题。

【原文】

3.4 林放①问礼之本。子曰："大哉问！礼，与其奢也，宁俭；丧，与其易②也，宁戚③。"

【注释】

①林放：鲁国人。②易：治理。这里指有关丧葬的礼节仪式办理得很周到。③戚：心中悲哀的意思。

【译文】

林放问什么是礼的根本。孔子回答说："你问的问题意义重大，就礼节仪式的一般情况而言，与其奢侈，不如节俭；就丧事而言，与其仪式上治办周备，不如内心真正哀伤。"

【评析】

本章记载了鲁人林放向孔子问礼的对话，礼节仪式只是表达礼的一种形式，但根本不在形式而在内心。不能只停留在表面仪式上，更重要的是要从内心和感情上体悟礼的根本，符合礼的要求。

张居正评曰："林放见世人行礼，繁文太盛，以为制礼之初意恐不如此，故问礼之本于孔子。孔子以时俗方逐末，而放独究心于礼之本，可谓不为习俗所移，而有志于返本复古者矣。所以孔子称美之说：'大哉问！'夫礼之全体有质有文。譬如饮食之礼，起初只是太羹、玄酒，汙尊抔饮而已，这叫作本质。先王以为太简，始制为笾豆篮筐之器，揖让周旋之仪，这叫作文。又如居丧之礼，起初只是伤痛哭泣，思慕悲哀而已，这叫作本质。先王以为太直，始制为擗踊哭泣之节，衰麻服制之等，这叫作文。文质得中，乃礼之全体，到后来习俗日侈，却只在仪文节度上究心，而制礼之初意，荡然无存矣。然则今之礼者，与其趋尚繁华，而流为奢侈，宁可敦崇朴素，而失于俭啬。盖俭啬无文，虽未合于礼之中，而犹不失为淳古之风，是即本之所在也。所以说与其奢也，宁俭。居丧者与其习熟于仪节，而无惨怛之诚，宁可过于哀痛，而少品节之制。盖徒戚虽未合于礼之中，而犹自率其天性之真，是即本之所在也，所以说与其易也，宁戚。夫曰宁俭，曰宁戚，皆孔子不得已而矫俗之意。盖天下事物，每自质而趋文。而世之将衰，必多文而灭质。"仁礼的重要性，无仁则无礼，本就是仁。文山会海，繁文缛节，务虚不务实，做表面文章不但无益而且有害。如同学习一样，有的人看似学着，但没有改变多少，是花大力气学还是大概学学是个问题。

【原文】

3.5 子曰："夷狄①之有君，不如诸夏②之亡③也。"

【注释】

①夷狄：东夷、西戎、南蛮、北狄，总称夷狄。古代中原地区的人对周边地区的贬称，谓之不开化，缺乏教养，不知书达礼。②诸夏：古代中原地区华夏族的自称。③亡：通"无"。

【译文】

孔子说："夷狄（文化落后）虽然有君主，还不如中原诸国没有君主。"

【评析】

在孔子的思想里，有强烈的"夷夏观"，以后又逐渐形成"夷夏之防"的传统观念。在他看来，"诸夏"有礼乐文明的传统，这是好的，即使"诸夏"没有君主，也比虽有君主但没有礼乐的"夷狄"要好。礼的本就是仁。据说，有一次齐国出兵侵犯鲁国，在鲁国边境上碰到一位妇人。妇女把大的孩子抱着，小的反而在路上走。齐国官兵就问其原因，妇人答道：大的是别人家孩子，小的是自己的孩子。齐国官兵深受

震动，觉得一介民妇都有这样的觉悟，那鲁国的士兵恐怕不好惹，于是齐国就撤军了。说明鲁国已经形成了这种风气，即使没有国君，礼乐的熏陶基础也是有的。孔子从林放的问礼中已经看到鲁国的文化底蕴，即政权可能改朝换代，但文化的根基会一直存在。

【原文】

3.6 季氏旅①于泰山。子谓冉有②曰："女③弗能救④与？"对曰："不能。"子曰："呜呼！曾谓泰山不如林放乎？"

【注释】

①旅：祭名。祭祀山川为旅。当时，只有天子和诸侯才有祭祀名山大川的资格。②冉有：姓冉名求，字子有，生于公元前522年，孔子的弟子，比孔子小29岁。当时是季氏的家臣，所以孔子责备他。③女：通"汝"，你。④救：挽求、劝阻的意思。这里指谏止。

【译文】

季孙氏去祭祀泰山。孔子对冉有说："你难道不能劝阻他吗？"冉有说："不能。"孔子说："唉！难道说泰山神还不如林放知礼吗？"

【评析】

祭祀泰山是天子和诸侯的专权，季孙氏只是鲁国的大夫，他竟然也去祭祀泰山，所以孔子认为这是"僭礼"行径。此章仍是谈论礼的问题。冉有多才多艺，带兵打仗、行政管理都是一把好手。孔子曾经严厉批评冉有说：要么阻止季氏作恶，要么辞职别干。但冉有忍辱负重，通过重大立功表现赢得季氏认可，最终还是等到了机会，把孔子以国老身份接回鲁国，"人不知而不愠"形容冉有非常恰当。

冉求，《论语》中提及16次，生性谦退，是孔门弟子中多才多艺的人，以擅长"政事"著称。孔子认为他"千室之邑，百乘之家，可使为之宰也"（《公冶长》篇5.8）。

冉求长于政事，具有出色的经济管理才能，尤其善于理财。他曾长期为鲁国季氏改革田赋，以增加税收。因为"季氏富于周公，而求也为之聚敛而附益之"，孔子斥责说："非吾徒也，小子鸣鼓而攻之可也。"

孔子的批评虽然很严厉，但没有影响到冉求对老师的感情，这主要是由于孔子待人处事公正不偏，为他的弟子们所服膺和钦敬。孔子在原则问题上对学生要求很严，如这里对冉求的批评，甚至不承认冉求是他的学生，要其他弟子大张旗鼓地申斥他，但毕竟没有发展到师生关系破裂的地步，孔子依旧把冉求列为"四科"的政事科中第一名，并多次在别人面前盛赞冉求的政治才干。

冉求也有着出色的军事才干，很擅长带兵打仗。鲁哀公十一年(公元前484年)，齐国军队大举进攻鲁国，鲁国的当权者慑于大国的威力，不敢发兵对抗。唯有冉求慷慨请战抗齐，终于说服三桓，率军兵分左右两路御敌。他亲自任左师统帅，以步兵执长矛的战术打败了齐军。当年秋天，齐国又前来进犯，冉求再次为季氏率兵，在郎地(今山东曲阜附近)战胜齐国军队。季康子十分叹服他的军事才能，问他从哪儿学来的，他回答说学于孔子，并趁着这次得胜的机会，说服季康子迎回了在外流亡14年的孔子。

冉求政治、军事才干出众，但在学业、仁德修养上进展较慢，常常感到力不从心。他对孔子说："非不说子之道，力不足也。"孔子则毫不客气地指出他是倦于学业，止步不前，而不是"力不足"的缘故。由于他对孔子以"仁"为核心的学说缺乏长远的追求，所以在一些重大问题上常与孔子的主张相背离。作为鲁国的臣子，鲁大夫僭越礼制去泰山祭祀，他却不加以劝阻，令孔子大失所望。在季氏准备攻打颛臾(今山东省平邑县东)时，他也不加阻止，反而为之寻找借口，孔子对他这种"远人不服，而不能来也；邦分崩离析，而不能守也；而谋动干戈于邦内"的做法给予了严厉的批评。尽管他多次受到孔子的责备，却依旧尊敬和热爱老师。当季康子问他孔子是什么样的人时，他带着无比崇敬的神情回答说："用之有名，播之百姓，质诸鬼神而无憾。"

【原文】

3.7 子曰："君子无所争，必也射①乎！揖②让而升，下而饮，其争也君子。"

【注释】

①射：原意为射箭，此处指古代的射礼。②揖：拱手行礼，表示尊敬。

【译文】

孔子说："君子没有什么可与别人争的事情，如果有的话，那也就是射箭比赛了！比赛时，先相互作揖谦让，然后上场。射完后，又相互作揖再退下来，然后登堂喝酒。这就是君子之争。"

【评析】

孔子在这里所说的"君子无所争"，即使要争，也是彬彬有礼地争，这反映了孔子和儒家思想的一个重要特点，即强调谦逊礼让而鄙视无礼的、不公正的竞争，这是可取的。

【原文】

3.8 子夏问曰："'巧笑倩兮，美目盼兮，素以为绚兮'①，何谓也？"子曰："绘事后素②。"曰："礼后乎？"子曰："起予者商也③，始可与言《诗》已矣。"

【注释】

①巧笑倩兮，美目盼兮，素以为绚兮：前两句见《诗经·卫风·硕人》篇。倩，长得好看。盼：眼睛黑白分明。绚，有文采。②绘事后素：绘，画。素，白底。③起予者商也：起，启发。予，我，孔子自指。商，子夏名商。

【译文】

子夏问孔子："'笑得真好看啊，黑白分明的眼睛顾盼多动人啊，再用素粉来增加她的美丽啊。'这几句话是什么意思呢？"孔子说："这是说先有白底然后画画。"子夏又问："那么，是不是说礼也是后起的事呢？"孔子说："商，你真是能启发我的人，现在可以同你讨论《诗经》了。"

【评析】

子夏从孔子所讲的"绘事后素"中,领悟到仁先礼后的道理,受到孔子的称赞。就伦理学说,这里的礼指对行为起约束作用的外在形式——礼节仪式;素指行礼的内心情操。孔子认为,外表的礼节仪式同内心的情操应是统一的,如同绘画一样,质地不洁白,就画不出丰富多彩的图案。透过现象看本质,绘事后素,《诗经》的要点不只是讨论言语本身,而在言外之意。尽管绘事后素,但仁本礼立,为人处事及时妥善处理,恰到好处。仁本礼后,顺理成章。

【原文】

3.9 子曰:"夏礼,吾能言之,杞①不足征②也;殷礼,吾能言之,宋③不足征也。文献④不足故也。足,则吾能征之矣。"

【注释】

①杞:春秋时国名,杞人是夏禹的直系后裔,在今河南杞县一带。②征:证明。③宋:春秋时国名,是商汤的后裔,在今河南商丘一带。④文献:文,指历史典籍;献,指贤人。

【译文】

孔子说:"夏朝的礼,我能说出来,(但是它的后代)杞国不足以验证我的话;殷朝的礼,我能说出来,(但是它的后代)宋国不足以验证我的话。这都是由于文字资料和熟悉夏礼、殷礼的人不足的缘故。如果足够的话,我就可以全面验证这两代的礼了。"

【评析】

这一段话表明两个问题。孔子对夏、商、周代的礼仪制度等非常熟悉,他希望人们都能恪守礼的规范,可惜当时僭礼的人实在太多了。其次,他认为对夏、商、周之礼的说明,要靠足够的历史典籍、贤人来证明,也反映了他对知识的求实态度。孔子想使上上下下的官员都知道礼的规则。当然有的人是不知道,有的人是知道了不一定去执行。孔子对于礼的知识是集大成的,回到鲁国后致力于整理文献,所以他的成功不是偶然的。他形成了文化遗产的两大要素:仁和礼。

【原文】

3.10 子曰:"禘①自既灌②而往者,吾不欲观之矣③。"

【注释】

①禘(dì):古代只有天子才可以举行的祭祀祖先的非常隆重的典礼。②灌:禘礼中第一次献酒。③吾不欲观之矣:我不愿意看了。

【译文】

孔子说:"对于行禘礼的仪式,从第一次献酒以后,我就不愿意看了。"

【评析】

在孔子看来,一个人的等级名分,不仅活着的时候不能改变,死后也不能改变。生时是尊者、贵者,死后其亡灵也是尊者、贵者。这里,他对行禘礼的议论,反映出当时礼崩乐坏的状况,也表示了他对现状的不满。孔子的意思是要么好好干,要么就不用摆给别人看。

【原文】

3.11 或问禘之说①。子曰:"不知也。知其说者之于天下也,其如示诸斯②乎!"指其掌。

【注释】

①禘之说:意为关于禘祭的规定。说,理论、道理、规定。②示诸斯:斯,指后面的"掌"字。

【译文】

有人问孔子关于举行禘祭的规定。孔子说:"我不知道。知道这种规定的人,对治理天下的事,就会像把这东西摆在这里一样(容易)吧!"指着他的手掌。

【评析】

"了如指掌"一词便出自本章。孔子对于礼的掌握不在话下,但孔子说:不知道。最后还是表述自己的想法,即便说了也没有用。孔子认为，在鲁国的禘祭中，名分颠倒，不值得一看。所以有人问他关于禘祭的规定时，他故意说不知道。但紧接着又说，谁能懂得禘祭的道理，治天下就容易了。这就是说，谁懂得禘祭的规定，谁就可以归复紊乱的"礼"了。

【原文】

3.12 祭如在，祭神如神在。子曰："吾不与祭，如不祭。"

【译文】

祭祀祖先就像祖先真在面前，祭神就像神真在面前。孔子说："我如果不亲自参加祭祀，那就和没有举行祭祀一样。"

【评析】

孔子并不过多提及鬼神之事，如他说："敬鬼神而远之。"所以，这一章他说祭祖先、祭鬼神，就好像祖先、鬼神真在面前一样，并非认为鬼神真的存在，而是强调参加祭祀的人，应当在内心有虔诚的情感。这样看来，孔子主张进行的祭祀活动主要是道德的而不是宗教的。

【原文】

3.13 王孙贾①问曰："与其媚②于奥③，宁媚于灶④，何谓也？"子曰："不然。获罪于天⑤，无所祷也。"

【注释】

①王孙贾：卫灵公的大臣，时任大夫。②媚：谄媚、巴结、奉承。③奥：这里指屋内位居西南角的神。④灶：这里指灶旁管烹饪做饭的神。⑤天：以天喻君，一说天即理。

【译文】

王孙贾问道："（人家都说）与其奉承奥神，不如奉承灶神。这话是什么意思？"孔子说："不是这样的。如果得罪了天，那就没有地方可以祷告了。"

【评析】

从表面上看，孔子似乎回答了王孙贾的有关拜神的问题，实际上讲

出了一个深奥的道理。这就是：地方上的官员如灶神，他直接管理百姓的生产与生活，县官不如现管，阎王好见，小鬼难缠。人当顺理以事天，非惟不当媚灶，亦不可媚于奥也。孔子此言，逊而不迫，正而不阿，世之欲以祷祀而求福者，视此可以为鉴矣！当时的习俗是遇事时求神拜佛，而在孔子的心里是不用祈求鬼神的，所以孔子的思想并不是当时的人们所能想象。

【原文】

3.14 子曰："周监①于二代②，郁郁③乎文哉！吾从周。"

【注释】

①监（jiàn）：通"鉴"，借鉴的意思。②二代：这里指夏代和周代。③郁郁：文采盛貌，丰富、浓郁之意。

【译文】

孔子说："周朝的礼仪制度借鉴于夏、商二代，是多么丰富多彩啊！我遵从周朝的制度。"

【评析】

孔子对夏、商、周的礼仪制度等有深入研究，他认为，历史是不能割断的，后一个王朝对前一个王朝必然有承继，有沿袭。遵从周礼，这是孔子的基本态度，但这不是绝对的。在《为政》篇2.23章里，孔子就提出对夏、商、周的礼仪制度都应有所损益。

【原文】

3.15 子入太庙①，每事问。或曰："孰谓鄹②人之子知礼乎？入太庙，每事问。"子闻之，曰："是礼也。"

【注释】

①太庙：君主的祖庙。鲁国太庙，即周公旦的庙，供鲁国祭祀周公。②鄹（zōu）：春秋时鲁国地名，又写作"陬"，在今山东曲阜附近。鄹人之子指孔子。

【译文】

孔子到了太庙,每件事都要问。有人说:"谁说此人懂得礼呀?他到了太庙里,什么事都要问别人。"孔子听到此话后说:"这就是礼呀!"

【评析】

"每事问"这个成语出自本章。礼莫大于祭,祭莫先于敬。孔子对周礼十分熟悉。他来到祭祀周公的太庙里却每件事都要问别人。所以,有人就对他是否真的懂礼表示怀疑。这一段说明孔子并不以"礼"学专家自居,而是乐于虚心向人请教,同时也说明孔子对周礼的恭敬态度。

【原文】

3.16 子曰:"射不主皮①,为力不同科②,古之道也。"

【注释】

①皮:用兽皮做成的箭靶子。②科:等级。

【译文】

孔子说:"比赛射箭,不在于穿透靶子,因为各人的力气大小不同,自古以来就是这样。"

【评析】

"射"是周代贵族经常举行的一种礼节仪式,属于周礼的内容之一。射箭的规则是比准头而不是比力气。孔子以此来强调礼(规则)的重要性,无规矩不成方圆,不守礼很多时候代表仁也缺失了。这里孔子讲有三层意思:第一,尚德不尚武,讲理不讲力;第二,规则和礼数,熟悉规则,理解规则,应用规则;第三,礼的重要性。

【原文】

3.17 子贡欲去告朔①之饩羊②。子曰:"赐也!尔爱③其羊,我爱其礼。"

【注释】

①告朔:朔,农历每月初一为朔日。告朔,古代制度,天子每年

秋冬之际，把第二年的历书颁发给诸侯，告知每个月的初一日。②饩（xì）羊：祭祀用的活羊。③爱：爱惜的意思。

【译文】

子贡提出去掉每月初一日告祭祖庙用的活羊。孔子说："赐啊！你爱惜那只羊，我却爱惜那种礼。"

【评析】

按照周礼的规定，周天子每年秋冬之际，就把第二年的历书颁给诸侯，诸侯把历书放在祖庙里，并按照历书规定每月初一日来到祖庙，杀一只活羊祭庙，表示每月听政的开始。"告朔"这一制度有其积极意义，它可以勉励诸侯恭恭敬敬地重视政令。这一制度到春秋末期，自鲁文公开始已经废除，但仍保留了用活羊祭祀。如果按照子贡的建议，连羊也不杀了，那么"告朔"这一制度连名字也没有了。孔子对子贡的建议表示反对，他认为，羊在，尚可知有这一礼制，不再用活羊祭祀，"告朔"这一制度也就彻底消失了。孔子比子贡想得深远，带着一种忧患意识。

【原文】

3.18 子曰："事君尽礼，人以为谄也。"

【译文】

孔子说："我完完全全按照周礼的规定去侍奉君主，别人却以为这是谄媚呢。"

【评析】

孔子一生要求自己严格按照周礼的规定侍奉君主，这是他的政治伦理信念，但却受到别人的讥讽，认为他是在向君主谄媚。这表明，当时的君臣关系已经遭到破坏，已经没有多少人再重视君臣之礼了。当时三桓执政，很多人都不把国君放在心上，但孔子不是这样。他能做到"君命召，不俟驾行矣。"君子在单位对领导尽礼是尊敬，但小人对领导尽礼目的是不一样的，君子与小人心术不同。有求之礼是真谄，无求之礼是真礼，人到无求品自高。

【原文】

3.19 定公①问:"君使臣,臣事君,如之何?"孔子对曰:"君使臣以礼,臣事君以忠。"

【注释】

①定公:鲁国国君,姓姬名宋,"定"是谥号。公元前509—前495年在位。

【译文】

鲁定公问孔子:"君主使唤臣子要依礼节而行,臣下侍奉君主要尽心竭力。"孔子回答说:"君主使唤臣子要依礼节而行,臣下侍奉君主要尽心竭力。"

【评析】

"君使臣以礼,臣事君以忠",这是孔子君臣之礼的主要内容。只要做到这一点,君臣之间就会和谐相处。从本章的语言环境来看,孔子还是侧重于对君的要求,强调君应依礼待臣,完全不是后世所说那样:即使君主无礼,臣下也应尽忠,以至于发展到不问是非的愚忠。鲁哀公被赶出国门,其弟鲁定公当国君,鲁定公十年后,孔子干了四年的鲁国大臣。当鲁定公问"君使臣,臣事君,如之何?"孔子答:君子使臣以礼,臣事君以忠。孔子是这样说的,也是这样做的,说明孔子是非常有血性的人,耿直。作为一个国君使用大臣之时,通常容易怠慢或忽略;领导指挥部下时不讲礼或者朝令夕改是常有的事,不去顾及下属的感受。用人不疑,疑人不用,所恶于下,毋以事上。内尽其心,外尽其礼,上下交,天下合。

【原文】

3.20 子曰:"《关雎》①,乐而不淫,哀而不伤。"

【注释】

①《关雎》:这是《诗经》的第一篇。此篇写一君子"追求"淑女,思念时辗转反侧、寤寐思之的忧思,以及结婚时钟鼓乐之、琴瑟友之的欢乐。

【译文】

孔子说:"《关雎》这首诗,快乐而不放荡,忧愁而不哀伤。"

【评析】

孔子对《关雎》一诗的这个评价,体现了他的"思无邪"的艺术观。《关雎》是写男女爱情、祝贺婚礼的诗,与"思无邪"本不相干,但孔子却从中认识到"乐而不淫、哀而不伤"的中庸思想,认为无论哀与乐都不可过分,有其可贵的价值。

【原文】

3.21 哀公问社①于宰我,宰我②对曰:"夏后氏以松,殷人以柏,周人以栗,曰:使民战栗③。"子闻之,曰:"成事不说,遂事不谏,既往不咎。"

【注释】

①社:土地神,祭祀土神的庙,也称社。②宰我:名予,字子我,孔子的学生。③战栗:恐惧,发抖。

【译文】

鲁哀公问宰我,土地神庙应该种什么树,宰我回答:"夏朝种松树,商朝种柏树,周朝种栗子树,种栗子树的意思是说:使老百姓战栗。"孔子听到后说:"已完成的事不必再说了,无可挽回的事不必再劝谏了,已过去的事也不必再追究了。"

【评析】

古时立国都要建立祭土神的庙,种上宜于当地生长的树做社树。宰我回答鲁哀公说,周朝用栗木做社树是为了"使民战栗"。孔子闻之,以其所对既非先王立社之本意,又启鲁君杀伐之心,引干戈纷争不利百姓,因此厉言以责之。社稷之树,只是取那树形好,高大庄严,还活得长的,所谓苍松翠柏。夏朝国度在河东,松树合适;商朝国度在商丘,柏树合适;周朝国度在镐京,则栗树合适。种哪种树跟树名的寓意一点关系也没有。宰我是借题发挥,因为鲁国三家弄权专政,公室衰微,他要哀公雄起,让他们战栗。哀公心里也想讨伐三家,每一位傀儡皇帝都不愿意背这个不好听的锅，所以问社稷之事，宰我听出弦外之音，就顺势鼓动他。

宰予(公元前522—前458年)，姓宰，名予，字子我，也称宰我，比孔子小29岁，鲁国人。《论语》中提及4次。宰予天资聪颖，足智多谋，口齿伶俐，能说善辩，被列为孔门"四科十哲"之一。他曾从孔子周游列国，游历期间孔子常派遣他出使各国，如"使于齐""使于楚"等，可见对他的才能是非常信任的。鲁哀公六年(公元前489年)，孔子师徒一行从陈蔡之困中脱离出来，到了楚国，楚昭王打算重用孔子，要把书社地方七百里封给孔子。楚国令尹子西加以阻止，其中有人问楚王："王之官尹有如宰予者乎？"楚王说没有。令尹子西说："今孔丘得据土壤，先弟子为佐，非楚之福也。"楚昭王就放弃了重用孔子的打算。楚国在当时是大国，人才济济，而楚昭王却承认自己臣子的才能没有赶得上宰予的，由此可见他的才能的确卓越不凡，并闻名于诸侯国。

宰予遇事有自己的主见，常与孔子讨论问题，颇有独立思考的精神和独到的见解，孟子称赞他"智足以知圣人"。他提出改"三年之丧"为"一年之丧"，缩短丧期，遭到孔子的指责，批评他"不仁"。宰予思想活跃，好学深思，曾经向孔子提出一个两难的问题，说假如一个仁者掉到井里去了，告诉给另一个仁者，这个仁者应该怎么办呢？因为如跳下去则也是死，如不跳下去就是见死不救。孔子说自己"以言取人，失之宰予"，并且从宰予那里改变了自己以往的不足，听别人的言语时还要观察人的行为。有一次，宰予白天睡觉，被孔子骂作"朽木"和"粪土之墙"。尽管孔子对他批评的次数多于其他弟子，他还是对孔子无限钦佩。他说："以予观于夫子，贤于尧舜远矣。"(《孟子·公孙丑》第二章)他后来到齐国任临淄大夫。

【原文】

3.22 子曰："管仲①之器小哉！"或曰："管仲俭乎？"曰："管氏有三归②，官事不摄③，焉得俭？""然则管仲知礼乎？"曰："邦君树塞门④，管氏亦树塞门；邦君为两君之好，有反坫⑤，管氏亦有反坫。管氏而知礼，孰不知礼？"

【注释】

①管仲：姓管名夷吾，齐国人，春秋时期的法家先驱。齐桓公的宰相，辅助齐桓公成为诸侯的霸主，卒于公元前645年。②三归：相传是三处藏钱币的府库。③摄：兼任。④树塞门：树，树立。塞门，在大门口筑的一道短墙，以别内外，相当于屏风、照壁等。⑤反坫（diàn）：古代君主招待别国国君时，放置献过酒的空杯子的土台。

【译文】

孔子说："管仲这个人的气量真是狭小呀！"有人说："管仲节俭吗？"孔子说："他有三处豪华的藏金府库，他家里的管事也是一人一职而不兼任，怎么谈得上节俭呢？"那人又问："那么管仲知礼吗？"孔子回答："国君大门口设立照壁，管仲在大门口也设立照壁；国君同别国国君举行会见时在堂上有放空酒杯的设施，管仲也有这样的设施。如果说管仲知礼，那么还有谁不知礼呢？"

【评析】

在《论语》中，孔子对管仲曾有数处评价。这里，孔子指出管仲一不节俭，二不知礼，对他的所作所为进行批评，出发点也是儒家一贯倡导的"节俭"和"礼制"。在另外的篇章里，孔子也有对管仲的肯定性评价。可见孔子的评价是对事不对人，客观中肯。管仲辅佐齐桓公，九合诸侯，一匡天下，提出了四个字：尊王攘夷。管仲是中国古代的"诺贝尔经济学奖获得者"，是服务行业的开山鼻祖。人才有三种：开源型、节流型、开源节流型。管仲属于开源型，能挣能花，瑕不掩瑜。大禹属于开源节流型，能挣少花，致力治水，恶衣菲食。后边孔子说，如果没有管仲，我们有可能披发左衽，孔子是把管仲跟这些大人物相比。

【原文】

3.23 子语①鲁大师②乐，曰："乐其可知也：始作，翕③如也；从④之，纯⑤如也，皦⑥如也，绎⑦如也，以成。"

【注释】

①语（yù）：告诉，此处做动词。②大（tài）师：乐官名。③翕

（xī）：意为合、聚、协调。④从：意为展开。⑤纯：美好、和谐。⑥曒（jiǎo）：音节分明。⑦绎：连续不断。

【译文】

孔子对鲁国乐官谈论演奏音乐的道理说："奏乐的道理是可以知道的：开始演奏时，各种乐器合奏，声音繁美；继续展开下去，悠扬悦耳，音节分明，连续不断；最后完成。"

【评析】

孔子对学生的教育内容极为丰富和全面，乐理就是其中之一。礼乐相随，乐可辅礼。这一章也反映了孔子的音乐思想和音乐欣赏水平。

【原文】

3.24 仪封人①请见，曰："君子之至于斯也，吾未尝不得见也。"从者见之②。出曰："二三子何患于丧③乎？天下之无道也久矣，天将以夫子为木铎④。"

【注释】

①仪封人：仪为地名，在今河南兰考县境内。封人，系镇守边疆的官。②从者见之：随行的人让他被接见。③丧：失去，这里指失去官职。④木铎：木舌的铜铃。古代天子发布政令时摇它以召集听众。

【译文】

仪这个地方的长官请求见孔子，他说："凡是君子到这里来，我从没有见不到的。"孔子的随从学生引他去见了孔子。他出来后（对孔子的学生们）说："你们几位何必为没有官位而发愁呢？天下无道已经很久了，上天将以孔夫子为圣人来教化天下。"

【评析】

孔子在他所处的那个时代，已经是十分有影响的人，尤其是在礼制方面，信服孔子的人很多，仪封人便是其中之一。他在见孔子之后，就认为上天将以孔夫子为圣人教化天下，可见对孔子是佩服至极了。孔子有实战经验，立德、立功、立言三合一，在中国历史上没有几个。对于

孔子的大德和才干，当时就没有一个人像仪封人这位小官一样来看待。反过来，孔子的伟大也成就于此，劳其筋骨，饿其体肤，然后才能有大作为。

【原文】

3.25 子谓《韶》①："尽美②矣，又尽善③也。"谓《武》④："尽美矣，未尽善也。"

【注释】

①《韶》：相传是古代歌颂虞舜的一种乐舞。②美：指乐曲的音调、舞蹈的形式而言。③善：指乐舞的思想内容而言。④《武》：相传是歌颂周武王的一种乐舞。

【译文】

孔子讲到《韶》这一乐舞时说："艺术形式美极了，内容也很好。"谈到《武》这一乐舞时说："艺术形式很美，但内容却差一些。"

【评析】

成语"尽善尽美"出自本章，孔子在这里通过对艺术的评价表达"教先于兵"的理念。他很重视艺术的形式美，更注意艺术内容的善。这是有明显政治标准的，舜是禅让仁政，尽善尽美；武王是行武力而后执政，尽美不尽善。

【原文】

3.26 子曰："居上不宽，为礼不敬，临丧不哀，吾何以观之哉？"

【译文】

孔子说："居于执政地位的人，不能宽厚待人，行礼的时候不严肃，参加丧礼时也不悲哀，这种情况我怎么能看得下去呢？"

【评析】

孔子主张实行"德治""礼治"，这首先对当政者提出了道德要求。倘为官执政者做不到"礼"所要求的那样，自身的道德修养不够，那这个国家就无法得到治理。当时社会上礼崩乐坏的局面，已经使孔子感到不能容忍了。仁之大本早已失，礼之末节不足言。

里仁第四

里仁第四

本篇提要

《里仁》篇主题是里仁为美，包括26章，505字，从仁不可缺、仁的表现两方面进行了论述。内容涉及义与利的关系问题、个人的道德修养问题、孝敬父母的问题以及君子与小人的区别。这一篇包括了儒家的若干重要范畴、原则和理论，对后世影响较大。

【原文】

4.1 子曰："里仁为美①，择不处仁②，焉得知③？"

【注释】

①里仁为美：住在有仁者的地方才好。②处：居住。③知（zhì）：通"智"。

【译文】

孔子说："跟有仁德的人住在一起才是好的，如果你选择的住处不是跟有仁德的人在一起，怎么能说你是明智的呢？"

【评析】

每个人的道德修养既是个人自身的事，又必然与所处的外界环境有关。重视居住的环境，重视对朋友的选择，这是儒家一贯注重的问题。近朱者赤、近墨者黑，与有仁德的人住在一起，耳濡目染，会受到仁德者的影响；反之，就不大可能养成仁的情操。

【原文】

4.2 子曰："不仁者不可以久处约①，不可以长处乐。仁者安仁，知者利仁②。"

【注释】

①约：穷困、困窘。②仁者安仁，知者利仁：安仁是安于仁道；利仁，认为仁有利而去行仁。

【译文】

孔子说："没有仁德的人不能长久地处在贫困中，也不能长久地处在安乐中。仁者安于仁道，智者认为仁道有利而行仁。"

【评析】

孔子认为，没有仁德的人很难长久地处在贫困或安乐之中，不是为非作乱就是骄奢淫逸。只有仁者安于仁，智者会行仁。这种思想是希望人们注意个人的道德操守，在任何环境下都做到矢志不移，保持气节。如孟子言："富贵不能淫，贫贱不能移，威武不能屈。"仁德的人，仁则心安，不仁则不安，仁，是他的本心、本性。智慧的人，知道"小胜靠智，大胜靠德"，知道仁义的价值和利益，所以也按仁德的标准来行。这是仁者和智者的区别，故《中庸》言"生知安行"和"学知利行"。仁者生而知之，安而行之，不行仁德，自己不安。智者学而知之，利而行之，因为聪明，知道了仁德的意义、价值和利益，所以能约束要求自己。不管是"生知安行"，还是"学知利行"，只要行了，其结果都是好的。

【原文】

4.3 子曰："唯仁者能好①人，能恶②人。"

【注释】

①好（hào）：喜爱的意思。作动词。②恶（wù）：憎恶、讨厌。作动词。

【译文】

孔子说："只有那些有仁德的人，才能爱人和恨人。"

【评析】

　　儒家在讲"仁"的时候,不仅是说要"爱人",而且还有"恨人"一方面。当然,孔子在这里没有说到要爱什么人,恨什么人,但有爱则必然有恨,二者是相对立而存在的。只要做到了"仁",就必然会有正确的爱和恨。好和恶之前,首先要识人,用人,知人。搞清楚再表达,反复无常也不行,慎重、客观、适度,君子之交淡如水。好人,成人之美;恶人,当仁不让,以直报怨,杀伐果断。

【原文】

　　4.4 子曰:"苟志于仁矣,无恶也。"

【译文】

　　孔子说:"如果立志于仁,就不会做坏事了。"

【评析】

　　这是紧接上一章而言的。这里指出仁为什么很重要,人不可以麻木不仁。只要养成了仁德,那就不会去做坏事,既不会犯上作乱、为非作恶,也不会骄奢淫逸、随心所欲,而是可以做有益于国家、有利于百姓的善事了。

【原文】

　　4.5 子曰:"富与贵,是人之所欲也,不以其道得之,不处也。贫与贱,是人之所恶也,不以其道得之,不去也。君子去仁,恶乎成名?君子无终食之间违仁,造次必于是,颠沛必于是。"

【译文】

　　孔子说:"富裕和显贵是人人都想要得到的,但不用正当的方法得到它,君子不会接受。贫穷与低贱是人人都厌恶的,但不用正当的方法去摆脱它,君子避而不受。君子如果离开了仁德,又怎么能叫君子呢?君子没有一顿饭的时间背离仁德的,即使在最紧迫的时刻也必须按照仁德办事,就是在颠沛流离的时候,也一定会按仁德去办事的。"

【评析】

　　这一段反映了孔子的利欲观。以往对孔子研究中往往忽略了这一段内容,似乎孔子主张人们只要仁、义,不要利、欲。事实上并非如此。富与贵是人之所欲,钱和权谁都需要,孔子对人性和人们所需求的拿捏如此准确。通过不正当手段获取的钱财其实谁都不喜欢。义礼智信没有完全做到,但仁德之心有的话,那还是君子;其他有,但缺乏仁德,那就是小人。任何人都不会甘愿过贫穷困顿、流离失所的生活,都希望得到富贵安逸。但这必须通过正当的手段和途径去获取。否则宁守清贫而不去享受富贵。这种观念在今天仍有其不可低估的价值。

【原文】

　　4.6 子曰:"我未见好仁者、恶不仁者。好仁者,无以尚之;恶不仁者,其为仁矣,不使不仁者加乎其身。有能一日用其力于仁矣乎?我未见力不足者。盖有之矣,我未之见也。"

【译文】

　　孔子说:"我没有见过爱好仁德的人、厌恶不仁的人。爱好仁德的人,是不能再好的了;厌恶不仁的人,在实行仁德的时候,不让不仁德的人影响自己。有人能一整天把自己的力量用在实行仁德上吗?我还没有看见力量不够的。这种人可能还是有的,但我没见过。"

【评析】

　　好仁者,不是寻常的喜好,必是真知仁之可好,而好之极笃。因仁是其内心所好之纯德,故能从心所欲,不计利害而行仁。恶不仁者,不是一般的憎恶,必是深恶不仁之为害,不使一毫不仁之事加身。或是外物所驱之强仁,故勉力为之,趋利避害。孔子特别强调个人道德修养,尤其是养成仁德的情操。但当时动荡的社会中,爱好仁德的人已经不多了,所以孔子说他没有见到。孔子认为,对仁德的修养,主要还是要靠个人自觉的努力,因为只要经过个人的努力,是完全可以达到仁的境界的。终日乾乾,他日无悔。

【原文】

4.7 子曰:"人之过也,各于其党。观过,斯知仁矣。"

【译文】

孔子说:"人们的错误,各属一定的类别。考察一个人所犯的错误,可以知道他有没有仁德。"

【评析】

孔子认为,人之所以犯错误,从根本上讲是他没有仁德。有仁德的人往往会避免错误,没有仁德的人就无法避免错误,所以从这一点上看,没有仁德的人所犯错误的性质是相似的。这从另一角度讲了加强道德修养的重要性。张居正评曰:"凡人心术之邪正难知,而行事之差失易见。世之观人者,但知以无过为仁,岂知有过亦可以观仁乎?盖人有君子、有小人。君子,存心宽厚,就有过失,只在那厚的一边,必不苛刻。小人,立心奸险,他的过失,只在那薄的一边,必不宽恕。其党类各自不同如此。人惟律之以正,而不察其心,固皆谓之过而已。若观人者,因其过而察之,则过于厚的,必是忠爱的君子,而其为仁可知矣!若过于薄的,便是残忍的小人,而其为不仁,又何疑哉!此可见取人者,固不可以无过而苛求,亦不可以有过而轻弃也。是道也,在人君尤所当知,盖人才识有短长,气质有纯驳。小人回互隐伏,有过却会弥缝。君子磊落光明,有过不肯遮饰。故小人常以欺诈而见容,君子或以真率而得罪,是不可不察也。仁者之过,大概如此。"

君子厚德,恭直率真;小人刻薄,巧言令色。君子容易得罪人,所以君子常怀才不遇,而小人逢场作戏,八面玲珑。孔子也提醒人们:考察任用人时不能求全责备,要真正为百姓办实事,举直错诸枉。

【原文】

4.8 子曰:"朝闻道,夕死可矣。"

【译文】

孔子说:"早晨得知了真理,就是当天晚上死去也心甘。"

【评析】

孔子这里所讲的"道",系指社会、政治的最高原则和做人的最高准则,这主要是从伦理学意义上说的。人的生命要过得有价值,可以为真理而献身,圣人的境界如斯。王阳明说:"我心光明,夫复何言。"不闻道,空活百岁。对普通人而言,知道应该做什么,并尽心去做事,亦是一种闻道。

【原文】

4.9 子曰:"士志于道,而耻恶衣恶食者,未足与议也。"

【译文】

孔子说:"士有志于(学习和实行圣人的)道理,但又以自己吃穿得不好为耻辱,对这种人,是不值得与他谈论道的。"

【评析】

本章和前一章讨论的都是道的问题。本章所讲"道"的含义与前章大致相同。这里,孔子认为,一个人斤斤计较个人的吃穿等生活琐事,是不会有远大志向的,因此,根本就不必与这样的人去讨论什么道的问题。圣贤、君子恶衣菲食,谋道不谋食,忧道不忧贫。

【原文】

4.10 子曰:"君子之于天下也,无适①也,无莫②也,义③之与比④。"

【注释】

①适(dí):一定可以。②莫:一定不行。③义:适宜、妥当。④比:亲近、相近、靠近。

【译文】

孔子说:"君子对于天下的人与事,没有什么一定可以或一定不行的成见,只是按照义去待人处事。"

【评析】

这一章里孔子提出对君子要求的基本点之一:"义之与比"。有高

尚人格的君子为人公正、友善，处世严肃灵活，不会厚此薄彼。本章谈论的仍是个人的道德修养问题。

【原文】

4.11 子曰："君子怀①德，小人怀土②；君子怀刑③，小人怀惠。"

【注释】

①怀：思虑。②土：乡土。③刑：法制惩罚。

【译文】

孔子说："君子思虑的是道德，常人思虑的是乡土生活；君子敬畏刑法，常人追逐实惠。"

【评析】

本章再次提到君子与小人这两个不同类型的人格形态，认为君子有高尚的道德，他们胸怀远大，视野开阔，考虑的是国家和社会的事情，而小人则只知道思恋乡土、小恩小惠，考虑的只有个人和家庭的生计。这是君子与小人之间的区别点之一。

【原文】

4.12 子曰："放①于利而行，多怨②。"

【注释】

①放：放任、放纵。②怨：别人的怨恨。

【译文】

孔子说："只依循私利来行事，就会招致很多的怨恨。"

【评析】

本章也谈义与利的问题。孔子认为，作为具有高尚人格的君子，他不会总是考虑个人利益的得与失，更不会一心追求个人利益，否则，就会招致来自各方的怨恨和指责。这里仍谈先义后利的观点。天下熙熙皆为利来，天下攘攘皆为利往。但一味放纵追逐私利，乱花渐欲迷人眼。只讲利，孔子说是多怨，字数少，含义很深刻。一个人做事公平别人就心悦诚服，反之会招来别人的怨恨。在义的范围内，打造边界线。孔子认为，要实现"爱人"，还要遵循"忠恕"之道，就是"己所不欲，勿施于人"。

【原文】

4.13 子曰："能以礼让为国乎，何有①？不能以礼让为国，如礼何②？"

【注释】

①何有：全意为"何难之有"，即不难的意思。②如礼何：把礼怎么办？

【译文】

孔子说："能够用礼让原则来治理国家，那还有什么困难呢？不能用礼让原则来治理国家，怎么能实行礼呢？"

【评析】

孔子把"礼"的原则推而广之，用于国与国之间的交往，这在古代是无可非议的。因为孔子时代的"国"乃"诸侯国"，均属中国境内的兄弟国家。

【原文】

4.14 子曰："不患无位，患所以立；不患莫己知，求为可知也。"

【译文】

孔子说："不怕没有官位，就怕自己没有学到赖以站得住脚的东西；不怕没有人知道自己，只求自己成为有真才实学值得为人们所知道的人。"

【评析】

这是孔子对自己的学生经常谈论的问题，是他立身处世的基本态度。孔子并非不想成名成家，并非不想身居要职，而是希望他的学生必须首先立足于自身的学问、修养、才能的培养，具备足以胜任官职的各方面素质。这种思路是可取的。

【原文】

4.15 子曰:"参乎!吾道一以贯之。"曾子曰:"唯。"子出,门人问曰:"何谓也?"曾子曰:"夫子之道,忠恕而已矣。"

【译文】

孔子说:"参啊!我讲的道是由一个基本的思想贯彻始终的。"曾子说:"是。"孔子出去之后,同学便问曾子:"这是什么意思?"曾子说:"老师的道,就是忠恕罢了。"

【评析】

忠恕之道是孔子思想的重要内容,待人忠恕,这是仁的基本要求,贯穿于孔子思想的各个方面。在这章中,孔子只说他的道是有一个基本思想一以贯之的,没有具体解释什么是忠恕的问题,《卫灵公》篇第15、24章,就回答了这个问题。

【原文】

4.16 子曰:"君子喻于义,小人喻于利。"

【译文】

孔子说:"君子与一般人价值指向不同,需晓以大义,而一般人只能动之以利害。"

【评析】

"君子喻于义,小人喻于利"是孔子学说中对后世影响较大的一句话,被人们传诵。这就明确提出了义利问题。孔子认为,利要服从义,要重义轻利,这里的义指服从等级秩序的道德,一味追求个人利益,就会犯上作乱,破坏等级秩序。所以,孔子把追求个人利益为上的人视为小人。君子于事必辨其是非,一般人于事必计其利害。

【原文】

4.17 子曰:"见贤思齐焉,见不贤而内自省也。"

【译文】

孔子说:"见到贤人,就应该向他学习、看齐,见到不贤的人,就应该自我反省（自己有没有与他相类似的错误）。"

【评析】

本章谈的是个人道德修养问题。这是修养方法之一，即见贤思齐，见不贤内自省。实际上这就是取别人之长补自己之短，同时又以别人的过失为鉴，不重蹈别人的旧辙，这是一种理性主义的态度，在今天仍不失其精辟之见。

【原文】

4.18 子曰："事父母几①谏，见志不从，又敬不违，劳②而不怨。"

【注释】

①几（jī）：轻微、婉转的意思。②劳：忧愁、烦劳的意思。

【译文】

孔子说："侍奉父母，（如果父母有不对的地方）要委婉地劝说他们。（自己的意见表达了）见父母心里不愿听从，还是要对他们恭恭敬敬，并不违背，替他们操劳而不怨恨。"

【评析】

这一段还是讲关于孝敬父母的问题。侍奉父母，这是应该的，甚至父母不听劝说时，子女仍要对他们毕恭毕敬，毫无怨言。

【原文】

4.19 子曰："父母在，不远游①，游必有方②。"

【注释】

①游：指游学、游宦、经商等外出活动。②方：一定的地方。

【译文】

孔子说："父母在世，不远离家乡；如果不得已要出远门，也必须告知父母所去之处，以免他们担心。"

【评析】

古代孝顺的人不做冒险的事，好男儿虽志在四方，但不置险境，令

父母安心。人字易写不易做,不能只由着自己的情绪做事。孔子把对父母孝的问题,在这里只用了十个字来表述,但内涵很深刻。

【原文】

4.20 子曰:"三年无改于父之道,可谓孝矣。"

【译文】

孔子说:"若是能长期传承他父亲的优良传统,这样的人可以说是尽到孝了。"

【原文】

4.21 子曰:"父母之年,不可不知也。一则以喜,一则以惧。"

【译文】

孔子说:"父母的年纪,不可不知道并要记在心里。一方面为他们的长寿而高兴,一方面又为他们的衰老而忧惧。"

【评析】

春秋末年,社会动乱不安,臣弑君、子弑父的犯上作乱之事时有发生。为了维护宗法家族制度,孔子就特别强调"孝"。这一章还是谈"孝",要求子女从内心深处要孝敬自己的父母。孔子对时间的思考非常全面,以上四章是对父母四个年龄段行孝时要注意的点。这四章大致可按父母年龄重排章序,4.19当是父母中年时,4.18当是父母老年时,4.21则是父母晚年时,4.20则是父母去世后。

【原文】

4.22 子曰:"古者言之不出,耻躬之不逮①也。"

【注释】

①逮(dài):及,赶上。

【译文】

孔子说:"古代人不轻易把话说出口,因为他们以自己做不到为可耻啊。"

【评析】

孔子一贯主张谨言慎行,不轻易允诺,不轻易表态,如果做不到,就会失信于人,自己的威信也会降低。所以孔子说,古人不轻易说话,更不说随心所欲的话,因为他们以不能兑现允诺而感到耻辱。

【原文】

4.23 子曰:"以约①失之者鲜②矣。"

【注释】

①约:约束。这里指"约之以礼"。②鲜:少的意思。

【译文】

孔子说:"用礼来约束自己,再犯错误的人就少了。"

【评析】

以多失者广矣。

【原文】

4.24 子曰:"君子欲讷①于言而敏②于行。"

【注释】

①讷:迟钝。这里指说话要谨慎。②敏:敏捷、快速的意思。

【译文】

孔子说:"君子说话要谨慎,而行动要敏捷。"

【评析】

讷于言并不是不会说话,而是要谨慎,不该说时不说,该说时必须说。

【原文】

4.25 子曰:"德不孤,必有邻。"

【译文】

孔子说:"有道德的人是不会孤立的,一定会有思想一致的人与他

相处。"

【评析】

有一善端，众善毕至。德是人心固有的，也是人情同好的。有德者必然同声相应，同气相求，近悦远来。失德者则离心离德，众叛亲离，常陷于孤立之境。

【原文】

4.26 子游曰："事君数①，斯②辱矣；朋友数，斯疏矣。"

【注释】

①数（shuò）：屡次、多次，引申为烦琐的意思。②斯：就。

【译文】

子游说："侍奉君主太过烦琐，就会受到侮辱；对待朋友太过烦琐，就会被疏远。"

【评析】

言辞的恰当表达非常重要，"辞达而已矣"。子游是孔子唯一的南方学生，孔子曾夸奖子游"吾门有偃，吾道其南"。子游认为，事君当以匡救为忠，交友以切磋为义，这是理所应当的，但是要注意表达的方式，视君、友之反应而把握进退。不然好心未必能成好事。另一方面，作为被建议者，要思量良药苦口利于病，忠言逆耳利于行，虚心受善，以求切磋之益，乐告之诚，如此方能修德日进。

公冶长第五

本篇提要

《公冶长》篇主题是仁之标准，共计28章，874字。从弟子优缺、为官仁德、仁之四面三个方面做了论述。本篇名句有"朽木不可雕也，粪土之墙不可杇也""听其言而观其行""敏而好学，不耻下问""三思而后行"等。

【原文】

5.1 子谓公冶长①："可妻也。虽在缧绁②之中，非其罪也。"以其子③妻之。

【注释】

①公冶长：姓公冶名长，齐国人，孔子的弟子。②缧绁（léi xiè）：捆绑犯人用的绳索，这里借指牢狱。③子：古时无论儿、女均称子。

【译文】

孔子评论公冶长说："可以把女儿嫁给他，他虽然被关在牢狱里，但这并不是他的罪过呀。"于是，孔子就把自己的女儿嫁给了他。

【评析】

相传公冶长能通鸟语，并因此无辜获罪。孔子出于对诸侯执政的不满，又因对公冶长身陷囹圄而感到痛惜，将女儿许配他为妻。在这一章里，孔子对公冶长做了较高评价，也从另一个侧面反映了孔子并不囿于世俗之见，有高超的知人水平。公冶长确有仁德，日后成为孔门二十贤之一。

公冶长(公元前519—前470年)，《论语》中提及一次。他出身贫寒，却聪颖好学，博通书礼，德才兼备，深为孔子所赏识。孔子有众多弟子，而把女儿嫁给公冶长，说明孔子认可他的品德，因此赏识他。从这里我们也可以看出孔子评价人物不是以所处境遇为标准，而是以才德为标准的。

有一天，公冶长从卫国返回鲁国，走到边境上，听见鸟儿相呼去清溪边吃死人肉。走了没多远，遇见一个老妇人在路中间哭。公冶长上前相问，老妇告诉他，自己的儿子前天出门，到现在还没有回来，应该是已经死了，却不知死在哪儿了。公冶长说，刚刚听见群鸟相呼去清溪边吃肉，恐怕就是您的儿子吧。老妇人马上前往清溪去看，果然是自己的儿子，已经死了，于是上告村里面的有司。村司问从哪儿知道儿子死处的，老妇人据实回答说是碰见公冶长，是公冶长告诉她的。村司认为，如果不是公冶长把人杀了，怎么会知道人死在哪儿呢？于是把公冶长抓进监狱了。狱官审问他为何杀人，公冶长说自己没有杀人，只是能解鸟语。狱官就让他解鸟语，看是否如实。一次，有麻雀在监狱上面叫唤，公冶长说鸟儿说白莲水边有辆牛车翻了，把黍粟压倒了，洒了一地，相呼前去啄黍米。狱官不信，派人前去查看，果然如此。后来公冶长又解了燕子等鸟语，屡次灵验，于是就被放出监狱了。

公冶长婚后，生了两个儿子，一个叫子犁，早亡，一个叫子耕。他终生治学不仕，鲁君多次聘请他为大夫，他都辞而不应，致力于继承孔子遗志，教学育人，成为当时著名的文士。

【原文】

5.2 子谓南容①："邦有道②，不废③；邦无道，免于刑戮④。"以其兄之子妻之。

【注释】

①南容：姓南宫名适（kuò），字子容。孔子的学生，亦称南容。②道：孔子这里所讲的道，是说国家的政治符合最高的和最好的原则。③废：废置，不任用。④刑戮：刑罚。

【译文】

孔子评论南容说："国家有道时，他有官做；国家无道时，他也可以免去刑戮。"于是把自己的侄女嫁给了他。

【评析】

本章里,孔子对南容也做了比较高的评价,他能够把自己的侄女嫁给南容,也表明南容有较好的仁德。不管是处于战乱还是和平时代,南容都不会陷于困境。孔子为什么把更好的选择安排给侄女?不得不佩服孔子先人后己的仁者风范。孔子和他的兄长孟皮的关系很融洽,而孟皮早逝,孔子把侄女看作亲生女儿,把她嫁给有道无道都能生活很好的南容是最安全靠谱的。

【原文】

5.3 子谓子贱①:"君子哉若人②!鲁无君子者,斯焉取斯③?"

【注释】

①子贱:姓宓(mì),名不齐,字子贱。生于公元前521年,比孔子小49岁。②若人:这个,此人。③斯焉取斯:斯,此。第一个"斯"指子贱,第二个"斯"字指子贱的品德。

【译文】

孔子评论子贱说:"这个人真是个君子呀!如果鲁国没有君子的话,他是从哪里学到这种品德的呢?"

【评析】

鲁国是个礼仪之邦,宓子贱向身边人学到了君子的品德。一方面是他自己积极向上,另一方面是环境感染,见贤思齐。孔子表扬子贱,另一层意思是:这种品德是取自哪里。古时有句俗语:"师臣者帝,宾臣者王,能者为师。"

【原文】

5.4 子贡问曰:"赐也何如?"子曰:"女,器也。"曰:"何器也?"曰:"瑚琏①也。"

【注释】

①瑚琏:古代祭祀时盛粮食用的器具。

【译文】

子贡问孔子："我这个人怎么样？"孔子说："你呀，好比一个器具。"子贡又问："是什么器具呢？"孔子说："是瑚琏。"

【评析】

孔子把子贡比作瑚琏，夸子贡是治国安邦之大器。因为瑚琏是古代宗庙里祭器中贵重而华美的玉器，是国之大宝。子贡在孔门弟子中是非常出类拔萃的，他曾任鲁、卫两国之相，治国、外交都有突出成就。退休后又经商，成为巨富，所谓"君子爱财，取之有道"，他就是代表人物，被誉为儒商始祖。在推广孔门学说方面，因为他崇高的社会地位和在上层社会的交游，贡献最大。他影响太大，从政经商的本事无人可比，以至于鲁国一些贵族人士认为他比他老师还有贤德，但子贡始终对老师忠心拜服，孔子去世时他未能赶到，赶到后为老师守丧六年，是弟子中守丧时间最长者。孔子评价子贡是瑚琏之器，非常恰当，子贡后来的成就甚至大大超越了孔子的预期。"君子不器"其意在于君子不局限于某一功能，而不是说君子不该成为"器"。孔子曾讲过"君子藏器于身，待时而动"。

【原文】

5.5 或曰："雍①也仁而不佞②。"子曰："焉用佞？御人以口给③，屡憎于人。不知其仁④，焉用佞？"

【注释】

①雍：姓冉名雍，字仲弓，生于公元前522年，孔子的学生。②佞（nìng）：能言善辩，有口才。③口给：言语便捷、嘴快话多。④不知其仁：指有口才者有仁与否不可知。

【译文】

有人说："冉雍这个人有仁德但不善辩。"孔子说："何必要能言善辩呢？靠伶牙俐齿和人辩论，常常招致别人的讨厌。我不知道冉雍是不是能做到仁，但何必要能言善辩呢？"

【评析】

孔子针对有人对冉雍的评论,提出自己的看法。他认为人只要有仁德就足够了,根本不需要能言善辩,伶牙俐齿,这两者在孔子观念中是对立的。善说的人不一定有仁德,而有仁德者则不必有辩才。要以德服人,不以嘴服人。

【原文】

5.6 子使漆雕开①仕。对曰:"吾斯之未能信。"子说②。

【注释】

①漆雕开:姓漆雕名开,字子开,一说字子若,生于公元前540年,孔子的门徒。②说(yuè):通"悦"。

【译文】

孔子让漆雕开去做官。漆雕开回答说:"我对做官这件事还没有信心。"孔子听了很高兴。

【评析】

孔子的教育方针是"学而优则仕",学到了本领,就要去做官,他经常向学生灌输读书做官的思想,鼓励和推荐他们去做官。孔子让他的学生漆雕开去做官,但漆雕开感到尚未达到"学而优"的程度,做官还没有把握,他想继续学礼,晚点去做官,所以孔子很高兴。

【原文】

5.7 子曰:"道不行,乘桴①浮于海,从②我者,其由与!"子路闻之喜。子曰:"由也好勇过我,无所取材。"

【注释】

①桴(fú):用来过河的木筏子。②从:跟随、随从。

【译文】

孔子说:"如果我的主张行不通,我就乘上木筏子到海外去。能跟从我的大概只有仲由吧!"子路听到这话很高兴。孔子说:"仲由啊,好勇超过了我,其他没有什么可取的才能。"

【评析】

孔子在当时的历史背景下，极力推行他的礼制、德政主张。但他也担心自己的主张行不通，戏言打算适当的时候乘筏到海外去。他认为子路有勇，可以跟随他一同前去，但同时又指出子路的不足乃在于仅有勇而已。子路最后死于勇敢。

【原文】

5.8 孟武伯问："子路仁乎？"子曰："不知也。"又问。子曰："由也，千乘之国，可使治其赋①也，不知其仁也。""求也何如？"子曰："求也，千室之邑②，百乘之家③，可使为之宰④也，不知其仁也。""赤⑤也何如？"子曰："赤也，束带立于朝⑥，可使与宾客⑦言也，不知其仁也。"

【注释】

①赋：兵赋，向居民征收的军事费用。这里指军政工作。②千室之邑，邑是古代居民的聚居点，大致相当于后来的城镇。千室之邑指有一千户人家的大邑。③百乘之家：指卿大夫的采地，当时大夫有车百乘，是采地中的较大者。④宰：家臣、总管。⑤赤：姓公西名赤，字子华，生于公元前509年，孔子的学生。⑥束带立于朝：指穿着礼服立于朝廷。⑦宾客：指一般国宾和贵客。

【译文】

孟武伯问孔子："子路做到了仁吧？"孔子说："我不知道。"孟武伯又问。孔子说："仲由嘛，在拥有一千辆兵车的国家里，可以让他管理军事，但我不知道他是不是做到了仁。"孟武伯又问："冉求这个人怎么样？"孔子说："冉求这个人，可以让他在一个有千户人家的公邑或有一百辆兵车的采邑里当总管，但我也不知道他是不是做到了仁。"孟武伯又问："公西赤又怎么样呢？"孔子说："公西赤嘛，可以让他穿着礼服，站在朝廷上，接待贵宾，我也不知道他是不是做到了仁。"

【评析】

在这段文字中,孔子对自己的三个学生进行评价,但对其是否做到了"仁"避而不谈。他说,他们有的可以管理军事,有的可以管理内政,有的可以办理外交。在孔子看来,他们虽然各有自己的专长,但所有这些专长都必须服务于礼制、德治的政治需要,必须以具备仁德情操为前提。他这样回答,暗含勉励弟子之意:有志于求仁,就要时常省察自己的内心。实际上,他把"仁"放在更高的地位。孔子识人、知人、用人、举荐人的能力都很强,可以说是民间党校的校长。

【原文】

5.9 子谓子贡曰:"女与回也孰愈①?"对曰:"赐也何敢望回?回也闻一以知十②,赐也闻一以知二③。"子曰:"弗如也。吾与④女弗如也。"

【注释】

①愈:胜过、超过。②十:指数的全体,旧注云:"一,数之始;十,数之终。"③二:旧注云:"二者,一之对也。"④与:和。

【译文】

孔子对子贡说:"你和颜回两个相比,谁更好一些呢?"子贡回答说:"我怎么敢和颜回相比呢?颜回听到一件事就可以推知十件事;我呢,知道一件事,只能推知两件事。"孔子说:"是不如他呀,我和你都不如他。"

【评析】

颜回是孔子最得意的学生之一。他勤于学习,而且肯独立思考,能举一反三,融会贯通。所以,孔子对他大加赞扬,希望其他弟子都能像颜回那样。孔子称子路勇哉,子贡辩哉,颜回贤哉。本章孔子给子贡挖坑提问,子贡回答到位、谦虚。要知道子贡在孔门弟子中,可以说才干第一,做官能任事,经商能发财,治世能臣,儒商始祖。颜回呢,穷居陋巷,生活窘迫。当时鲁国的贵族认为子贡比孔子还有本事,哪会看得上颜回。但子贡却能看到自己和颜回在思想学问方面的差距。人莫难于自屈、自黑，贵有自知之明。本章充分表现了孔子和子贡的默契以及子贡的优秀。

【原文】

5.10 宰予昼寝，子曰："朽木不可雕也，粪土①之墙不可杇②也。于予与何诛③！"子曰："始吾于人也，听其言而信其行；今吾于人也，听其言而观其行。于予与④改是。"

【注释】

①粪土：腐土、脏土。②杇（wū）：抹墙用的抹子。这里指用抹子粉刷墙壁。③诛：意为责备、批评。④与：做动词，给予。

【译文】

宰予白天睡觉。孔子说："腐朽的木头无法雕刻，粪土垒的墙壁无法粉刷。对于宰予这个人，责备还有什么用呢？"孔子说："起初我对于人，是听了他说的话便相信了他的行为；现在我对于人，听了他讲的话还要观察他的行为。在宰予这里我改变了观察人的方法。"

【评析】

孔子的学生宰予白天睡觉，孔子对他大加非难。这件事并不似表面所说的那么简单。结合前后篇章有关内容可以看出，宰予对孔子学说存有异端思想，所以受到孔子斥责。此外，孔子在这里还提出判断一个人的正确方法，即听其言而观其行。

【原文】

5.11 子曰："吾未见刚者。"或对曰："申枨①。"子曰："枨也欲，焉得刚？"

【注释】

①申枨（chéng）：姓申名枨，字周，孔子的学生。

【译文】

孔子说："我没有见过刚强的人。"有人回答说："申枨就是这样的。"孔子说："申枨这个人欲望太多，怎么能算刚强呢？"

【评析】

孔子向来认为,一个人的欲望多了,就会违背周礼。从这一章来看,人的欲望过多不仅做不到"义",甚至也做不到"刚"。孔子不普遍地反对人们的欲望,但如果想成为有崇高理想的君子,那就要舍弃各种欲望,一心向道。

【原文】

5.12 子贡曰:"我不欲人之加诸我也,吾亦欲无加诸人。"子曰:"赐也,非尔所及也。"

【译文】

子贡说:"我不愿别人强加于我,我也不愿强加于人。"孔子说:"赐呀,这就不是你所能做到的了。"

【评析】

己所不欲,勿施于人。所恶于上,毋以使下,所恶于下,毋以事上;所恶于前,毋以先后;所恶于后,毋以从前。元亨利贞,只可意会不可言传。

【原文】

5.13 子贡曰:"夫子之文章①,可得而闻也;夫子之言性②与天道③,不可得而闻也。"

【注释】

①文章:这里指孔子传授的《诗》《书》《礼》《乐》等。②性:人性。③天道:天命。《论语》中孔子多处讲到天和命,但不见有孔子关于天道的言论。

【译文】

子贡说:"老师讲授的《诗》《书》《礼》《乐》的知识,依靠耳闻是能够学到的;老师讲授的人性和天道的理论,依靠耳闻是学不到的。"

【评析】

在子贡看来，孔子所讲的《诗》《书》《礼》《乐》等具体知识是有形的，只靠耳闻就可以学到了，但关于人性与天道的理论，深奥神秘，不是通过耳闻就可以学到的，必须充实内心的体验，才有可能把握得住。正如孔子所言，"人莫不饮食也，鲜能知味也"。孔子和子贡堪称史上最强师徒，综观《论语》全书，二人对话最多也最精彩，真可谓高山流水遇知音，万千嘱托唯一人。

【原文】

5.14 子路有闻，未之能行，唯恐有闻。

【译文】

子路在听到一条道理但没有能亲自实行的时候，唯恐又听到新的道理。

【评析】

闻而不行与不闻同，行而不力与不行同；雷厉风行，即知即行，一打计划赶不上一个行动。逆水行舟，不进则退。

【原文】

5.15 子贡问曰："孔文子①何以谓之'文'也？"子曰："敏②而好学，不耻下问，是以谓之'文'也。"

【注释】

①孔文子：卫国大夫孔圉（yǔ），"文"是谥号，"子"是尊称。
②敏：敏捷、勤勉。

【译文】

子贡问道："为什么给孔文子一个'文'的谥号呢？"孔子说："他聪敏勤勉而好学，不以向比他地位低的人请教为耻，所以给他谥号叫'文'。"

【评析】

本章里，孔子在回答子贡提问时讲到"不耻下问"的问题。这是孔

子治学一贯应用的方法。孔子看到的是孔文子的优点,而子贡看到的是缺点,孔子看人既一分为二,更合二为一。学问深时意气平,谷穗饱满头越低。所以孔文子不耻下问,这就是好学。既没褒也没贬,也证实了孔子对子贡的敲打,是爱的敲打。司马懿说:看人之短,天下无一人可交。看人之长,世间一切尽是吾师。"敏而好学",就是勤敏而兴趣浓厚地发愤学习。"不耻下问",就是不仅听老师、长辈的教导,向老师、长辈求教,而且还求教于一般看来不如自己知识多的人,而不以这样做为可耻。孔子"不耻下问"的表现:一是就近学习自己的学生们,即边教边学,这在《论语》书中有多处记载。二是学于百姓,在他看来,群众中可以学的东西很多,这同样可从《论语》中找到许多根据。他提倡的"不耻下问"的学习态度对后世产生了深远影响。

【原文】

5.16 子谓子产①:"有君子之道四焉:其行己也恭,其事上也敬,其养民也惠,其使民也义。"

【注释】

①子产:姓公孙名侨,字子产,郑国大夫,做过正卿,是郑穆公的孙子,为春秋时郑国的贤相。

【译文】

孔子评论子产说:"他有君子的四种道德:他自己行为庄重,他侍奉君主恭敬,他养护百姓有恩惠,他役使百姓有法度。"

【评析】

本章孔子讲的君子之道,就是为政之道。子产在郑简公、郑定公之时执政22年。其时,于晋国当悼公、平公、昭公、顷公、定公五世,于楚国当共王、康王、郏敖、灵王、平王五世,正是两国争强、战乱不息的时候。郑国地处要冲,而处于这两大国之间,子产却能不低声下气,也不妄自尊大,使国家得到尊敬和安全,的确是中国古代一位杰出的政治家和外交家。孔子对子产的评价甚高,认为治国安邦就应当具有子产的这四种道德。有功劳不去请赏,在工作岗位上内外兼修,以身作则,行事无私，克己力行，这是子产的作风。子产执政时，既能维护公室的利益，又能限制贵族的特权，敢于推动改革。他做到了如浙江大学原校长竺可桢所说的：只论是非，不计利害。

【原文】

5.17 子曰："晏平仲①善与人交，久而敬之②。"

【注释】

①晏平仲：齐国的贤大夫，名婴。《史记》卷六十二有他的传。"平"是他的谥号。②久而敬之："之"在这里指代晏平仲。

【译文】

孔子说："晏平仲善于与人交朋友，相处越久，别人对他的敬重越深。"

【评析】

孔子这里一方面是对齐国大夫晏婴的称赞，称赞他救民天下从不自夸，平易近人，辅佐三代国君，从不敛财，随和大度，谦躬下士，闻过则喜，选贤任能。另一方面则是希望他的学生，向晏婴学习，做到"善与人交"，互敬互爱，成为有道德的人。晏婴担任齐国宰相30年，地位尊贵显赫，别人对他自然恭敬，而他久居相位，与友处久，仍敬友如新，是他的可贵之处。让人评价为"久而敬之"比"久处不厌"更高一个层次。孔子曾到齐国去见齐景公，和晏婴相处关系不错，但是两人的政治观点不同。齐景公想封孔子，把孔子留在齐国，却遭到晏婴的反对。他认为，对齐国来说，孔子之道"不可以示世，其教也不可以导民"。虽然如此，孔子心胸宽广、不计旧怨，仍然肯定其笃于交友的品德。

【原文】

5.18 子曰："臧文仲①居蔡②，山节藻棁③，何如其知也？"

【注释】

①臧文仲：姓臧孙名辰，"文"是他的谥号。因不遵守周礼，被孔子指责为"不仁""不智"。②蔡：国君用以占卜的大龟。蔡这个地方

产龟,所以把大龟叫作蔡。③山节藻棁(zhuō):节,柱上的斗拱。棁,房梁上的短柱。山节藻棁,把斗拱雕成山形,在棁上绘以水草花纹。这是古时装饰天子宗庙的做法。

【译文】

孔子说:"臧文仲藏了一只大龟,藏龟的屋子斗拱雕成山的形状,短柱上画以水草花纹,他这个人怎么能算是有智慧呢?"

【评析】

臧文仲在当时被人们称为"智者",但他对礼则并不在意。他不顾周礼的规定,竟然修建了藏龟的大屋子,装饰成天子宗庙的式样,这在孔子看来就是"越礼"之举了。所以,孔子指责他"不仁""不智"。孔子评价人不随波逐流,有自身独特的一面,据实而断。

【原文】

5.19 子张问曰:"令尹子文①三仕为令尹,无喜色;三已②之,无愠色。旧令尹之政,必以告新令尹。何如?"子曰:"忠矣。"曰:"仁矣乎?"曰:"未知。焉得仁?""崔子③弑④齐君⑤,陈文子⑥有马十乘,弃而违之。至于他邦,则曰:'犹吾大夫崔子也。'违之。之一邦,则又曰:'犹吾大夫崔子也。'违之。何如?"子曰:"清矣。"曰:"仁矣乎?"曰:"未知,焉得仁?"

【注释】

①令尹子文:令尹,楚国的官名,相当于宰相。子文是楚国的著名宰相。②三已:三,指多次。已,罢免。③崔子:齐国大夫崔杼(zhù)曾杀死齐庄公,在当时影响极大。④弑:地位在下的人杀了地位在上的人。⑤齐君:即指被崔杼所杀的齐庄公。⑥陈文子:齐国的大夫,名须无。

【译文】

子张问孔子说:"令尹子文几次做楚国宰相,没有显出高兴的样子,几次被免去职务,也没有显出怨恨的样子。(他每一次被免去职务)一定把自己的一切政事全部告诉给来接任的新宰相。你看这个人怎么样？"孔子说："可算得是忠了。"子张问："算得上仁了吗？"孔子说："不知道。这怎么能算得上仁呢？"子张又问："崔杼杀了他的君主齐庄公，陈文子家有四十匹马，都舍弃不要了，离开了齐国，到了另一个国家，他说，这里的执政者也和我们齐国的大夫崔子差不多，就离开了。到了另一个国家，又说，这里的执政者也和我们的大夫崔子差不多，又离开了。这个人你看怎么样？"孔子说："可算得上清高了。"子张说："可说是仁了吗？"孔子说："不知道。这怎么能算得上仁呢？"

【评析】

孔子认为，令尹子文和陈文子，一个忠于君主，算是尽忠了；一个不与逆臣共事，算是清高了，但他们两人都还算不上仁。因为在孔子看来，"忠"只是仁的一个方面，"清"则是为维护礼而献身的殉道精神，所以，仅有忠和清还是远远不够的。在孔子的心中，像尧、舜、禹、周公、管仲这样博施济众方能称之为仁。

【原文】

5.20 季文子①三思而后行。子闻之，曰："再，斯②可矣。"

【注释】

①季文子：即季孙行父，鲁成公、鲁襄公时任正卿，"文"是他的谥号。②斯：就。

【译文】

季文子每做一件事都要反复考虑多次。孔子听到了，说："考虑两次也就行了。"

【评析】

凡事三思，一般总是利多弊少，为什么孔子听说以后，并不同意季文子的这种做法呢？有人说："文子生平盖祸福利害之计太明，故其美恶两不相掩，皆三思之病也。其思之至三者，特以世故太深，过为谨慎；然其流弊将至利害徇一己之私矣。"（官懋庸：《论语稽》）当时季文子做事过于谨慎，顾虑太多，所以就会发生各种弊病。张居正认

为:"盖天下之事,虽万变不齐,而其当然之理,则一定不易,惟在义理上体察,则再思而已精,若用私意去揣摩,则多思而反惑。中庸教人以慎思者,意正如此。善应天下之事者,惟当以穷理为主,而济之以果断焉,则无所处而不当矣!"孔子在此点评的都是牛人。凡事预则立,不预则废。果断与周密结合在一起,这才是中庸。

【原文】

5.21 子曰:"宁武子①,邦有道则知;邦无道则愚②。其知可及也,其愚不可及也。"

【注释】

①宁武子:姓宁名俞,卫国大夫,"武"是他的谥号。②愚:这里是装傻的意思。

【译文】

孔子说:"宁武子这个人,当国家有道时,他就奉献才智;当国家无道时,他就装傻。他的那种聪明别人可以做得到,他的那种装傻别人就做不到了。"

【评析】

这里的"愚"是褒义,指韬光养晦,揣着明白装糊涂。当局者迷,旁观者清,何时因道而隐很难判断。宁武子对事物的发展预判有前瞻性,乱则保全其身,顺则兼济天下,大智若愚,审时度势。危难之处显身手,要看领导怎么样。宁武子是一个处世为官有方的大夫,当形势好转,对他有利时,他就充分发挥自己的聪明智慧,为卫国的政治竭力尽忠;当形势恶化,对他不利时,他就退居幕后或处处装傻,以便等待时机。孔子对宁武子的这种做法取赞许的态度。

【原文】

5.22 子在陈①,曰:"归与!归与!吾党之小子②狂简③,斐然④成章,不知所以裁⑤之。"

【注释】

①陈：古国名，大约在今河南东部和安徽北部一带。②吾党之小子：古代以500家为一党。吾党意即我的故乡。小子，指孔子在鲁国的学生。③狂简：志向远大但行为粗率简单。④斐（fěi）然：有文采的样子。⑤裁：裁剪，节制。

【译文】

孔子在陈国说："回去吧！回去吧！家乡的学生有远大志向但行为粗率简单，有文采但还不知道怎样来节制自己。"

【评析】

孔子说这段话时，当值鲁国季康子执政，欲召冉求回去，协助办理政务。所以，孔子说回去吧，去为官从政，实现平生的抱负；同时又指出他在鲁国的学生尚存在的问题：行为粗率简单，还不知道怎样节制自己，这些还有待于他的教导。

孔子视天下为己任，为中华民族培养了很多优秀人物。天生仲尼，是造化，是中国人的幸事。先立身后达人，先修己后弘道。孔子最后还是叶落归根。

【原文】

5.23 子曰："伯夷、叔齐①不念旧恶②，怨是用希③。"

【注释】

①伯夷、叔齐：殷朝末年孤竹君的两个儿子。父亲死后，二人互相让位，都逃到周文王那里。周武王起兵伐纣，他们认为这是以臣弑君，是不忠不孝的行为，曾加以拦阻。周灭商统一天下后，他们以吃周朝的粮食为耻，逃进深山中以野草充饥，饿死在首阳山中。②不念旧恶：不计较跟别人之间过去的嫌怨。③希：通"稀"。

【译文】

孔子说："伯夷、叔齐两个人不记人家过去的仇恨，（别人对他们的）怨恨因此也就少了。"

【评析】

　　这一章里，孔子主要称赞的是伯夷叔齐的"不念旧恶"。伯夷、叔齐认为周武王伐纣是"以暴易暴"，既反对周武王，又反对殷纣王，但为了维护君臣之礼，他们还是阻拦武王伐纣，最后因不食周粟，而饿死在首阳山上。孔子则从伯夷、叔齐不记别人旧怨的角度，对他们加以称赞，因此别人也就不记他们的旧怨了。孔子用这样一个故事讲述了为人处世应有的态度。张居正评曰："疾恶固不可以不严，而取善尤不可以不恕。古圣贤处己待人之道，莫善于此。若人君以此待下，尤为盛德。盖凡中材之人，孰能无过，惟事出故为，怙终不悛者，虽摈斥之，亦不足惜，然或一事偶失，而大节无亏，初时有过，而终能迁改，以至迹虽可议，而情有可原，皆当舍短取长，优容爱惜，则人人乐于效用，而天下无弃才矣。虞舜宥过无大，成汤与人不求备，皆此道也。"

　　孔子在此赞美伯夷、叔齐，他自己也是这样的人。孔子离开鲁国是不得已，但他也不念旧恶。仁者无敌，是因其内心没有敌意。

【原文】

　　5.24 子曰："孰谓微生高①直？或乞醯②焉，乞诸其邻而与之。"

【注释】

　　①微生高：姓微生名高，鲁国人。当时人认为他为人直率。②醯（xī）：即醋。

【译文】

　　孔子说："谁说微生高这个人直率？有人向他讨点醋，他（不直说没有，却暗地）到他邻居家里讨了点给人家。"

【评析】

　　微生高从邻居家讨醋给来讨醋的人，并不直说自己没有，对此，孔子认为他并不直率。慷他人之慨，超出能力范围揽事。但在另外的篇章里孔子却提出"父为子隐，子为父隐"，而且加以提倡，这在他看来，就不是什么"不直"了。仁里面有很重要的一点是正直。直不是傻，直也不是虚，灵活性与原则性相结合方为中庸。

【原文】

5.25 子曰:"巧言、令色、足恭①,左丘明②耻之,丘亦耻之。匿怨而友其人,左丘明耻之,丘亦耻之。"

【注释】

①足恭:过分恭敬。②左丘明:姓左丘名明,鲁国人,相传是《左传》一书的作者。

【译文】

孔子说:"花言巧语,装出好看的脸色,摆出逢迎的姿势,低三下四地过分恭敬,左丘明认为这种人可耻,我也认为可耻。把怨恨装在心里,表面上却装出友好的样子,左丘明认为这种人可耻,我也认为可耻。"

【评析】

孔子反感"巧言令色"的做法,这在《学而》篇中已经提及。他提倡人们正直、坦率、诚实,不要口是心非、表里不一。这符合孔子培养健康人格的基本要求。这种思想在我们今天仍有一定的意义,对那些人前一套、人后一套的人,有很强的针对性。孔子是圣人,左丘明是史圣,孔子把左丘明当作知己。左丘明家学渊源,举荐孔子,对孔子有知遇之恩。孔子、左丘明同样的光明磊落、直道而行、以直报怨,高度的原则性和高度的灵活性合而为一。

【原文】

5.26 颜渊、季路侍①。子曰:"盍②各言尔志?"子路曰:"愿车马衣裘,与朋友共,敝之而无憾。"颜渊曰:"愿无伐③善,无施劳④。"子路曰:"愿闻子之志。"子曰:"老者安之,朋友信之,少者怀之⑤。"

【注释】

①侍:服侍,站在旁边陪着尊贵者叫侍。②盍:何不。③伐:夸耀。④施劳:施,表白。劳,功劳。⑤少者怀之:让少者得到关怀。

【译文】

颜渊、子路两人侍立在孔子身边。孔子说:"你们何不各自说说

自己的志向？"子路说："愿意拿出自己的车马、衣服、皮袍，同我的朋友共同使用，用坏了也不抱怨。"颜渊说："我愿意不夸耀自己的长处，不表白自己的功劳。"子路向孔子说："愿意听听您的志向。"孔子说："让老人安心，让朋友信任，让孩子得到关怀。"

【评析】

在这一章里，孔子及其弟子们自述志向，主要谈的还是个人道德修养及为人处世的态度。孔子重视培养"仁"的道德情操，从各方面严格要求自己和学生。从本段里可以看出，只有孔子的志向最接近于"仁德"。张居正评曰："合而观之，子路公其物于人，而有难于兼济。颜子忘其善于己，而犹出于有心。惟夫子之志兼利万物而不知其功，仁覆天下而不见其迹，真与天地之量一般，又岂二子之所能及哉！使得君师之位，以行其政教，则时雍风动之化，当与尧舜比隆，惜乎不得其位，徒有志而未遂也。"中道是天下之本，和是天下大道。概言之，子路忘物，颜回忘善，孔子安人：养老、信友、怀少。

【原文】

5.27 子曰："已矣乎！吾未见能见其过而内自讼者也。"

【译文】

孔子说："完了，我还没有看见过能够看到自己的错误而又能从内心责备自己的人。"

【评析】

古往今来，人们往往能够一眼看到别人的错误与缺点，却看不到自己的错误。即使有人明知自己有错，也因顾及面子或其他原因而拒绝承认错误，更谈不上从内心去责备自己了。甚至有的人，自己犯了错误，不去认真检查自己，反而把责任推到别人头上，这是一种十足的伪君子。孔子说他没有见过有自知之明、有错即改的人。其实，在现实社会生活当中，这样的人依然不少。

人非圣贤，孰能无过，过而能改，善莫大焉。"苟日新，日日新，又日新。"不能过分自责，关键在于错了有行动改正。生活中有很多坏习惯，随地吐痰、高空抛物等，法律无法去定性，那就要向圣贤学习，不断修炼自己。读经典会使我们超凡脱俗。

【原文】

5.28 子曰："十室之邑，必有忠信如丘者焉，不如丘之好学也。"

【译文】

孔子说："即使只有十户人家的小村子，也一定有像我这样讲忠信的人，只是不如我那样好学罢了。"

【评析】

孔子是一个十分坦率直爽的人，他认为自己的忠信并不是最突出的，因为在只有十户人家的小村子里，就有像他那样讲求忠信的人。但他坦言自己非常好学，表明他承认自己的德性和才能都是学来的，并不是"生而知之"。这就从一个角度了解了孔子的基本精神。

孔子的标签是好学。忠信是做人的基础，在此基础上必须好学不厌，忠信60分，好学不厌才达到80分；忠信是基础，好学是方向。确保忠信之根，必须要有好学的精神。孔子不但好学，而且诲人不倦，学而习之，广而弘之。学习是为己之学，孔子把学习放在第一位，好学、善学、教学，公而忘私、正直诚实、修己安人。

雍也第六

雍也第六

本篇提要

《雍也》篇主题是仁行中庸,共计30章,816字。从守中、守庸、中庸结合、五个难点等方面做了论述。提出"恕"的学说、"文质"思想等培养"仁德"的一些主张。孔门十哲集体亮相,共谱《雍》曲。孔子也点评了众贤的特点。本篇名句有:"贤哉回也,一箪食,一瓢饮,在陋巷""质胜文则野,文胜质则史,文质彬彬,然后君子""知之者不如好之者,好之者不如乐之者""敬鬼神而远之""己欲立而立人,己欲达而达人"。

【原文】

6.1 子曰:"雍也可使南面。"

【译文】

孔子说:"冉雍有人君之德。"

【评析】

古代以面向南为尊位,天子、诸侯和官员听政都是面向南面而坐。所以这里孔子是说可以让冉雍去主政治理国家。在《先进》篇里,孔子将冉雍列在第一等学科"德行"之内,认为他已经具备贤德。这是孔子实行"学而优则仕"这一教育方针的典型事例。也可以看出,孔子并不主张君权神授、父死子继,君主地位并非不可移易,唯有德者居之。

一门三贤:冉雍、冉求、冉耕。冉雍(公元前522年-?),姓冉,名雍,字仲弓,比孔子小29岁,鲁国人。《论语》中提及7次。《冉氏族谱》称冉离娶颜氏,生长子耕,次子雍。颜氏死,又娶公西氏,生求。后公西氏闻孔子设教阙里,"命三子往从学焉"。他学业有成,与冉耕(伯牛)、冉求(子有)皆在"孔门十哲"之列,世称"一门三贤",当地人称为"三冉"。

冉雍出身贫贱,他父亲行为不良,有人以此作为攻击冉雍的借口。孔子驳斥说,一头耕牛,也可以生出献祭用的小牛来。冉雍尽管不是出身于贵族之家,但国家对他出类拔萃的才能,难道能够舍弃不用吗?冉雍沉默厚重,为人仁义,不花言巧语,是一个德行修养很高而又气量宽宏的人。他深得孔子的器重和欣赏,孔子称其"雍也可使南面",即冉雍具有人君的气度,可以担任封国之君。他多次向孔子求教"仁",并身体力行,可谓求仁得仁。他的同窗好友子贡也评价他,不以贫穷为受累,不以自己的手下为私物,而把他们当作借用的使者,不拿别人出气,不加深怨恨,不计较别人之前犯过的错误。

冉雍具有卓越不凡的政治才干,他曾问政于孔子,孔子教他心存敬恕,注重修身,办事从大体着想,多举贤才。他在跟随孔子周游列国后,于回鲁的第三年当上了鲁国权臣季氏家族的总管。他礼贤下士,为政"居敬行简",也就是为官认真严肃地研究政策,而以简单的形式去实行,即"抓大体,去烦琐",主张"以德化民",政绩卓著。但是在季府为仕三月,季氏对他的劝谏不能尽行,言不能尽听,于是辞去,复从孔子。

冉雍在孔门弟子中以德行著称,孔子临终时在弟子们面前夸奖他说:"贤哉雍也,过人远也。"被列为孔门"四科十哲"(德行科)之一。战国时期的荀况很推崇他,将他和孔子并列为大儒。

【原文】

6.2 仲弓问子桑伯子①。子曰:"可也,简②。"仲弓曰:"居敬③而行简④,以临⑤其民,不亦可乎?居简而行简,无乃⑥大⑦简乎?"子曰:"雍之言然。"

【注释】

①子桑伯子:人名,此人生平不可考。②简:简要,不烦琐。③居

敬：为人严肃认真，依礼严格要求自己。④行简：指推行政事简而不繁。⑤临：面临、面对。此处有"治理"的意思。⑥无乃：岂不是。⑦大：通"太"。

【译文】

仲弓问孔子：子桑伯子这个人怎么样？孔子说："此人还可以，办事简要而不烦琐。"仲弓说："居心恭敬严肃而行事简要，像这样来治理百姓，不是也可以吗？（但是）自己马马虎虎，又以简要的方法办事，这岂不是太简单了吗？"孔子说："冉雍，这话你说得对。"

【评析】

孔子主张办事简明扼要，不烦琐，不拖拉，果断利落。不过，任何事情都不可太过分。如果在办事时，一味追求简要，却马马虎虎，就有些不够妥当了。所以，孔子听完仲弓的话以后，认为仲弓说得很有道理。子桑伯子不拘小节，但干起事来还是挺好的，执行层面上也很到位。

本章意在论证上章"可使南面"的结论。"居敬"，持身恭敬，敬天、敬地、敬人、敬事。做什么就敬什么。"行简"，临下以简，御众以宽，是治理国家，行事简略不烦琐，就像现在说的，法无禁止皆可为，让人民得自由、得自在、得自治。居敬行简，礼行中庸，敬和简中间有个合适的把握。儒家的思想，都是严于律己，宽以待人，万事都是先要求自己。荀子评价说："圣人之得势者，舜、禹是也。圣人之不得势者，仲尼、仲弓是也。"荀子对冉雍的评价非常高，把他和舜、大禹、孔子相提并论了。

【原文】

6.3 哀公问："弟子孰为好学？"孔子对曰："有颜回者好学，不迁怒①，不贰过②，不幸短命死矣③。今也则亡④，未闻好学者也。"

【注释】

①不迁怒：不把对此人的怒气发泄到彼人身上。②不贰过：贰，是重复、一再的意思。这是说不犯同样的错误。③短命死矣：颜回死时年仅41岁。④亡：通"无"。

【译文】

鲁哀公问孔子："你的学生中谁是最好学的呢？"孔子回答说："有一个叫颜回的学生好学，他从不迁怒于别人，也从不重犯同样的过错。不幸短命死了。现在没有那样的人了，没有听说谁是好学的。"

【评析】

这里，孔子极为称赞他的得意门生颜回，认为他好学上进，自颜回死后，已经没有如此好学的人了。在孔子对颜回的评价中，他特别谈到不迁怒、不贰过这两点，也从中可以看出孔子教育学生，重在培养他们的道德情操，其中包含有深刻的哲理。任劳容易任怨难，考虑问题要全面，众口难调须委婉一些，力行待亲如陌，待陌如亲。张居正认为："颜回之在圣门，未尝以辩博多闻称，而孔子独称之为好学，其所谓学者，又独举其不迁怒、不贰过言之。可见圣贤之学不在词章记诵之末，而在身心性情之间！然是道也，在人君尤宜深省。盖人君之怒，譬如雷霆之震，谁不畏惧，若稍有迁怒，岂不滥及于无辜。"

【原文】

6.4 子华①使于齐，冉子②为其母请粟③。子曰："与之釜④。"请益。曰："与之庾⑤。"冉子与之粟五秉。子曰："赤之适齐也，乘肥马，衣轻裘。吾闻之也：君子周⑥急不济富。"

【注释】

①子华：姓公西名赤，字子华，孔子的学生，比孔子小42岁。②冉子：冉有，在《论语》中被孔子弟子称为"子"的只有5个人，冉有即其中之一。③粟：在古文中，粟与米连用时，粟指带壳的谷粒，去壳以后叫作米；粟字单用时，就是指米了。④釜（fǔ）：古代量名，一釜约等于六斗四升。⑤庾（yǔ）：古代量名，一庾等于二斗四升，一说为十六斗。⑥周：周济、救济。

【译文】

子华出使齐国，冉求替他的母亲向孔子请求补助一些谷米。孔子说："给她六斗四升。"冉求请求多给一些。孔子说："再给二斗四

升。"冉求自己又给了她八百斗。孔子说："公西赤到齐国去，乘坐着肥马驾的车子，穿着又暖和又轻便的皮袍。我听说过，君子只周济急需救济的人，而不周济富人。"

【评析】

孔子主张"君子周急不济富"，这是从儒家"仁爱"思想出发的。孔子的"爱人"学说，并不是狭隘地爱自己的家人和朋友，而带有一定的普遍性。但他又认为，周济的只是穷人而不是富人，应当"雪中送炭"，而不是"锦上添花"。这种思想符合于人道主义。

【原文】

6.5 原思①为之宰②，与之粟九百③，辞。子曰："毋，以与尔邻里乡党④乎！"

【注释】

①原思：姓原名宪，字子思，鲁国人。孔子的学生，生于公元前515年。孔子在鲁国任司法官的时候，原思曾做他家的总管。②宰：家宰，管家。③九百：没有说明单位是什么。④邻里乡党：相传古代以5家为邻，25家为里，12500家为乡，500家为党。此处指原思的同乡，或家乡周围的百姓。

【译文】

原思给孔子家当总管，孔子给他俸米九百，原思推辞不要。孔子说："不要推辞，（如果有多的）给你的乡亲们吧。"

【评析】

以"仁爱"之心待人，这是儒家的传统。孔子提倡周济贫困者，是极富同情心的做法。这与上一章的内容联系起来思考，圣人处世奉行中庸之道，既守原则，又不失灵活。孔子是雪中送炭，不是锦上添花，对弟子们不只是言传，更是身教，显现出孔子的伟大，解释了为什么周游列国时如此多的弟子不离不弃。反映了孔子在宽与严、多与少问题上的中庸。当予而不予，当辞而不辞，固失之贪；不当辞而辞，则失之骄。孔子一以贯之，该怎么样就怎么样，不感情用事，也不丢失原则。

【原文】

6.6 子谓仲弓，曰："犁牛①之子骍且角②。虽欲勿用③，山川④其舍诸⑤？"

【注释】

①犁牛：即耕牛。古代祭祀用的牛不能以耕农代替，系红毛长角，单独饲养的。②骍（xīng）且角：骍，骍红色。祭祀用的牛，毛色为红，角长得端正。③用：用于祭祀。④山川：山川之神。此喻上层统治者。⑤其舍诸：其，有"怎么会"的意思。舍，舍弃。诸，"之乎"二字的合音。

【译文】

孔子在评论仲弓的时候说："耕牛产下的牛犊长着红色的毛，角也长得整齐端正，人们虽不想用它做祭品，但山川之神难道会舍弃它吗？"

【评析】

冉雍出身卑贱，但孔子认为，人的出身并不是最重要的，重要的在于自己应有高尚的道德和突出的才干。只要具备了这样的条件，就会受到重用。这从另一方面也说明，作为统治者来讲，选拔重用人才，不能只看出身而抛弃贤才，反映了举贤才的思想和反对任人唯亲的主张。孔子一方面勉励冉雍，勉励草根，是金子总会发光的；另一方面告诫领导层不能以出身论英雄。英雄不问出处，王侯将相宁有种乎？孔子在2500年前就任人唯才，思维超前，跨越时代，他的思想不愧是我们中国文化的根。

【原文】

6.7 子曰："回也，其心三月①不违仁，其余则日月②至焉而已矣。"

【注释】

①三月：指较长的时间。②日月：指较短的时间。

【译文】

孔子说："颜回这个人，他的心可以在长时间内不离开仁德，其余

的学生则只能在短时间内做到仁而已。"

【评析】

颜回是孔子的得意门生,他对孔子以"仁"为核心的思想有深入的理解,而且将"仁"贯穿于自己的行动与言论当中。所以,孔子赞扬他"三月不违仁",季节变换,仁心不移,而别的学生"则日月至焉而已"。"三月"时长适中,不短也不长,既让你努力能做到,又不会让你气馁。

【原文】

6.8 季康子①问:"仲由可使从政也与?"子曰:"由也果②,于从政乎何有?"曰:"赐也可使从政也与?"曰:"赐也达③,于从政乎何有?"曰:"求也可使从政也与?"曰:"求也艺④,于从政乎何有?"

【注释】

①季康子:在公元前492年继其父为鲁国正卿,此时孔子正在各地游说。②果:果断、决断。③达:通达、顺畅。④艺:有才能技艺。

【译文】

季康子问孔子:"仲由这个人,可以让他管理国家政事吗?"孔子说:"仲由做事果断,对于管理国家政事来说有什么困难呢?"季康子又问:"端木赐这个人,可以让他管理国家政事吗?"孔子说:"端木赐通达事理,对于管理政事来说有什么困难呢?"又问:"冉求这个人,可以让他管理国家政事吗?"孔子说:"冉求有才能,对于管理国家政事来说有什么困难呢?"

【评析】

端木赐、仲由和冉求都是孔子的学生,他们在从事国务活动和行政事务方面,都各有其特长。孔子所培养的人才,就是要能够辅佐君主或大臣从事政治活动。在本章里,孔子对他的三个学生都给予较高评价,认为他们已经具备了担任重要职务的能力。

【原文】

6.9 季氏使闵子骞①为费②宰，闵子骞曰："善为我辞焉！如有复我③者，则吾必在汶上④矣。"

【注释】

①闵子骞：姓闵名损，字子骞，鲁国人，孔子的学生，比孔子小15岁。②费（bì）：季氏的封邑，在今山东费县西北一带。③复我：再来召我。④汶（wèn）上：汶，水名，即今山东大汶河，当时流经齐、鲁两国之间。在汶上，是说要离开鲁国到齐国去。

【译文】

季氏派人请闵子骞去做费邑的长官，闵子骞（对来请他的人）说："请你好好替我推辞吧！如果再来召我，那我一定跑到汶水那边去了。"

【评析】

朱熹对闵子骞的这一做法极表赞赏，他说：处乱世，遇恶人当政，"刚则必取祸，柔则必取辱"，即硬碰或者屈从都要受害，又刚又柔，刚柔相济，才能应付自如，保存实力。这种态度才能处乱世而不惊，遇恶人而不辱，是极富智慧的处世哲学。善，不是简单地拒绝，而是费了口舌，妥善处理。闵子骞不蹚浑水，淡泊名利有所为有所不为，无道则隐，有节操有志气。

闵损(公元前536—前487年)，《论语》中提及5次。他在孔门中以德行和老成持重著称，而尤其以孝行超群闻名于世。据汉代刘向《说苑》记载，闵子骞出身贫寒，母亲早逝，父亲娶了后母，又生了两个孩子。后母偏袒自己的孩子，常常虐待闵子骞，不让他吃饱，指使他不断劳作，冬天给他穿芦花棉袄，但他为了爱护异母弟而自甘受苦。后来这件事偶然被他父亲发现了，要将后母赶走，闵损跪在父亲面前求情，说："母在一子寒，母去三子单。"后母从此视他为己出。

他对父母克尽孝道，对兄弟能尽友爱之情，深为父母昆弟所称赞，当时人对他也很敬佩。孔子曾经深有感慨地说："孝顺啊，闵子骞！人们不怀疑他父母昆弟对他真心地称赞。"他平时沉静寡言，一次，鲁国

要改建国库,来征询闵损的意见,他说:"原来的国库不是很好吗?为什么要劳民伤财去改建呢?"孔子得知后评价他说:"闵子骞平时不说话,一说话就能说到点子上。"

在跟随孔子学习的过程中,闵损也处处表现出端正稳重的个性来。他不仅勤奋刻苦,而且与颜回相似,十分恭谨敬师。他有机会常伴孔子左右,始终保持恭敬正直的姿态、做法,深得孔子及同门学子的称誉和信赖。他守身自爱,不食污君之禄,是个有原则且品格高洁的人,亦是孔门弟子中唯一明确主张不做官的人。有一个时期,晋国、楚国都想以高官厚禄来诱使他去干有损仁德的事,被他断然拒绝。孔子后来在总结其得意门生的特长时,曾将他与颜渊相提并论。

【原文】

6.10 伯牛①有疾,子问之,自牖②执其手,曰:"亡之③,命矣夫④!斯人也而有斯疾也!斯人也而有斯疾也!"

【注释】

①伯牛:姓冉名耕,字伯牛,鲁国人,孔子的学生。孔子认为他的德行较好。②牖(yǒu):窗户。③亡之:死亡。④夫(fú):语气词,相当于"吧"。

【译文】

伯牛病了,孔子前去探望他,从窗户外面握着他的手说:"要死,这是命里注定的吧!这样的好人竟会得这样的病啊,这样的好人竟会得这样的病啊!"

【评析】

冉耕(约公元前544—前439年),比孔子小7岁,《论语》中提及两次。他为人端直正派,善于待人接物。在孔门弟子中,以德行与颜渊、闵子骞并称。孔子先做中都宰,后来晋升为司空,就让冉耕去继任中都宰摄宰事。他以德惠民,以仁施政,政绩显著,所治中都成了其他诸侯国学习的榜样,并受到孔子的高度赞赏。孔子周游列国时,他始终追随左右。在周游列国返回鲁国后,他染患了恶疾,从此一病不起,不愿意见人。孔子对他的不幸十分同情,悲恸不已。孟子的弟子公孙丑认为冉耕的学养德行大致接近孔子,只是没有孔子那样博大精深。他被列为孔门"四科十哲"(德行科)之一。这一章放在这里提醒我们:名利、生死应怎样看待呢?孔子告诉我们,要重过程轻结果,但行好事,莫问前程。

【原文】

6.11 子曰:"贤哉,回也!一箪①食,一瓢饮,在陋巷②,人不堪其忧,回也不改其乐③。贤哉,回也!"

【注释】

①箪(dān):古代盛饭用的竹器。②巷:此处指颜回的住处。③乐:乐于学。

【译文】

孔子说:"颜回多么有修养啊!一箪饭,一瓢水,住在简陋的小屋里,别人都忍受不了这种穷困清苦,颜回却没有改变他好学的乐趣。颜回多么有修养啊!"

【评析】

本章中,孔子又一次称赞颜回,对他做了高度评价。这里讲颜回"不改其乐",也就是说他具有贫贱不能移的精神。这里包含了一个具有普遍意义的道理,即人总是要有一点精神的,为了自己的理想,就要不断追求,即使生活清苦困顿也自得其乐。

【原文】

6.12 冉求曰:"非不说①子之道,力不足也。"子曰:"力不足者,中道而废。今女画②。"

【注释】

①说(yuè):通"悦"。②画:划定界限,停止前进。

【译文】

冉求说:"我不是不喜欢老师您所讲的道,而是我的能力不够呀。"孔子说:"能力不够的人是到半路停下来,现在你是自己给自己划了界限，不想前进。"

【评析】

从本章里孔子与冉求师生二人的对话来看，冉求对于学习孔子所讲授的理论产生了畏难情绪，认为自己的能力不够，在学习过程中感到非常吃力。但孔子认为，冉求并非能力的问题，而是他思想上的畏难情绪作怪，所以对他提出批评，同时鼓励冉求继续前进，不要自我设限。

【原文】

6.13 子谓子夏曰："女为君子儒，无为小人儒。"

【译文】

孔子对子夏说："你要做（为国为家的）君子儒，不要做（为私为利的）小人儒。"

【评析】

在本章中，孔子提出了"君子儒"和"小人儒"的区别，要求子夏做君子儒，不要做小人儒。"君子儒"是指地位高贵、通晓礼法，具有理想人格的人；"小人儒"则指地位低贱，品格平庸的人。君子爱人为公，小人爱己谋私，表现在学业上，君子一心成德，小人唯名是求。子夏为人多有小才艺，孔子勉励他务大。

【原文】

6.14 子游为武城①宰。子曰："女得人焉尔乎②？"曰："有澹台灭明③者，行不由径④，非公事，未尝至于偃⑤之室也。"

【注释】

①武城：鲁国的小城邑，在今山东费县境内。②焉尔乎：此三个字都是语助词。③澹台灭明：姓澹台名灭明，字子羽，武城人，孔子弟子。④径：小路，引申为邪路。⑤偃：言偃，即子游，这是他自称其名。

【译文】

子游做了武城的长官。孔子说："你在那里得到了人才没有？"子游回答说："有一个叫澹台灭明的人,从来不走邪路,没有公事从不到我屋子里来。"

【评析】

孔子极为重视发现人才、使用人才。他问子游的这段话,反映出他对举贤才的重视。当时社会处于大动荡、大变革时期,各诸侯国都重视接纳人才,尤其是能够帮助他们治国安邦的有用之才,这是出于政治和国务活动的需要。孔子和子游的思想一致,为官不走捷径,正直诚实。选拔人才重实效不图表面,不以言举人,不以人废言。

【原文】

6.15 子曰:"孟之反①不伐②,奔③而殿④,将入门,策其马,曰:'非敢后也,马不进也。'"

【注释】

①孟之反:鲁国大夫。②伐:夸耀。③奔:败走。④殿:殿后,在全军最后做掩护。

【译文】

孔子说:"孟之反不喜欢夸耀自己。败退的时候,他留在最后掩护全军。快进城门的时候,他鞭打着自己的马说:'不是我敢于殿后,是马跑得不快。'"

【评析】

公元前484年,鲁国与齐国打仗。鲁国右翼军败退的时候,孟之反在最后掩护败退的鲁军。这种做法非常高明,功劳大家其实都清楚,如此自谦也照顾了所有人的情绪,必然广受好评。对此,孔子给予了高度评价,推行他提出的"功不独居,过不推诿"的主张,认为这是人的美德之一。孔子在此称赞孟之反,也是希望所有的弟子取得功劳时都像孟之反一样。谦受益,满招损。不念旧恶,放下很难做到;不伐善,有功不居更难。

在我国历史上,像孟之反这样有着如此谦逊美德的人很多。东汉名将冯异,追随汉光武帝刘秀驰骋沙场,战功卓著。可是,每次战役结束,诸将论功行赏之时,他都会将自己的封赏让给部下。在闲暇之时,

还会独坐在大树下读书思考，被人称为"大树将军"。冯异有着杰出的军事才能，并且战功赫赫，却一直低调做人，从来不自夸。

做人只有不自我夸耀，才能保证自己的平安幸福。但是，无论是在历史上，还是现实中，低调做人的不多，喜好自我夸耀的却比比皆是。有些人刚取得一点成绩，逢人就说，唯恐他人不知道，在描述自己的功劳之时，还会夸大其词，一张口便是想当初是如何"过五关斩六将"，从不提及"走麦城"的事情。这种自我夸耀，其实就是一种骄傲心理，他们觉得自己比别人强，总是沾沾自喜。事实上，不停地炫耀，不但不能增加荣誉，反而会引起他人的反感，得不偿失。历朝历代君主，最忌的就是功高震主之人，像赵匡胤的"杯酒释兵权"已经算是非常"客气"的了，像越王勾践的"狡兔死，走狗烹"，刘邦的"敌国破，谋臣亡"，都是些活生生的例子。历史的教训不可谓不深刻，但事到临头，许多人还是执迷不悟，重蹈覆辙。

【原文】

6.16 子曰："不有祝鮀①之佞，而②有宋朝③之美，难乎免于今之世矣。"

【注释】

①祝鮀（tuó）：字子鱼，卫国大夫，有口才，以能言善辩受到卫灵公重用。②而：这里是"与"的意思。③宋朝：宋国的公子朝，《左传》中曾记载他因美丽而惹起祸乱的事情。

【译文】

孔子说："如果没有祝鮀那样的口才，或者没有宋朝那样的美貌，那在今天的社会上处世立足难免是要遭受困难的。"

【评析】

张居正评曰："方今世道不古，人情偷薄，不好直而好谀，不悦德而悦色。故必言词便佞如祝鮀，容色美好如宋朝，然后可以取人之悦。若不有祝鮀之佞口、宋朝之美色，则无以投时俗之好，人将厌而弃之，求免于今世之憎恶，亦难矣。"本篇主题是行仁的方法——中庸之道，这里孔子是在比喻徒有祝鮀之口才、宋朝之表，是行不通的。卫灵公昏庸无道，重才不重德。此章说明孔子不满当时礼崩乐坏的社会状况。

【原文】

6.17 子曰："谁能出不由户，何莫由斯道也？"

【译文】

孔子说："谁能不经过屋门而走出去呢？为什么没有人走（我所指出的）这条道路呢？"

【评析】

孔子这里所说的，其实仅是一个比喻。他所宣扬的"德治""礼制"，在当时有许多人不予重视，他内心感到很不理解。所以，他发出了这样的疑问。

【原文】

6.18 子曰："质①胜文②则野③，文胜质则史④。文质彬彬⑤，然后君子。"

【注释】

①质：朴实、自然，无修饰的。②文：文采，经过修饰的。③野：此处指粗鲁、鄙野，缺乏文采。④史：言词华丽，这里有虚伪、浮夸的意思。⑤彬彬：指文与质的配合很恰当。

【译文】

孔子说："质朴多于文采就会流于粗陋，文采多于质朴就会流于浮夸。只有质朴和文采配合恰当，才是个君子。"

【评析】

这段话言简意赅，确切地说明了文与质的正确关系和君子的人格模式，高度概括了孔子的文质思想。当时是春秋末期，国君安于现状，大臣们也保持按部就班，文大于质，好比树叶茂盛而根在萎缩。文与质是对立的统一，互相依存，不可分离。质朴与文采是同样重要的，文质相彰，方符中庸之道。孔子的文质思想经过两千多年的实践，不断得到丰

富和发展，极大地影响了们的思想和行为，产生了深远的影响。

【原文】

6.19 子曰："人之生也直，罔①之生也幸而免。"

【注释】

①罔：诬罔不直的人。

【译文】

孔子说："一个人的生存是由于正直，而不正直的人也能生存，那只是他侥幸避免了灾祸。"

【评析】

"直"，是儒家的道德规范。直即直心肠，意思是耿直、坦率、正直、正派，同虚伪、奸诈是对立的。直人没有那么多坏心眼。直符合仁的品德。与此相对，在社会生活中也有一些不正直的人，他们也能生存，甚至活得更好，这只是他们侥幸地避免了灾祸，并不说明他们的不正直有什么值得效法的。正直的三层含义：对规则的尊重；唯自律者能自由；对他人的尊重。正直是人生的根基，是通往君子人生的必由之路。

【原文】

6.20 子曰："知之者不如好之者，好之者不如乐之者。"

【译文】

孔子说："懂得它的人，不如爱好它的人；爱好它的人，又不如以它为乐的人。"

【评析】

有句话说：兴趣是最好的老师。知之者、好之者、乐之者三者的区别是主观能动性不同。张居正评曰："夫是三者以地位言，则知不如好，好不如乐。以工夫言，则乐原于好，好原于知。盖非知则见道不明，非好则求道不切，非乐则体道不深。其节次亦有不可紊者。学者诚能逐渐用功，而又深造不已，则斯道之极，可驯至矣！此圣人勉人之意也。"

【原文】

6.21 子曰:"中人以上,可以语上也;中人以下,不可以语上也。"

【译文】

孔子说:"具有中等以上才智的人,可以给他讲授高深的学问;在中等水平以下的人,不可以给他讲高深的学问。"

【评析】

孔子向来认为,人的智力从出生就有聪明和愚笨的差别,即上智、下愚与中人。既然人有这么多的差距,那么,孔子在教学过程中,就提出"因材施教"的原则,这是他教育思想的一个重要内容,即根据学生智力水平的高低来决定教学内容和教学方式,这对我国教育学的形成和发展做出了积极贡献。

【原文】

6.22 樊迟问知①。子曰:"务②民之义③,敬鬼神而远之,可谓知矣。"问仁,曰:"仁者先难而后获,可谓仁矣。"

【注释】

①知(zhì):通"智"。②务:从事、致力于。③义:专用力于人道之所宜。

【译文】

樊迟问孔子怎样才算是智。孔子说:"专心致力于(提倡)老百姓应该遵从的道德,尊敬鬼神但要远离它,就可以说是智了。"樊迟又问怎样才是仁,孔子说:"仁人对难做的事,做在人前面,对于有收获的结果,退居在人后,这可以说是仁了。"

【评析】

本章提出了"智""仁"等重大问题。面对现实,以回答现实的社会问题、人生问题为中心,这是孔子思想的一个突出特点。他还提出了"敬鬼神而远之"的主张,否定了宗法传统的神权观念,他不迷信鬼神，自然也不主张以卜筮向鬼神问吉凶。国将兴听于民，国将亡听于神。先难后获，解惑真功夫，行家一出手，就知有没有。所以，孔子是力求以实事求是的态度否定鬼神作用的。"先难后获"义近于现在提倡的"吃苦在前，享受在后"。

【原文】

6.23 子曰："知者乐水，仁者乐山①；知者动，仁者静；知者乐，仁者寿。"

【注释】

①知者乐水，仁者乐山：知，通"智"；乐，喜爱的意思。

【译文】

孔子说："聪明人喜爱水，有仁德者喜爱山；聪明人好动，有仁德者沉静。聪明人快乐，有仁德者长寿。"

【评析】

孔子这里所说的"智者"和"仁者"不是一般人，而是那些有修养的"君子"。他希望人们都能做到"智"和"仁"，只要具备了这些品德，就能适应当时社会的要求。水，指处事的灵活性；山，指为人的原则性。智者注重灵活性，仁者注重原则性。智，指建立事功，立功，功在当代（利益追求者）；仁，指留下不朽，立德，利在千秋（价值追求者）。智者与仁者各有特点，智者知人、灵活，仁者爱人、守中，两相结合，当是孔子提倡的中庸之为至德。

【原文】

6.24 子曰："齐一变，至于鲁；鲁一变，至于道。"

【译文】

孔子说："齐国一改变，可以达到鲁国这个样子，鲁国一改变，就可以达到先王之道了。"

【评析】

本章里，孔子提出了"道"的范畴。此处所讲的"道"是治国安邦的最高原则。在春秋时期，齐国的封建经济发展较早，而且实行了一些改革，成为当时最富强的诸侯国家。与齐国相比，鲁国封建经济的发展比较缓慢，但意识形态和上层建筑保存得比较完备，所以孔子说，齐国改变就达到了鲁国的样子，而鲁国再一改变，就达到了先王之道。这反映了孔子对周礼的无限眷恋之情。齐创自姜太公，以力治国，可谓"武功"；鲁创自周公，以德治国，可谓"文治"。齐国官兵看到鲁国妇人抱着别人家的孩子、手牵自家的孩子，心生忌惮，撤兵不战，这说明鲁国的礼仪文化比齐国要浓厚。

【原文】

6.25 子曰："觚①不觚，觚哉！觚哉！"

【注释】

①觚（gū）：古代盛酒的器具，上圆下方，有棱，容量约有二升。后来觚被改变了，所以孔子认为觚不像觚。

【译文】

孔子说："觚不像个觚了，这也算是觚吗？这也算是觚吗？"

【评析】

这里并不是说孔子的思想守旧，反而是孔子善于革新、变通思维的力证。觚是一个借喻，孔子用酒器名称变化来告诉人们，名不正则言不顺。既然把原来的物质性质变了，那就随着时代的变化来命名，名实相符，名正言顺。所以孔子是既讲原则性又讲灵活性。孔子的思想中，周礼是理想的，从井田到刑罚，从音乐到酒具。孔子慨叹当今事物名不副实，主张"正名"。尤其是孔子所讲，"君不君，臣不臣，父不父，子不子"的这种状况，是不能让人容忍的。

【原文】

6.26 宰我问曰："仁者，虽告之曰'井有仁①焉'，其从之也？"子曰："何为其然也？君子可逝②也，不可陷③也；可欺也，不可罔也。"

【注释】

①仁：这里指有仁德的人。②逝：往。这里指到井边去看并设法救之。③陷：陷入。

【译文】

宰我问道："对于有仁德的人，别人告诉他'井里掉下去一位仁人'，他会跟着下去吗？"孔子说："为什么要这样做呢？君子可以到井边去救，却不可以陷入井中；君子可能被欺骗，但不能被迷惑。"

【评析】

宰我所问的这个问题的确是比较尖锐的。行仁也要讲求方法，不是乱做好人。孔子是非常务实的，仁者有当仁不让、杀身成仁，但绝不是盲目地"舍己救人"。不管遇到什么情况都要认真调查分析，如救人于落水之际，首先要评估自己有无施救能力，而不是盲目下水，不然救人不成，自己反而需要被救。仁者一定是智者，智慧救人，考虑轻重缓急。行善要审时度势，不逞匹夫之勇。仁者固然质朴、忠厚、爱人，但又有坚定的信仰和远大的志向，以及深邃的智慧、清醒的抉择。孔子的回答展现了高度原则性和高度灵活性结合的中庸之道。

【原文】

6.27 子曰："君子博学于文，约①之以礼，亦可以弗畔②矣夫③。"

【注释】

①约：约束。②畔：通"叛"。③矣夫：语气词，表示较强烈的感叹。

【译文】

孔子说："君子广泛地学习古代的文化典籍，又以礼来约束自己，也就可以不离经叛道了。"

【评析】

本章清楚地说明了孔子的教育目的。他当然不主张离经叛道，那么怎么做呢？他认为应当广泛学习古代典籍，而且要用"礼"来约束自己。说到底,他是要培养懂得"礼"的君子。说到广泛学习,重在触类旁通。如果只是博学,那是表面的、支离破碎的。中国文化博大精深,贯通了才是真功夫,不然"琳琅满目、应接不暇"。孔子以"三人行必有我师"的态度,在那个时代发奋学习,勤于实践,不断借鉴别人的长处,终成至圣。

【原文】

6.28 子见南子①,子路不说②。夫子矢③之曰:"予所否④者,天厌之!天厌之!"

【注释】

①南子:卫国灵公的夫人,当时实际上左右着卫国政权,有越礼的行为。②说(yuè):通"悦"。③矢:通"誓",此处讲发誓。④否:不对,不是,指做了不正当的事。

【译文】

孔子去见南子,子路不高兴。孔子发誓说:"如果我做什么不正当的事,让上天谴责我吧!让上天谴责我吧!"

【评析】

孔子坚持原则,但也不能不给人面子,特别是对那些面子特别大的人,如果不是根本性的原则,孔子也是可以妥协的。盖古人仕于其国,有见小君之礼。南子据礼以求见,故孔子不轻绝之,圣人所为,无一而非礼之所在也。孔子在这里发誓赌咒,说如果做了什么不正当的事的话,就让上天去谴责他,一个有血有肉的孔子仿佛呈现在我们面前。

【原文】

6.29 子曰:"中庸①之为德也,其至矣乎!民鲜久矣。"

【注释】

①中庸:中,谓之无过无不及。庸,平常。

【译文】

孔子说:"中庸作为一种道德,该是最高的了吧!人们缺少这种道

德已经为时很久了。"

【评析】

　　中庸是孔子和儒家的重要思想，尤其作为一种道德观念，这是孔子和儒家尤为提倡的。《论语》中提及"中庸"一词，仅此一条。中庸属于道德行为的评价问题，也是一种德行，而且是最高的德行。不偏谓之中，不变谓之庸，中庸就是不偏不变的道理。中庸又被理解为中道，中道就是不偏于对立双方的任何一方，使双方保持均衡状态。中庸又称为"中行"，中行是说人的气质、作风、德行都不偏于一个方面，对立的双方互相牵制，互相补充。中庸是一种折中调和的思想。调和与均衡是事物发展过程中的一种状态，这种状态是相对的、暂时的。孔子揭示了事物发展过程的这一状态，并概括为"中庸"，这在古代认识史上是了不起的贡献。喜中庸之道是仁和礼的相互依存，仁有余或礼不足都不可行，仁礼相依。修己以安人，君子中庸，小人反中庸。

【原文】

　　6.30 子贡曰："如有博施①于民而能济众②，何如？可谓仁乎？"子曰："何事于仁？必也圣乎！尧舜③其犹病诸④。夫⑤仁者，己欲立而立人，己欲达而达人。能近取譬⑥，可谓仁之方也已。"

【注释】

　　①施：给予恩惠。②众：指众人。③尧舜：传说中上古时代的两位帝王，也是孔子心目中的榜样。儒家认为他们是"圣人"。④病诸：病，担忧。诸，"之乎"的合音。⑤夫：句首发语词。⑥能近取譬：能够就自身打比方，即推己及人的意思。

【译文】

　　子贡说："假若有一个人，他能给老百姓很多好处又能周济大众，怎么样？可以算是仁人了吗？"孔子说："岂止是仁人，简直是圣人了！就连尧、舜尚且难以做到呢。至于仁人，就是要想自己站得住，也要帮助人家一同站得住；要想自己过得好，也要帮助人家一同过得好。凡事能就近以自己作比，而推己及人，可以说就是实行仁的方法了。"

【评析】

　　这是史上最牛师徒的对话，别人学做一个好人，十哲代表子贡学做一个仁者。观子贡功业，确实做到了博施济众，富而好礼。"己欲立而立人，己欲达而达人"是实行"仁"的重要原则。"推己及人"就做到了"仁"。在后面的章节里，孔子还说过"己所不欲，勿施于人"等，这些都说明了孔子关于"仁"的基本主张。中庸之道，纲举目张，提纲挈领。守仁不违礼，两害相权取其轻，两利相行取其重。能近取譬，是行仁的方法。这是孔子思想的一个重要方面，是社会基本伦理准则，在今天依然具有重要价值。

述而第七

述而第七

● 本篇提要

《述而》篇主题是教化养仁，共计38章，873字。从先师画像、仁与义礼、教书育人等方面做了论述。提出了孔子的教育思想和学习态度，对仁德的进一步阐释，以及其他思想主张。本篇名句有："学而不厌，诲人不倦""饭疏食饮水，曲肱而枕之，乐在其中""发愤忘食，乐以忘忧，不知老之将至""三人行必有我师""君子坦荡荡，小人长戚戚""温而厉，威而不猛，恭而安"。

【原文】

7.1 子曰："述而不作①，信而好古，窃②比于我老彭③。"

【注释】

①述而不作：述，传述。作，创造。②窃：私，私自，私下。③老彭：人名，殷商时代一位"好述古事"的贤大夫。

【译文】

孔子说："只阐述而不创作，相信而且喜好古代的东西，我私下把自己比作老彭。"

【评析】

在这一章里，孔子提出了"述而不作"的原则，充分体现了孔子对古圣贤的尊重与谦逊的高尚品德。"述而不作"是一种十分严谨的治学方式，孔子自述"述而不作"，实际上做了很多。孔子删《诗书》，定礼乐，赞《周易》，修《春秋》，修先王之道，以教万世。但他不以作者之圣自居，说我只是记述前人的思想罢了，没有一件是我的。孔子"祖述尧舜，宪章文武"，他的话不是谦虚之词，而是见识过大世面之后的真实感受。

【原文】

7.2 子曰："默而识①之，学而不厌，诲②人不倦，何有于我哉③？"

【注释】

①识（zhì）：记住的意思。②诲：教诲。③何有于我哉：对我有什么难呢？

【译文】

孔子说："默默地记住（所学的知识），学习不觉得厌烦，教导人不知道疲倦，这对我能有什么困难呢？"

【评析】

这一章紧接前一章的内容，继续谈论治学的方法问题。前面说他本人"述而不作，信而好古"，此章则说他"学而不厌，诲人不倦"，反映了孔子教育方法的一个侧面：功成不必在我，成人之美，有教无隐，毫无保留，把学生视为自己的孩子，甚至重视学生超过了自己的儿子。待生如子的人格魅力，具有强大的精神感召力，所以周游列国十四年，弟子们不离不弃。聚天下英才而教之，诲人不倦，是在学而不厌的基础上得以发展的。这对中国教育思想的形成与发展产生了很大的影响，以至于在今天，我们仍在宣传他的这一教育学说。

【原文】

7.3 子曰："德之不修，学之不讲，闻义不能徙①，不善不能改，是吾忧也。"

【注释】

①徙（xǐ）：迁移。此处指靠近义、做到义。

【译文】

孔子说："品德不去修养，学问不去讲求，听到义不能去做，有了

不善的行为不能改正，这些都是我所忧虑的事情。"

【评析】

春秋末年，天下大乱。孔子慨叹世人不能自见其过而自责，对此，他万分忧虑。他把道德修养、读书学习和知错即改三个方面的问题相提并论，在他看来，三者之间也有内在联系，因为进行道德修养和学习各种知识，最重要的就是要能够及时改正自己的过失或"不善"，只有这样，修养才可以完善，知识才可以丰富。此章可谓是孔子学校的招生简章，道德仁义放在基础方面，德为先。孔子认为道德修养浅薄的话，就不能挑起相应的重担。敏于行而讷于言，言行一致，理论与实践相结合，过则勿惮改。

【原文】

7.4 子之燕居①，申申②如也，夭夭③如也。

【注释】

①燕居：安居、闲居。②申申：舒展，不拘束。③夭夭：行动舒缓、斯文的样子。

【译文】

孔子在家闲居，舒畅自然，悠闲自在。

【评析】

忧国忧民忧天下的孔子在家闲居时，却仪态舒展自如，神色和乐喜悦，过着无忧无虑的个人生活，完全不是人们想象中的一副愁眉苦脸、严肃庄重的样子。因为他虽然忧君忧民忧天下，却不忧个人生活，在个人生活上抱着以平淡为乐的旷达态度，所以始终能保持爽朗的胸襟，舒展自如的心情。孔子的乐栩栩如生地展示在我们面前，这种状态值得我们思考。放松的状态和平和的心态才应是我们追求的目标，学《论语》有很重要的一点，就是让我们懂得孔子是快乐的。孔子这种状态很自若、随和，他很真实、很现实，该干什么就干什么，没有特别的执着之心，一切顺其自然，不强加于人。"己所不欲，勿施于人"，孔子反求诸己，从不强加于人。每个人都有喜怒哀乐，修身贵在有恒，张弛有度、不迁怒，心无挂碍。孔子干的事都是他喜欢的、最擅长的，而且是最有意义的，对老百姓、对天下人、对千秋万代都有意义，乐此不疲、岿然不动，这就是圣人的伟大之处。

【原文】

7.5 子曰："甚矣吾衰也！久矣吾不复梦见周公①。"

【注释】

①周公：姓姬名旦，周文王的儿子，周武王的弟弟，成王的叔父，鲁国国君的始祖，传说是西周典章制度的制定者。他是孔子所崇拜的圣人之一，被誉为儒家的"元圣"。

【译文】

孔子说："我衰老得很厉害了！我好久没有梦见周公了。"

【评析】

周公是中国古代的圣人之一，孔子自称他继承了自尧、舜、禹、汤、文、武、周公以来的道统，肩负着光大古代文化的重任。这句话表明了孔子对周公的崇敬和思念，也反映了他对周礼的崇拜和拥护。另外启发我们：身体是第一位的，及时当勉励；求贤若渴，使用人才刻不容缓。

【原文】

7.6 子曰："志于道，据于德①，依于仁，游于艺②。"

【注释】

①德：旧注云"德者，得也"。能把道贯彻到自己心中而不失掉就叫德。②艺：指孔子教授学生的礼、乐、射、御、书、数等六艺，都是日常所用。

【译文】

孔子说："以道为志向，以德为根据，以仁为依托，游学陶冶于六艺。"

【评析】

《礼记·学记》中讲:"不兴其艺,不能乐学。故君子之于学也,藏焉修焉,息焉游焉。夫然,故安其学而亲其师,乐其友而信其道,是以虽离师辅而不反也。"这个解释阐明了这里所谓的"游于艺"的意思。孔子培养学生,就是以仁为纲领,以六艺为基本,使学生能够得到全面均衡的发展。这一章堪称孔子学校的教学大纲:天道、地德、人仁、事艺。一个人在成长中,立志非常重要,要在大道上掌握方向,包括路径要恰当选择。德者才之帅也,有才无德之人是危险的人。

《论语》是人一生成长的百科全书,教学大纲之下涵盖了十大科目:一本、两相、三宝、四勿、五常、六和、七治、八德、九思、十义。一本:孝。孝为德之本,为仁之本。二相:本、末。宇宙万物都有一个本一个末。三宝:一曰智,二曰仁,三曰勇。四勿:非礼勿视,非礼勿听,非礼勿言,非礼勿动。五常:仁,义,礼,智,信。六和:见和同解,戒和同修,身和同住,口和无争,意和同悦,利和同均。七治:喜,怒,哀,惧,爱,恶,欲。八德:孝,悌,忠,信,礼,义,廉,耻。九思:视思明,听思聪,色思温,貌思恭,言思忠,事思敬,疑思问,忿思难,见得思义。十义:父慈,子孝,兄友,弟敬,夫义,妇听,长惠,幼顺,君仁,臣忠。

【原文】

7.7 子曰:"自行束修①以上,吾未尝无诲焉。"

【注释】

①束修:15岁成童。

【译文】

孔子说:"15岁以上来求教的人,我从来没有不加教诲的。"

【评析】

这一章中孔子所说的这段话,表明了他诲人不倦的精神,也反映了他广为教化的教育思想。孔子对接收学生基本不设门槛,这是向贵族垄断教育发起的挑战。春秋以前"学在官府",办教育、受教育都是贵族的特权，其教育仅限于统治阶层这一狭小范围，教育的目的也仅是培养统治者的接班人。孔子认为，无论什么人都可以也应该接受教育，贫贱与富贵，不应成为可否接受教育的限制条件。事实上，孔子的弟子中有贵族子弟，也有平民子弟，且后者居多，有的温文尔雅，有的性情刚毅，有的善于思考，有的则多一些惰性。在教育上，孔子表现了他不唯周礼、不顾等级制的大胆改革和精心实践的精神。

"束修"不可以理解为十条腊肉当学费，有以下四大理由：

一、历史资料和《论语》原文不支持。

根据《大戴礼记》记载："古者年八岁而出就外舍，学小艺焉，履小节焉；束发而就大学，学大艺焉，履大节焉。"《大戴礼记》大约是西汉末至东汉中的书籍，从时间上推断：汉朝人口中的"古代人"大抵是夏、商、周、秦朝人民。其中，孔子生活的年代西周春秋时期也属于这个范畴。那么，我们能大致了解，春秋时期的孩子一般来说8岁上小学，接受启蒙教育；后半句中的"束发"指15岁"成童"男子，就是说15岁上大学，接受高等教育。（注：此处的"小学""大学"区别于今天教育体制中的小学与大学。）

《述而》篇7.29：互乡难与言，童子见，门人惑。子曰："与其进也，不与其退也，唯何甚？人洁己以进，与其洁也，不保其往也。"门人困惑于孔子见童子，说明孔子是不收小孩当学生的。况且他有弟子三千，每人送十束干肉（还以上），就是三万多束干肉，怎么吃呢？《乡党》篇10.8："沽酒市脯不食"。孔子很注重饮食卫生，对于市面上买来的酒和肉干是不吃的，他怎么可能跟学生说，你送肉干来我就教你呢？这完全违反孔子的生活习惯。《泰伯》篇8.12："三年学，不至于谷，不易得也。" 说明大部分学生是学三年毕业就要去工作的，那么15岁以上才能入学就铁证如山了。

二、"孔子学堂"的定位。

孔子学堂是私立学校，类似于现在的中专、职校等，招收初中毕业生，生源不与官方冲突，弥补平民不能再上官学的空白，也接收部分被官学淘汰的世家子弟。孔子教授的是礼、乐、射、御、书、数，属于高级教

育，学好了是可以直接做官的。尤其是前四项，15岁以下未成年或低龄学童基本不适合。从这一点可以知道，为什么孔子收徒要求年满15岁了。因为15岁以下的孩子生活还不能自理，更谈不上形成自己的逻辑思维模式，他们还理解不了孔子的"仁""道"；而15岁及其以上的青少年心智逐渐成熟，拥有较好的理解能力，他们开始有了自己的思维模式，价值观、生命观、世界观都在逐步形成中。

《白虎通·辟雍》篇："古者所以年十五入大学何？以为八岁毁齿，始有识知，入学学书计；七八十五，阴阳备，故十五成童志明，入大学学经术。"立：经术学成，学有根柢，而有以自立。按：学有所成，不退不转，能有以自守自立。刘宝楠："诸解'立'为'立于道''立于礼'，皆统于学。"皇侃："古人三年明一经，从十五至三十，是又十五年，故通五经之业，所以成立也。"《汉书·艺文志》："古之学者耕且养，三年而通一艺。" 孔子主张启发式教育——"不愤不启，不悱不发"，如果学生没能独立思考，又谈何启发呢？无论是对于学生还是对于老师，15岁的这个年龄界限都很合理。

三、学费带来许多问题。

招生对象和收费标准之间，显然招生对象更重要。收费标准必然会分档次，一刀切是不合常理的。如果解作学费，那么就有许多问题产生：1.学一年和学十年学费一样？2.子以四教（文行忠信四门课），学一门和学多门不做区分？3.试听旁听怎么算？各种原因退学，学费怎么退？4.肉干有大有小，有好有坏，有无具体标准？5.十条肉干的标准怎么制定出来的，这条标准几十年不变？6.这么多干肉怎么储藏、怎么消化？干肉不是流通货币，换成其他教学用品和支付各种费用如何处理？难道孔子还办过专门销售干肉的公司？

子罕言利，谋道不谋食。所以孔子学堂的招生广告上不可能宣传"唯利是图、以利教人、来者不拒"的形象。史记所述确实也没有15岁以下入学的弟子。孔子分身无术，当时就他一个通师，也不见有分班教学的记载，大概率是集中班统一教学。

四、十条干肉到底贵不贵?

朱熹认为"束修其至薄者",意思是这"十条干肉"不算什么厚礼。《左传·庄公十年》上说"肉食者鄙",意思是指身居高位、俸禄丰厚的人眼光短浅。吃肉的人引申为有权位之人,说明当时肉是奢侈品。孟子对老人能够吃上肉的社会的向往,也说明肉类食品不是常见的食品。远古物质并不丰富,恩格尔系数高,古人吃肉不易。其实别说早在春秋时期,就是20世纪70年代,咱们小时候,一个星期也吃不上一顿肉。从社会经济发展看,农耕时代确实畜牧业还很不发达,可见"十条干肉"是很重的礼了,根本不是平民能付得起的学费。所以如果收这么贵的学费,那孔门就不会有那么多出身寒门、生平寒微的穷学生了,如颜回、子路、卜商、冉求、仲弓、原宪、伯牛等。孔子并不嫌贫爱富,相反,他的主要教育对象是平民,将许多贫寒的弟子培养成了君子。那种动辄说孔子是贵族代言人之类的按断,其实是极不负责任的。

综上所述,"束修"解读为学费,既不合理也不方便,不符合当时的社会条件和重农轻商的思想,与孔子的仁者爱人、重义轻利更是离题万里。在《论语》中类似歧解现象较为普遍,我们应该坚持"辨章学术,考镜源流"的宗旨,在把握义理的基础上,全面掌握文献资料,去伪存真,阙疑传信,使经典得到更好的传承。虽然孔子说"人不知而不愠",但我们还是应该实事求是,还孔夫子一个重义轻利的公道。

【原文】

7.8 子曰:"不愤①不启,不悱②不发。举一隅③不以三隅反,则不复也。"

【注释】

①愤:苦思冥想仍领会不了的样子。②悱(fěi):想说又不能明确说出来的样子。③隅(yú):角落,亦泛指事物的一个方面。

【译文】

孔子说:"教导学生,不到他想弄明白而不得的时候,不去开导他;不到他想说出来却说不出来的时候,不去启发他。教给他一个方面

的东西，他却不能由此而推知其他三个方面的东西，那就不再重复教他了。"

【评析】

在《雍也》篇6.21中，孔子说："中人以上可以语上也；中人以下，不可以语上也。"这一章继续谈他的教育方法问题。在这里，他提出了"三不"教学：不启，不发，不复。启，开启心智；发，开发言辞；复，再次教授。"三不"教学强调的是启发式教学，并隐含着梯次教育。他反对"填鸭式""满堂灌"的做法，要求学生能够"举一反三"，在学生充分进行独立思考的基础上，再对他们进行启发、开导，这是符合教学基本规律的，而且具有深远的影响，在今天教学过程中仍值得借鉴。

【原文】

7.9 子食于有丧者之侧，未尝饱也。

【译文】

孔子在有丧事的人旁边吃饭，不曾吃饱过。

【评析】

"不饱食于丧者之侧"，这是恻隐之心，对别人的遭遇表示同情。《孟子·公孙丑上》："恻隐之心，仁之端也。羞恶之心，义之端也。"恻隐之心，是仁的发端，人人都有的。

【原文】

7.10 子于是日哭，则不歌。

【译文】

孔子在这一天为吊丧而哭泣，就不再唱歌。

【评析】

这两章介绍孔子对待葬礼的一种发自内心的重视，通过描述孔子饮食的节制，情绪的控制，来展示生活中的中庸之道，也体现了仁爱之心、同理之心。仁者爱人，既有对人的物质利益的尊重和维护，更重要的是对人的感情和心理的维护。礼是仁的外在表现，礼有五个方面：一是礼者敬人也。尊重他人是礼，和谐的最本质的基础是人与人相互的尊重。二是礼者理也。有礼就是符合道理，符合情理。所谓知书达礼，就是掌握了知识，明白了道理，所做的事情能够合乎要求。三是礼者养也。养身，养性，养财，养德，谓四养。养性修身，不放纵自己的欲望，这是一种礼。养德守节，坚守做人的节操底线，这也是一种礼。养财守义，合理消费，不铺张浪费，也是一种礼。四是礼者天地之序也。礼的本质就是一种社会规范，用以实现社会和谐，保障社会稳定。就约束和保障来说，懂礼守礼是事前事中，法律是事后。某种角度来说，礼是为主的，法是礼的一种延伸，是更强硬的一种规定。五是礼者履也。礼不是空洞的条文，是在实践中形成的，并在实践中逐步规范，特别强调实践性。

【原文】

7.11 子谓颜渊曰："用之则行，舍之则藏①，惟我与尔有是夫②！"子路曰："子行三军③，则谁与④？"子曰："暴虎⑤冯河⑥，死而无悔者，吾不与也。必也临事而惧⑦，好谋而成者也。"

【注释】

①舍之则藏：舍，舍弃，不用。藏，隐居。②夫：语气词，相当于"吧"。③三军：是当时大国所有的军队，每军约12 500人。④与：在一起的意思。⑤暴虎：空拳赤手与老虎进行搏斗。⑥冯河：无船而徒步过河。⑦临事不惧：惧是谨慎、警惕的意思。临事而惧，遇到事情便格外小心谨慎。

【译文】

孔子对颜渊说："用我呢，我就去干；不用我，我就隐居起来，只有我和你才能做到这样吧！"子路问孔子说："老师您如果统帅三军，那么您和谁在一起共事呢？"孔子说："赤手空拳和老虎搏斗，徒步涉水过河，死了都不会后悔的人，我是不会和他在一起共事的。我要找的，一定要是遇事小心谨慎，善于谋划而能完成任务的人。"

【评析】

本章展现的是孔子和他的两大弟子（颜回和子路）的师徒三人的问答。通过一褒一贬，欲抑先扬，煞费苦心，分类指点。夸赞颜回相当于激励另外一类学生，能够向着用舍行藏方向成长、修为。批评子路相当于在批评好勇斗狠、缺乏谋略的一类学生。孔子在本章提出不与"暴虎冯河，死而无悔"的人在一起去统率军队。因为在他看来，这种人虽然视死如归，但有勇无谋，是不能成就大事的。"勇"是孔子道德范畴中的一个德目，但勇不是蛮干，而是"临事而惧，好谋而成"。

时局有利我就出山，时局无为我就隐而不出，这章也体现了孔子的中庸思想。刚柔之间，智勇之间，要有一个平衡。所有人的修行都是这样，要懂得如何综合自己的心性。临事而惧之"临"字，《易经》有一卦叫临卦，临卦之前是蛊卦，后面紧接着是一个观卦，三个卦连在一起，是在告诉我们：当你碰到了复杂的问题，来到了十字路口，就要去分析判断，做出决策；临事如果处置得好，后面就会有观卦的现象出现，别人可以来参观欣赏你的成果，如果处理不好，就是另外一番状况。

【原文】

7.12 子曰："富①而可求②也，虽执鞭之士③，吾亦为之。如不可求，从吾所好。"

【注释】

①富：指升官发财。②求：指合于道，可以去求。③执鞭之士：古代为天子、诸侯和官员出入时手执皮鞭开路的人。意思指地位低下的职事。执鞭之士配备标准：帝王和诸侯8人，公爵6人，侯爵和伯爵4人，子爵和男爵2人。

【译文】

孔子说："如果富贵合乎于道就可以去追求，虽然是给人执鞭的下等差事，我也愿意去做。如果富贵不合于道就不必去追求，那就还按我的爱好去干事。"

【评析】

《论语》整个核心是仁，仁就是人，求仁根本上就是要先满足人的需求，或者说首先要满足自己这个人的追求，否则都只是空谈。正如管子所说：仓廪实而知礼节，衣食足而知荣辱。比孔子更早的管仲，同期的弟子子贡都是经商致富，孔子清楚明白他们的巨富并非天命，而是依靠勤劳和智慧，尤其是弟子子贡，孔子是看着他逐步成长和致富的。

本章讲述孔子的财富观，以及财富、工作、爱好三者间的关系，表明了孔子的义利观：物质发展是基础，同时要注意道义；追求财富近乎本能，但不能因此而牺牲一切，财富之上还有更为重要的东西，比如人格、尊严、理想等。只要合乎于道，通过智慧、才智、辛勤的汗水换取，富贵就可以去追求。不合乎于道，富贵就不能去追求。从此处可以看到，孔子不反对做官，不反对发财，但必须符合于道，这是原则问题，不能违背原则去追求富贵荣华。此章表明孔子对名和利超级淡然，"命自我立，福自我求"，人是富贵的主人，不是富贵的奴隶。

【原文】

7.13 子之所慎：齐①、战、疾。

【注释】

①齐：通"斋"，斋戒。古人在祭祀前要沐浴更衣，不吃荤，不饮酒，不与妻妾同寝，整洁身心，表示虔诚之心，这叫作斋戒。

【译文】

孔子所谨慎小心对待的是斋戒、战争和疾病这三件事。

【评析】

孔子说，祭神如神在。根据《礼记》记载：及时将祭，君子乃斋。古人每逢到祭日，无论祭天，还是祭祖，到祭祀的时候，总要在祭祀之前斋戒。斋戒的目的是让自己的心清静下来，能够跟天、地、鬼、神感通。至诚才能够通神。祭祀时需要极其恭敬的态度，至诚的心境，斋戒就是至诚恭敬的行动。《礼记》讲，君子之所以斋戒，斋戒具体不外乎就是制心一处，让自己的心智变得清明。一般来讲，有三天到七天的斋

戒，人能够清心寡欲七天，确实心就定了。七天的清心寡欲，叫斋。斋是祸福关，战是存亡关，疾是生死关。圣人之所以此三者为慎，是希望众生修福而免祸，消弭战争争端而减少疾病。

【原文】

7.14 子在齐闻《韶》①，三月不知肉味。曰："不图为乐之至于斯也！"

【注释】

①《韶》：舜时古乐曲名。

【译文】

孔子在齐国听到了《韶》乐，有很长时间尝不出肉的滋味，他说："想不到《韶》乐的美达到了这样迷人的地步。"

【评析】

《韶》乐是当时流行于贵族当中的古乐。孔子对音乐很有研究，音乐鉴赏能力也很强，他听了《韶》乐以后，在很长时间内品尝不出肉的滋味，这当然是一种形容性的说法，但他欣赏古乐已经到了痴迷的程度，也说明了他在音乐方面的高深造诣。孔子听韶乐，听出了舜帝的境界，真正的音乐并不是从外面来，而是从内心而来，孔子体会圣贤的心境而产生的那种喜悦，难以为外人道也。世间的靡靡之音，充满财、色、名、食、睡五欲之乐，只不过是五欲六尘的享受罢了。孔子说，不图为乐之至于斯也，这个话告诉我们不料想《韶》乐竟然达到这样的境界，真正的仁道境界，就是孔子所谓的"仁远乎哉？我欲仁，斯仁至矣"，"发愤忘食，乐以忘忧，不知老之将至"。仁的境界就是物我一体的境界。孔子闻听《韶》乐时，内心里生发出无条件的仁爱、慈悲之情，从而安住在圣人的境界。孔子赞叹舜之乐尽善尽美。武王伐纣而得天下，其乐带有杀伐之声，孔子说，武王之乐尽美矣，未尽善也。秦始皇灭齐，得齐《韶》乐。汉高祖灭秦，《韶》传于汉，汉高祖改名《文始》，《文始》舞者，本舜《韶》舞也。及至曹魏，魏文帝曹丕命《文始》复称《大韶》，以为庙乐。至南朝梁武帝自定郊庙乐，以《大韶》

名《大观》。可知此时《韶》乐虽数变其内容而易其名,但仍居于帝王用乐之列。《韶》乐作为中国宫廷音乐中等级最高、运用最久的雅乐,所产生的思想道德典范和文化艺术形式,一直影响着中国的古代文明,《韶》乐因而被誉为"中华第一乐章"。

【原文】

7.15 冉有曰:"夫子为①卫君②乎?"子贡曰:"诺③。吾将问之。"入,曰:"伯夷、叔齐何人也?"曰:"古之贤人也。"曰:"怨乎?"曰:"求仁而得仁,又何怨?"出,曰:"夫子不为也。"

【注释】

①为:这里是帮助的意思。②卫君:卫出公辄,是卫灵公的孙子。公元前492—前481年在位。他的父亲因谋杀南子而被卫灵公驱逐出国。灵公死后,辄被立为国君,其父回国与他争位。③诺:答应的说法。

【译文】

冉有(问子贡)说:"老师会帮助卫国的国君吗?"子贡说:"嗯。我去问他。"于是就进去,问孔子:"伯夷、叔齐是什么样的人呢?"(孔子)说:"古代的贤人。"(子贡又)问:"他们有怨恨吗?"(孔子)说:"他们求仁而得到了仁,为什么怨恨呢?"(子贡)出来,(对冉有)说:"老师不会帮助卫君。"

【评析】

此章的背景是,当时卫灵公的儿子蒯聩和卫灵公的妃子南子之间有怨恨。南子因受卫灵公的宠爱而把持朝政,呼风唤雨。蒯聩和南子结怨并涉嫌谋杀南子未遂,逃离卫国。卫灵公死后,南子按照卫灵公遗命立公子郢做国君。公子郢推辞掉说有辄在,让蒯聩的儿子辄,即卫灵公的孙子为国君。那一年的夏天,晋国赵鞅领兵帮助蒯聩回到卫国要把国君的位置夺过来。这实际上是赵鞅实现挟持蒯聩入侵卫国的计谋。这个时候的齐国出兵帮助卫国来防范,导致蒯聩不能回国。这就是在蒯聩和他的儿子辄,一对父子争位的背景,其实这两个人都是傀儡。孔子待在卫国,对这样的政治局势看得很清楚,特别受到卫君礼遇。孔子在卫国发

生政变之际，居然还滞留不走，难免就让冉有有一种疑惑，以为孔老师有意要帮助卫国国君。其实，父子相争夺权是非常严重的违礼行为，孔子留在卫国不走就有帮助蒯聩的儿子辄抵抗其父回国的嫌疑。因为冉有具有强烈的现实主义精神并有从政能力，并不知道孔子老师究竟怎么想，又不敢直接去问老师，才会请教子贡这个问题。然而，这俩高徒并没有达到孔子的境界，琢磨不到孔圣人滞留的意思。

卫国国君辄即位后，其父与其争夺王位，这件事恰好与伯夷、叔齐两兄弟互相让位形成鲜明对照。这里，孔子赞扬伯夷、叔齐，而对卫出公父子违反等级名分极为不满。孔子对这两件事给予评价的标准就是符不符合礼。

【原文】

7.16 子曰："饭疏食①、饮水，曲肱②而枕之，乐亦在其中矣。不义而富且贵，于我如浮云。"

【注释】

①饭疏食，饭，这里是"吃"的意思，名词做动词用。疏食即粗粮。②曲肱（gōng）：弯着胳膊。肱，胳膊，由肩至肘的部位。

【译文】

孔子说："吃粗粮，喝白水，弯着胳膊当枕头，乐趣也就在这中间了。用不正当的手段得来的富贵，对于我来讲就像是天上的浮云一样。"

【评析】

孔子极力提倡"安贫乐道"，认为有理想、有志向的君子，不会总是为自己的吃穿住而奔波的，"饭疏食饮水，曲肱而枕之"，对于有理想的人来讲，可以说是乐在其中。同时，他还提出，不符合于道的富贵荣华，他是坚决不予接受的，对待这些东西，如天上的浮云一般。这种思想深深影响了古代的知识分子，也为一般老百姓所接受。

【原文】

7.17 子曰："加①我数年，五十以学《易》②，可以无大过矣。"

【注释】

①加：通"假"，给予的意思。②《易》：指《易经》。

【译文】

孔子说："增加我几年寿命，五十岁就开始学习《易》的话，我便可以没有大的过错了。"

【评析】

孔子自己说，"五十而知天命"，可见他把学《易》和"知天命"联系在一起。他主张认真研究《易》，是为了使自己的言行符合于"天命"。《史记·孔子世家》中说，孔子"读《易》，韦编三绝"。他非常喜欢读《易》，曾把穿竹简的皮条翻断了很多次。孔子活到老、学到老的刻苦钻研精神，值得后人学习。另外，孔子晚年依然在不停反省自身的不足，可谓"修无止境"的典范。

【原文】

7.18 子所雅言①，《诗》、《书》、执礼，皆雅言也。

【注释】

①雅言：周王朝的京畿之地在今陕西地区，以陕西语音为标准音的周王朝的官话，在当时被称作"雅言"。孔子平时谈话时用鲁国的方言，但在诵读《诗》《书》和赞礼时，则以当时陕西语音为准。

【译文】

孔子有时讲雅言，读《诗》、念《书》、赞礼时，用的都是雅言。

【评析】

孔子讲雅言，有维护民族文化统一传承的作用，展现国家的认同感。客观上增进了文化交流，为诸夏文明圈增强了纽带，在一定程度上有助于整个国家的统一。张居正评曰："夫子之设教，固必因人而施。然平日所常言者，则有三件：一是《诗》，盖《诗》之为言有美有刺，美者可以劝人为善，刺者可以戒人为恶。吾人所以养性情者莫切于此。一是《书》，盖《书》之所载有治有乱，与治同道则无有不兴；与乱同

事则无有不亡，吾人所以考政事者莫切于此。一是执礼，盖礼主恭敬而有节文，既可以防闲其心志，又可检饬其威仪。吾人欲养其德性，使有所执持者莫切于此。"这三件都是切实的道理，紧要的功夫。故夫子常以为言，欲人念念在此而不忘，时时用力而不懈也。夫以孔子之圣犹汲汲于学《易》，而于《诗》、《书》、执礼则雅言之。可见圣人之道俱在六经，学者必讨论讲习，乃可以明理。

【原文】

7.19 叶公①问孔子于子路，子路不对。子曰："女奚不曰：其为人也，发愤忘食，乐以忘忧，不知老之将至云尔②。"

【注释】

①叶公：姓沈名诸梁，楚国的大夫，封地在叶城（今河南叶县南），所以叫叶公。②云尔：云，代词，如此的意思。尔通"耳"，而已，罢了。

【译文】

叶公向子路问孔子是个什么样的人，子路不答。孔子（对子路）说："你为什么不这样说：他这个人，发愤用功，连吃饭都忘了，快乐得把一切忧虑都忘了，连自己快要老了都不知道，如此而已。"

【评析】

这一章里孔子自述其心态，"发愤忘食，乐以忘忧"，连自己老了都觉察不出来。孔子从读书学习和各种活动中体味到无穷乐趣，是典型的现实主义和乐观主义者，他不为身旁的小事而烦恼，表现出积极向上的精神面貌。学有未通时"发愤忘食"，师生讨论不愤不启，不悱不发；学有所获时"乐以忘忧"，人生不如意十之八九，用积极正面的情绪去面对人生中的酸甜苦辣；"不知老之将至"，不服老是好学，不知老是乐学。

【原文】

7.20 子曰："我非生而知之者，好古，敏以求之者也。"

【译文】

孔子说:"我不是生来就有知识的人,而是爱好古代的东西,勤奋敏捷地去求得知识的人。"

【评析】

在孔子的观念当中,"上智"就是"生而知之者",但他却否认自己是生而知之者。他之所以成为学识渊博的人,在于他爱好古代的典章制度和文献图书,而且勤奋刻苦,思维敏捷,这是他总结自己学习与修养的主要特点。他这么说是为了鼓励他的学生发愤努力,成为各方面的有用人才。好古,是经过千锤百炼,无数人的审视,经过大数据沉淀筛选的结果。生而知之为圣,学而知之为贤,学而不知为愚。孔子不但向典籍学习,更以人人为师。

【原文】

7.21 子不语怪、力、乱、神。

【译文】

孔子不谈论怪异、暴力、变乱、鬼神。

【评析】

孔子大力提倡"仁德""礼治"等道德观念,《论语》中很少见到孔子谈论怪异、暴力、变乱、鬼神,如他所说的"敬鬼神而远之"等,但也不是绝对的。他偶尔谈及这些问题时,都是有条件、有特定语境的。不语,指温柔地反对。怪,指虚妄、不存在、没有根据的。看似逆潮流的做法,表达了孔子务实重礼,从仁从需,行有余力,则以学文。儒家关注的是人之常情、事之常理——情理。圣人语常不语异,语德不语力,语智不语乱,语仁不语神。

【原文】

7.22 子曰:"三人行,必有我师焉。择其善者而从之,其不善者而改之。"

【译文】

孔子说:"三个人一起走路,其中必定有人可以做我的老师。我选择他善的品德向他学习,看到他不善的地方就作为借鉴,改掉自己的缺点。"

【评析】

孔子的"三人行,必有我师焉"这句话,受到后代知识分子的极力赞赏。他虚心向别人学习的精神十分可贵,但更可贵的是,他不仅要以善者为师,而且以不善者为鉴,其中包含有深刻的哲理。他的这段话,对于指导我们处事待人、修身养性、增长知识都是有益的。三是虚指,宜解为胜己者、如己者、逊己者三类人。正所谓"世事洞明皆学问,人情练达即文章"。孔子勤于学习,善于总结经验和教训,虽学无常师,然博采众长。

【原文】

7.23 子曰:"天生德于予,桓魋①其如予何?"

【注释】

①桓魋(tuí):任宋国主管军事行政的官——司马,是宋桓公的后代。

【译文】

孔子说:"上天把德赋予了我,桓魋能把我怎么样?"

【评析】

这一章记述了孔子"厄于宋"时临危不惧的从容。孔子因为反对大夫专权失败而离开鲁国,去周游列国以图寻找施展才华的机会。公元前492年,孔子从卫国去陈国时经过宋国,而宋国也是大夫桓魋专权。桓魋因为孔子反对大夫专权而讨厌孔子,得知孔子到宋国后常在一棵大树下讲学,为了给孔子一个下马威,就派人把那棵树给砍了。可是孔子的讲学已经吸引了众多宋国人士,其中就包括了桓魋的弟弟司马牛。据说宋国君主宋景公也对孔子很感兴趣,准备召孔子为官。这就直接触犯了桓魋的利益。桓魋恼怒之下,派人去杀孔子。幸亏有人提前示警,孔子及其弟子才及时逃离。孔子认为，自己是有仁德的人，而且是上天把仁德赋予了他，得道多助，失道寡助，所以桓魋对他是无可奈何的。孔子作为团队领袖，必须表现出镇定，同时安抚惊魂未定的弟子。德不孤，必有邻，拥有仁德和正义，天助自助者。

【原文】

7.24 子曰："二三子①以我为隐乎？吾无隐乎尔。吾无行而不与二三子者，是丘也。"

【注释】

①二三子：这里指孔子的学生们，即诸位。

【译文】

孔子说："同学们，你们以为我对你们有什么隐瞒的吗？我是丝毫没有隐瞒的。我没有什么事不对你们公开，我孔丘就是这样的人。"

【评析】

朱熹注："诸弟子以夫子之道，高深不可几及。故疑其有隐，而不知圣人作止语默，无非教也。故夫子以此言晓也。"朱熹的意思是孔子的一些弟子因为觉得孔子所讲的道理过于高深，几乎不能领悟，因而怀疑孔子是不是有所藏私。但是他们没有领悟到孔子的一举一动、一言一行都是在教育弟子。"作止语默"四个字总结得特别好，作，行动；止，停下；语，说话；默，沉默。四个字形象地描述了孔子言传身教贯穿了与弟子们相处的每时每刻，但显然不是所有的弟子都认识到了这一点。学习永远都不只是在课堂上，更不都是在书本上。如果只关注书本上的知识、课堂上老师讲的内容，那是远远不够的。生活是更大的课堂，也是我们汲取知识的另一个重要源泉。这些弟子希望通过努力而达到孔子这种境界，然后发现几乎做不到，可能产生了懈怠之心，所以孔子才说了这段话，鼓励弟子们继续努力。对于我们来说，也常会遇到"学而不得、思而难悟"的时候，如果有人甚至是自己给自己一些鼓励，就有可能坚持下去，守得云开见月明。从这一章中可以感受到孔子对弟子们开诚布公的态度和互相尊重的平等意识，体现出孔子独特的人格魅力。他的话也起到了作用，"弟子

三千，身兼六艺者七十二人"的盛况就是明证。

【原文】

7.25 子以四教：文①、行②、忠③、信④。

【注释】

①文：文献、古籍等。②行：指德行，也指社会实践方面的内容。③忠：尽己之谓忠，对人尽心竭力的意思。④信：以实之谓信。诚实的意思。

【译文】

孔子以文、行、忠、信四项内容教授学生。

【评析】

本章主要讲孔子教学的内容。文：基础；行：德行、践行；忠：信仰、信念，敬业精神，忠诚和担当；信：最高层面的要求，口碑、形象、声誉、名声。当然，这仅是他教学内容的一部分，并不包括全部内容。孔子注重历代古籍、文献资料的学习，但仅有书本知识还不够，还要重视社会实践活动，所以，从《论语》中，我们可以看到孔子经常带领他的学生周游列国，一方面向各国统治者进行游说，一方面让学生在实践中增长知识和才干。但书本知识和实践活动仍不够，还要养成忠、信的德行，即对待别人的忠心和与人交际的信实。概括起来讲，就是书本知识、社会实践和道德修养三个方面。

【原文】

7.26 子曰："圣人吾不得而见之矣！得见君子者，斯①可矣。"子曰："善人吾不得而见之矣！得见有恒②者，斯可矣。亡而为有，虚而为盈，约③而为泰④，难乎有恒矣。"

【注释】

①斯：就。②恒：指恒心。③约：穷困。④泰：这里是奢侈的意思。

【译文】

孔子说："圣人我是不可能看到了！能看到君子，这就可以了。"

孔子说:"善人我可能是见不到了!能够见到有恒心的人,也就够了。没有却装作有,空虚却装作充实,穷困却装作富足,(这样的人是)难有恒心的。"

【评析】

　　这一章给我们的启发是要合理确定目标。太高了难以企及,太低了没有挑战,都不是好目标。只有经过努力可以实现的目标才是科学的目标。我们可能达不到孔子口中的"圣人""善人"的标准,但我们经过努力可以成为"君子""有恒者",有恒心者事竟成。概括一下,孔子这里提到"四优三劣"七种人。四优:圣人、君子是在朝的"治""平"之人;善人、有恒者是体制外的"修""齐"之人。三劣:假是无装作有;空是以次充好,半懂装懂;太是爱装门面。

【原文】

　　7.27 子钓而不纲①,弋②不射宿③。

【注释】

　　①纲:网上的大绳。这里做动词用,指张网捕鱼。②弋(yì):用带绳子的箭来射鸟。③宿:指归巢歇宿的鸟儿。

【译文】

　　孔子只用钓竿钓鱼,而不用张网捕鱼;只射飞鸟,不射巢中歇宿或照顾幼鸟的鸟。

【评析】

　　只用钓竿钓鱼和只射飞行中的鸟,体现了孔子的仁人之心,仁者不仅爱人也爱物。白居易诗云:"谁道群生性命微,一般骨肉一般皮。劝君莫打枝头鸟,子在巢中望母归。"另外不伤及幼鱼、幼鸟寓意不竭泽而渔,才可持续获取食物来源。古时春天不狩猎,天子三驱,网开一面。现在生态环保领域也提倡"遵从物种间的礼仪"。不知圣人是否亦有劝诫当政者薄赋之意?

【原文】

7.28 子曰:"盖①有不知而作②之者,我无是也。多闻,择其善者而从之;多见而识③之;知之次也。"

【注释】

①盖:大概。②作:创作。③识(zhì):记。

【译文】

孔子说:"大概有自己不懂却能凭空创作的人吧,我没有这样的才能。我总是多多地听,选择其中好的加以接受;多多地看,用心记下来。我是属于次一等的智力。"

【评析】

所谓次一等的智力就是"学而知之者,次也",相对于"生而知之者,上也"(《季氏》篇)的天才而言。正因为是次一等的智力,不是天才,所以要多闻多见,也就是"敏而好学"。也正因为是次一等的智力,需要"敏而好学",所以不能"不知而作",而是"述而不作"。可见,这一段实际上是孔子对自己学风和做学问态度的概括性自我介绍,包括了在其他地方谈到的"述而不作""敏而好学"和"我非生而知之者,好古,敏以求之者也"等方面的内容。

同时,孔子之所以这样自我介绍,也是针对当时存在的"不知而作"现象有感而发的。孔子的意思是说:那些自己不懂却能够凭空创作的人大概是天才吧,我可没有这样的天赋才能,我的一切都是靠学习而得来的,所以,我的写作也好,我的教书也好,都是言之有据的,不敢乱来。"不知而作"的人却恰恰相反:自己不懂而又"硬撑",处处冒充内行。这种人做事,小则贻笑大方,大则害己害人。孔子正是看到了这种"不知而作"风气的严重危害,才现身说法,以自己的所作所为来反对"不知而作"的行为。

【原文】

7.29 互乡①难与②言,童子见,门人惑。子曰:"与其进也,不与其退也③,唯何甚?人洁己④以进,与其洁也,不保其往⑤也。"

【注释】

①互乡：地名，具体所在已无可考。 ②与：与之。 ③进、退：进步、退步。 ④洁己：洁身自好，努力修养，成为有德之人。 ⑤不保其往：保，保守、成见。往，过往。

【译文】

人们很难与互乡那个地方的人谈话，但互乡的一个童子却受到了孔子的接见，学生们都感到迷惑不解。孔子说："我是肯定他的进步，不是肯定他的倒退。何必做得太过分呢？人家改正了错误以求进步，我们要肯定他能够改正错误，不要死抓住他的过去不放。"

【评析】

孔子时常向各地的人们宣传他的思想主张。但在互乡这个地方，就有些行不通了。不善之地，来了一位有向善之心的童子，勇于上问。孔子为挽回世俗之风尚，破例接见童子。这从一个侧面体现出孔子"诲人不倦"的态度，而且他认为不应死抓着过去的错误不放。

【原文】

7.30 子曰："仁远乎哉？我欲仁，斯仁至矣。"

【译文】

孔子说："仁难道离我们很远吗？只要我想行仁，仁就来了。"

【评析】

从本章孔子的言论来看，仁是人天生的本性，因此为仁就全靠自身的努力，不能依靠外界的力量，"我欲仁，斯仁至矣"。这种认识的基础，仍然是靠道德的自觉，道不远人，只要经过不懈的努力，就有可能达到仁。这里，孔子强调了人进行道德修养的主观能动性，有其重要意义。

【原文】

7.31 陈司败①问昭公②知礼乎，孔子曰："知礼。"孔子退，揖巫马期③而进之，曰："吾闻君子不党④，君子亦党乎？君取⑤于吴，为同姓⑥，谓之吴孟子⑦。君而知礼，孰不知礼？"巫马期以告。子曰："丘也幸，苟有过，人

必知之。"

【注释】

①陈司败：陈，陈国。司败，即司寇，官名，主管司法。②昭公：即鲁昭公，鲁国的国君。③巫马期：孔子的学生，姓巫马，名施，字子期。④党：这里是包庇，偏袒的意思。⑤取：通"娶"。⑥为同姓：鲁为周公之后，吴为太伯之后，都姓姬。⑦吴孟子：当时国君夫人的称号一般是由她生长那个国家的国名加她的本姓，如鲁娶于吴，这位夫人就应叫吴姬，这样叫就明显地暴露出鲁昭公违反了"同姓不婚"的礼法，所以改称为"吴孟子"（"孟"是其在家中的排行），回避了姓姬的问题。

【译文】

陈国的司寇问："鲁昭公懂得礼吗？"孔子说："懂得。"孔子走了以后，陈国的司寇向巫马期作一作揖，请他走到自己的面前来，然后说道："我听说君子不偏袒人，难道君子也偏袒人吗？鲁君从吴国娶了一位夫人，因为是同姓，所以讳称她为吴孟子。鲁君这样做如果都算是懂得礼的话，还有谁不懂得礼呢？"巫马期把这番话告诉了孔子。孔子说："我孔丘算是有幸，一旦有了过错，人家一定会知道。"

【评析】

鲁昭公违背了同姓不通婚的规矩，所以被陈国的司寇认为不懂礼。看来，古人还懂得同姓不通婚的优生学。当然，我们在这里不是讨论优生学的问题，而是讨论孔子闻过则喜，听到别人指出自己的缺点错误就高兴的问题。对于我们一般人来说，听到别人说自己的缺点错误，不跳起八丈高，横眉毛竖眼睛就不错了。自己有了错误别人能指出来，总比自己有了错误没有人愿意或没有人敢给你指出来好啊。尤其是做领导的、做师尊的，如果没有人愿意或没有人敢给你指出缺点错误，那你多半都已成了孤家寡人了。要学习学习圣人的涵养，闻过则喜，把它当作一件"幸事"接受下来，有则改之，无则加勉，使自己成为一个受人尊敬的人，而不是一个没有人愿意或没有人敢给你提意见的人。

另外，臣为君隐与子为父隐一样，也是孔子不得不背的"锅"。

【原文】

7.32 子与人歌而善，必使反之，而后和之。

【译文】

孔子与别人一起唱歌，如果唱得好，一定要请他再唱一遍，然后和他一起唱。

【评析】

上一章讲孔子闻过则喜，本章讲孔子见善即学。如孔子所言："仁远乎哉？我欲仁，斯仁至矣。"孔子跟人唱歌，只要听到对方唱得好，一定停下来，请对方再唱。这是为什么呢，朱熹说，是"欲得其详而取其善也"。仔细听，听听具体好在哪里，琢磨他的歌唱方法和技巧，跟他一起唱，模仿他的唱法。朱熹说，这是"喜得其详而与其善也"。孔子能放下身段，当面向他人请教学习，从善如流，不耻下问，以能者为师，实在是了不起。

【原文】

7.33 子曰："文，莫①吾犹人也。躬行君子，则吾未之有得。"

【注释】

①莫：约莫、大概、差不多。

【译文】

孔子说："就书本知识来说，大约我和别人差不多。做一个身体力行的君子，那我还没有做到。"

【评析】

孔子从事教育，既给学生传授书本知识，更注重培养学生的实际能力。说自己在身体力行方面，还没有取得君子的成就，是自谦的说法，同时也是强调学以致用是第一位的，希望学生们尽可能地从这个方面多做努力。观孔子可知，谦逊之人必有真才华，有才华的人不一定谦逊。

【原文】

7.34 子曰："若圣与仁，则吾岂敢？抑①为之②不厌，诲人不倦，则

可谓云尔③已矣。"公西华曰:"正唯弟子不能学也。"

【注释】

①抑:语气词,"只不过是"的意思。②为之:指向圣与仁的方向努力。③云尔:这样说。

【译文】

孔子说:"如果说到圣与仁,那我怎么敢呢?不过(向圣与仁的方向)努力而不感厌烦地做,教诲别人也从不感觉疲倦,则可以这样说罢了。"公西华说:"这正是我们学不到的。"

【评析】

本篇第2章里,孔子已经谈到"学而不厌,诲人不倦",本章又说到"为之不厌,诲人不倦"的问题。他感到,说起圣与仁,他自己还不敢当,但朝这个方向努力,他会不厌其烦地去做,而同时,他也不感疲倦地教诲别人。这是他的由衷之言。仁与不仁,其基础在于好学不好学,而学又不能停留在口头上,重在能行。所以学而不厌,为之不厌,是相互关联、基本一致的。实际上公西华所言学不到者,是孔子的谦逊精神。

【原文】

7.35 子疾病①,子路请祷②。子曰:"有诸③?"子路对曰:"有之。《诔》④曰:'祷尔于上下神祇。⑤'"子曰:"丘之祷久矣。"

【注释】

①疾病:疾指有病,病指病情严重。②请祷:向鬼神请求和祷告,即祈祷。③有诸:诸,"之乎"的合音。意为:有这样的事吗。④《诔》(lěi):祈祷文。⑤神祇(qí):古代称天神为神,地神为祇。

【译文】

孔子病情严重,子路向鬼神祈祷。孔子说:"有这回事吗?"子路说:"有的。《诔》文上说:'为你向天地神灵祈祷。'"孔子说:"我很久以来就在祈祷了。"

【评析】

孔子患了重病，子路为他祈祷，孔子对此举并不加以反对，而且说自己已经祈祷很久了，言下之意祈祷是不管用的。张居正认为："所谓祷者，是说平日所为不善，如今告于鬼神，忏悔前非，以求解灾降福耳。若我平生，一言一动不敢得罪于鬼神，有善则迁，有过即改。则我之祷于鬼神者，盖已久矣。其在今日，又何以祷为哉？"盖圣人德与天合，虽鬼神不能违，岂待于祷？至于死生修短，则有命存焉，虽圣人亦惟安之而已，祷祀亦奚益乎？观孔子晓子路之言，可见当修德以事天，不必祷祀以求福。当用力于人道之所当务，不必诌渎于鬼神之不可知矣。这足以说明孔子是不迷信鬼神的。

【原文】

7.36 子曰："奢则不孙①，俭则固②。与其不孙也，宁固。"

【注释】

①孙：通"逊"。②固：固陋，寒伧。

【译文】

孔子说："奢侈显得骄傲，节俭显得寒伧。与其骄傲，宁可寒伧。"

【评析】

当林放问孔子关于礼仪的问题时，孔子也回答说："礼，与其奢也，宁俭"与这里的说法是完全一致的。奢与俭的问题，就通常意义的理解是一个经济问题，或者更准确地说，是物质享受的问题。这个问题大而言之受时代风气影响，比如说，我们在20世纪50年代、60年代乃至70年代都是提倡勤俭节约，保持艰苦朴素的优良作风。到80年代、90年代，随着经济的发展，商业的繁荣，物质生活水平的提高，奢侈排场之风也就滋长起来了。小而言之，这个问题则受个体生活原则和世界观的影响，一般说来，比较传统、保守的人崇尚节俭，比较新潮、激进的人追求奢侈。当然，这是从主观方面说，从客观方面说，则还要受到经济能力的严格制约，对于一个身无分文的乞丐来说，"奢侈"一词本身就太过奢侈了，

是连想也不敢想的,也就只好"节俭"了。回到孔子本身的态度来看,他所代表的,显然是传统的节俭精神。这种精神也许已不合于今天的时代氛围,因而不被一些人尤其是年轻的一辈所接受。不过,有两句老话倒可以提供给大家参考,这就是——"从俭入奢易,从奢入俭难"。抱定俭的态度,偶尔奢一奢也无不可;而一旦形成了奢的习惯,要俭下来可就难上加难了。从这个意义来说,那还真是节俭总比奢侈好。

张居正认为,奢而不逊,则越礼犯分,将至于乱国家之纪纲,坏天下之风俗,为害甚大。若俭而固,则不过鄙陋朴野而已。原其意犹有尚质之风,究其弊亦无僭越之罪,不犹愈于不逊者乎?盖周末文胜,孔子欲救时之弊,故其言如此!

【原文】

7.37 子曰:"君子坦荡荡①,小人长戚戚②。"

【注释】

①坦荡荡:心胸宽广、开阔、宽容。②长戚戚:经常忧愁、烦恼的样子。

【译文】

孔子说:"君子心胸宽广坦荡,小人经常心绪不宁。"

【评析】

君子光明磊落,不忧不惧,所以心胸宽广坦荡。小人患得患失,忙于算计,又每每庸人自扰,疑心他人算计自己,所以经常陷于忧惧之中,心绪不宁。就我们今天来说,物质文明越发达,心理咨询行业越兴盛,所谓现代病、世纪病,是否正是圣人所指出的"小人"病呢?"算来算去算自己,不如轻轻松松过一生。"唱得好啊!用大格局过小日子,这可能是我们可取的生活态度。

【原文】

7.38 子温而厉,威而不猛,恭而安。

【译文】

孔子温和而又严肃，威严而不暴戾，庄重而又安适。

【评析】

这是孔子的学生对孔子的赞扬。孔子认为人有各种欲与情，这是顺应自然的，但人所有的情感与欲求，都必须合乎"中和"的原则。"厉""猛"等都有些"过"，而"不及"同样是不可取的。孔子的这些情感与实际表现，可以说正是符合中庸原则的。

温而厉，温和而又严肃。温和是君子风度的重要组成部分，"温良恭俭让"之首，是一种很容易让人亲近的特质。孔子超常的人格魅力让人感到亲切，心生亲近。如果只有让人亲近的一面，则难免会让一些人有过于亲昵随便甚至恃宠而骄的情况，有可能会有一些过分的言行。同样，如果只有严肃的一面，天天板着脸，那只会让人敬而远之，甚至心生怨恨。孔子的"温而厉"恰当地把握了远和近的关系，既不会让人因为过于亲近而"不逊"，又不会因为感到被疏远而产生怨怼之心。

威而不猛，威严而不暴戾。孔子曾经身居高位（鲁国司寇），又是三千门人弟子的主心骨和精神领袖，身上自然带着一种让人为之倾服的魅力，这就是"威"。孔子的"威"，是一种由内而外的威严，是建立在孔子超高的学识水平、道德修养和长期实践积累基础之上的威信，是人们对于孔子自然而然、发自内心的敬仰而形成的威望。这种"威"不是出于统治者那种一言决人生死的威权，不是贵族、上位者以势压人、以力服人的威压，也不是那种言辞逼人、得理不饶人的威逼，不会让人因强烈的压迫感而感到咄咄逼人，更不会让人因为缺乏安全感而产生恐惧，而是一种让人"身不能至，而心向往之"的仰慕，所以称之为"威而不猛"。

恭而安，恭敬而又安适。恭，是发自内心而不是流于表面的，是以礼待人、以诚待人的基本表现，对于一个曾经身居高位而又为时人所敬仰的"圣人"来说，尤为不易。有的人也会努力做出一副平易近人的样子，但并没有走心；而另一些人则自视甚高，眼睛长在头顶上，对那些身价地位不如自己的人倨傲无礼，他们当不起一个"恭"字。面对别人

的恭敬，虽然大多数人会以礼相待，但也有一些人会自高身价，甚至会故意做出无礼的举动，哗众取宠。以孔子之智慧阅历，不可能没有经历过这种情况，更不可能想不到这种可能，但他能安之若素，体现了他过人的道德修养。"恭"不易，"安"更难。我们今天的生活中，人们往往担心自己的恭敬得不到回报而受委屈，所以不愿意以恭敬的态度对待他人，结果就是在我们生活中注重礼节的人越来越少，有愧于礼仪之邦的形象。

我们从这一章的内容可以看到，孔子对于处理与他人的关系始终把握一个非常恰当的度，以诚待人、以礼待人而安之若素，让人心生亲近而又不会太过随便，充满钦佩仰慕之情而不会承受压力，这就是君子的风度，是我们提高自身修养和处理人际关系时应该学习借鉴的。

泰伯第八

泰伯第八

本篇提要

《泰伯》篇主题是为圣以仁，共计21章，614字。从仁礼相依、养仁三步、仁以成圣三方面做了论述。通过对尧、舜、禹、泰伯、周公等古代圣贤礼仁的回顾，阐明如何学礼与行仁。本篇名句有："鸟之将死，其鸣也哀；人之将死，其言也善""不在其位，不谋其政""兴于《诗》，立于《礼》，成于《乐》"。

【原文】

8.1 子曰："泰伯①，其可谓至德也已矣。三以天下让②，民无得③而称焉。"

【注释】

①泰伯：也写作"太伯"，周朝祖先古公亶父（周太王）的长子。他的两个弟弟依次为仲雍和季历，季历的儿子为姬昌。传说周太王预见到姬昌有圣德，就想打破长子继承王位的惯例，把王位通过季历传给姬昌。泰伯为实现父亲的意愿，他与仲雍一起出走到荆蛮之地（今江苏一带），断发文身，自毁其形，从夷之俗以示不可用。泰伯融入当地人之中，给他们传授中原先进文化和耕作技术，被推为领袖，后来建立了吴国，立为吴泰伯，成为吴国的始祖。周太王死后，季历继承王位，后来传给姬昌，便是周文王。②三以天下让：指泰伯出走一让天下；太王死后不回来奔丧，以便让季历继承王位二让天下；季历死后也不回来，以便让姬昌继承王位三让天下。③无得：无法。

【译文】

孔子说:"泰伯,那可以说是具备至高无上的品德了。三次让出天下,且行德而不显名,以致百姓无法来赞美他。"

【评析】

"弃天下如敝屣,薄帝王将相而不为。"能够做到这一点的,在历史上并没有几个。相反,争权夺位,为权力杀人放火、争城掠地,钩心斗角骨肉相残比比皆是。直到现代社会,莫说让出整个天下,就是让出一个单位的领导权来,也会要了很多人的老命,宁死也不情愿的。有什么办法呢?古今中外都是如此,权力似乎就是有这么大的吸引力。一朝权在手,便把令来行。在很多人眼里,有了权就有了一切,没了权就没有了一切,所以有"权、权、权,命相连"的说法。这些看法、说法,大概在孔子的时代就已经不新鲜了,所以孔子把三让天下作为至高的品德歌颂。泰伯于无声处三让天下,一让彰父之英明,二让成弟之大义,三让全侄之名正,用心良苦,行事周全,无愧"至德"之誉。

张居正评曰:"人但知我周太王肇基王迹,王季勤劳王家,至于文、武,遂成王业,都是周家贤圣之君。不知太王之长子泰伯者,其德可谓极至而无以复加也已矣。何以言之?周家王业之兴,实始于太王,而泰伯嫡长当立,则后来的天下乃泰伯之所宜有者也。泰伯因见太王意在贤孙,即与仲雍逃去不返。因此,王季、文王承其统绪,遂开八百年之周。是名虽让国,实以天下固让其弟侄而不居也。然却托为采药,毁体自废,其让隐微泯然,无迹可见,故人莫得以窥其心事而称颂之焉。夫以天下让,其让大矣。三以天下让,其让诚矣。而又隐晦其迹,使民无得而称,是能曲全于父子兄弟之间,而绝无一毫为名之累,其德岂非至极而不可加者乎?然要之太王之欲立贤孙,为其道足以济天下,非有爱憎利欲之私也,是以泰伯去之不为狷,王季受之不为贪。亲终不赴,毁伤肢体不为不孝。盖处君臣父子之变,而不失乎中庸,此所以为至德也。夫子叹息而赞美之,宜哉!"

【原文】

8.2 子曰:"恭而无礼则劳,慎而无礼则葸①,勇而无礼则乱,直而无礼则绞②。君子笃于亲，则民兴于仁。故旧不遗，则民不偷③。"

【注释】

①葸（xǐ）：畏缩。②绞：尖刻伤人。③偷：感情淡漠。

【译文】

孔子说："恭敬而不符合礼就会劳倦；谨慎而不符合礼就会畏缩；勇敢而不符合礼就会作乱；直率而不符合礼就会尖刻伤人。君主如果真诚地厚待亲属，百姓就会兴起仁德之风；君主如果不忘故旧，百姓就不会淡漠无情。"

【评析】

恭敬、谨慎、勇敢、直率就一般意义来说都是属于好的品格，但如果不用礼来进行规范，也都会出问题。这里的礼不是我们日常所说的礼貌，而是指礼法，即礼的法度。实际上，也就是指无论做什么都要合度的问题。比如说，对人恭敬当然是好，但如果一味恭敬，恭敬得过了头，就会显得唯唯诺诺，卑躬屈膝。用孔子的话来说，就会"劳倦"，怎么劳倦？翻译成我们今天常挖苦这类人的话，就是"你活得累不累啊！"因为他逢人便打躬作揖，恭敬有加，而不是按照礼法。该恭敬时恭敬，该不卑不亢时不卑不亢。谨慎也是这样。谨慎好不好？谨言慎行，很好！但如果一味谨慎，则成了谨小慎微，走路怕踩死了蚂蚁，树叶掉下来怕打破了头，畏畏缩缩，窝囊无能，结果是一事无成。"勇而无礼则乱"这话很好理解，只有勇敢，不讲礼法，"舍得一身剐，敢把皇帝拉下马"，当然是要出大乱子的了。"直而无礼则绞"，直率是个性坦白，是就是、不是就不是，对就对、不对就不对，说话不转弯抹角，直来直去。这本来也没有什么不对，人们还常常很喜欢这种人，但如果一个人太直戆了，一点也不知回避，那往往说出话来弄得人下不了台。尤其是做领导的或做长辈的，遇到这种人那可就有你受的了。

所以无论是什么品格，一定要用礼来加以节制，加以中和，这样才能言行合度，符合社会规范。正因为礼如此重要，所以孔子才一再强调："不学《礼》，无以立。"（《季氏》篇16.13）"非礼勿视，非礼勿听，非礼勿言，非礼勿动。"（《颜渊》篇12.1）"一日克己复礼，天下归仁焉。"（《颜渊》篇12.1）礼是学的核心内容所在，是个人修养的落脚点。

【原文】

8.3 曾子有疾，召门弟子曰："启①予足！启予手！《诗》云②：'战战兢兢，如临深渊，如履薄冰。'而今而后，吾知免③夫！小子④！"

【注释】

①启：开启，曾子让学生掀开被子看自己的手脚。②《诗》云：以下三句引自《诗经·小雅·小旻》篇。③免：指身体免于损伤。④小子：对弟子的称呼。

【译文】

曾子有病，把他的学生召集到身边来，说道："看看我的脚！看看我的手（看看有没有损伤）！《诗经》上说：'小心谨慎呀，好像站在深渊旁边，好像踩在薄冰上面。'从今以后，我知道我的身体是不会再受到损伤了！弟子们！"

【评析】

曾子借用《诗经》里的三句，来说明自己一生谨慎小心，避免损伤身体，能够对父母尽孝。据《孝经》记载，孔子曾对曾参说过："身体发肤，受之父母，不敢毁伤，孝之始也。"就是说，一个孝子，应当极其爱护父母给予自己的身体，包括头发和皮肤都不能有所损伤，这就是孝的开始。曾子在临死前要他的学生们看看自己的手脚，以表明自己的身体完整无损，是一生遵守孝道的。可见，孝在儒家的道德规范当中是多么重要。

【原文】

8.4 曾子有疾，孟敬子①问之。曾子言曰："鸟之将死，其鸣也哀；人之将死，其言也善。君子所贵乎道者三：动容貌，斯远暴慢矣；正颜色，斯近信矣；出辞气，斯远鄙倍矣。笾豆之事，则有司存。"

【注释】

①孟敬子：鲁国大夫仲孙捷。

【译文】

曾子卧床不起，孟敬子去探问他。曾子说道："鸟快要死的时候，鸣叫的声音是悲哀的；人快要死的时候，说出来的话也是善良的。君子所应当重视的道有三个方面：容貌举止依礼而动，既可避免粗暴，又可避免轻视他人；使自己的神情端庄、态度恭敬，这样就接近于诚信；使自己言辞严谨而有哲理，这样就可以避免粗野和悖理。至于祭祀和礼节仪式，自有主管这些事务的官吏来负责。"

【评析】

朱熹解释说：鸟畏死，故鸣哀；人穷反本，故言善。也就是说，鸟因为怕死而发出凄厉悲哀的叫声，人因为到了生命的尽头，反省自己的一生，回归生命的本质，所以说出善良的话来。

人到生命的尽头，一切的争斗、一切的算计、一切的荣耀、一切的耻辱都已成为过去，现世渐渐退隐而恍若彼岸，与自己渺然无缘。一种痛惜，一种对于生命的亲切留恋油然而生，这是否是人们常说的"良心发现"呢？如果是，那可真是发现得太晚了一点啊！基督教不嫌晚，而是不失时机地抓住了这"良心发现"的一瞬，于是有临终忏悔的仪式。这种仪式，从古代一直延续到科技文明昌盛的今天，其基点是否正是建立在"人之将死，其言也善"的认识上呢？

【原文】

8.5 曾子曰："以能问于不能，以多问于寡；有若无，实若虚；犯而不校①。昔者吾友尝从事于斯矣。"

【注释】

①校（jiào）：计较，较量。

【译文】

曾子说："能力强却向能力弱的人请教，知识丰富却向知识少的人请教；有学问却像没有学问一样，满腹经纶却像一无所有一样；别人冒犯自己也不计较。我曾经有一位朋友就是这样的。"

【评析】

据说曾子的这位朋友就是"大智若愚"的颜回。古语说得好："满招损，谦受益。"一个人即使并不自满，而只是才华横溢，锋芒毕露，也都容易受到别人的攻击，受到损伤。因为你的流光溢彩使周围的人相形见绌，黯然失色，所以，你越能干，事情做得越完美，就越得罪人。也许你完全没有意识到这一点，甚至百思不得其解。可事实就是如此，人们完全可以这样想："都是爹妈生的，你凭什么？"

所以，凡事当留有余地，不那么锋芒毕露，咄咄逼人，使人家感到需要你却不受到你的威慑。要做到这一点，有时就需要装"傻"了。这就是"以能问于不能，以多问于寡；有若无，实若虚"。明知故问，给别人一个表现的机会；明明知道他不如自己，也去向他请教；明明自己懂得很多，但把它埋藏在心底，表面上做出一副什么都不懂的样子。有了这些，再加上人家冒犯了自己也不针锋相对地去计较，不以牙还牙，以眼还眼，这就不会对他人构成威慑了，反过来，自己也就可以减少一些他人的攻击和中伤了。

【原文】

8.6 曾子曰："可以托六尺之孤①，可以寄百里之命②，临大节，而不可夺也，君子人与？君子人也！"

【注释】

①托六尺之孤：孤，死去父亲的小孩叫孤，六尺指15岁以下，古人以七尺指成年。托孤，受君主临终前的嘱托辅佐幼君。②寄百里之命：寄，寄托、委托。百里之命，指掌握国家政权和命运。

【译文】

曾子说："可以把年幼的君主托付给他，可以把国家的政权托付给他，面临生死存亡的紧急关头而不动摇屈服。这样的人是君子吗？是君子啊！"

【评析】

孔子所培养的就是有道德、有知识、有才干的人,他可以受命辅佐幼君,可以执掌国家政权,这样的人在生死关头绝不动摇,绝不屈服,这就是具有君子品格的人。

【原文】

8.7 曾子曰:"士不可以不弘毅①,任重而道远。仁以为己任,不亦重乎?死而后已,不亦远乎?"

【注释】

①弘毅:弘,大。毅,坚毅、弘毅指志向远大,意志坚毅。

【译文】

曾子说:"读书人不可不志向远大,意志坚毅,因为他任务艰巨而路途遥远。以实行仁德为己任,不艰巨吗?直到死才罢休,不遥远吗?"

【评析】

"路漫漫其修远兮,吾将上下而求索。"曾子所要求于读书人的,实际上就是这样一种精神。沉毅持重的生命意识,壮怀激烈的悲剧心态,将历史扛在自己肩头的英雄形象。这一切,似乎都只有在传统的文学作品和历史的教科书中去寻找了。他们是屈原、荆轲、楚霸王、岳飞、陆游、文天祥,或者是哈姆雷特、浮士德,而绝不是"第二十二条军规"下的尤索林、"等待戈多"的流浪汉,更不是金庸笔下的韦小宝,王朔笔下"过把瘾就死"的人。说到底,这便是所谓"古典精神"与"现代意识"的分野。今天,当我们在呼唤崇高,呼唤英雄,呼唤忧患意识的时候是不是应该回到儒学中去,回到曾子所呼唤的精神中去,做一个任重道远、死而后已的读书人呢?

【原文】

8.8 子曰:"兴①于《诗》,立于《礼》,成于《乐》。"

【注释】

①兴：开始。

【译文】

孔子说："（人的修养）开始于学《诗》，自立于学《礼》，完成于学《乐》。"

【评析】

本章里孔子提出了他从事教育的三方面内容：《诗》《礼》《乐》，而且指出了这三者的不同作用。它要求学生不仅要讲个人的修养，而且要有全面、广泛的知识和技能。

【原文】

8.9 子曰："民可，使由之；不可，使知之。"

【译文】

孔子说："有些地方的人民懂得循《诗》《礼》《乐》的步骤去学习提升，就由其发展；而有些地方的人民不懂得这么做，就要教化他们。"

【评析】

孔子是开办学校搞教育的，目的就是启智，怎么会有愚民思想？愚民之说只有愚蠢的人才会这么说。实际上这句话是紧接着上一句"子曰：兴于《诗》，立于《礼》，成于《乐》"讲的，连起来的意思很清楚，整篇文章讲的也是学礼以及古代圣贤礼仁的大德，所以断句为：民可，使由之；不可，使知之。

【原文】

8.10 子曰："好勇疾①贫，乱也。人而不仁②，疾之已甚③，乱也。"

【注释】

①疾：恨、憎恨。②不仁：不符合仁德的人或事。③已甚：已，太。已甚，即太过分。

【译文】

孔子说:"喜好勇敢而又恨自己太穷困,就会犯上作乱。对于不仁德的人或事憎恨得太厉害,也会出乱子。"

【评析】

本章与上一章有关联。在孔子看来,老百姓如果不甘心居于自己穷困的地位,他们就会起来造反,这就不利于社会的安定,而对于那些不仁的人憎恨得太厉害,也会惹出祸端。所以,不论是哪个层次的人,最好的办法都是因材施教,就是"民可,使由之;不可,使知之",培养人们的"仁德"。

【原文】

8.11 子曰:"如有周公之才之美,使骄且吝,其余不足观也已。"

【译文】

孔子说:"即使有周公那样的才能和那样美好的资质,只要骄傲吝啬,那他其余的一切也都不值一提了。"

【评析】

才能资质属于才的方面,骄傲吝啬属于德的方面。才高八斗而德行不好,圣人连看也不看他一眼,只有德才兼备才是完美的人才。如果二者不可得兼,德是熊掌,才是鱼,圣人舍才而取德。今天我们的用人之道,选拔和培养跨世纪的人才,似乎依然坚持的是这个原则。当然,其德和才的内涵都已不可同日而语。至于周公本人,不但不骄不吝,而且是谦逊大度的典范。

【原文】

8.12 子曰:"三年学,不至①于谷②,不易得也。"

【注释】

①至:这里指意念所至。②谷:古代以谷米为俸禄,所以"谷"就是指"禄"。

【译文】

孔子说："读书三年而不向往当官吃俸禄，这是难能可贵的。"

【评析】

《学记》曰："古之教者，家有塾，党有庠（xiáng），术(suì)有序，国有学。比年入学，中年考校。一年视离经辨志；三年视敬业乐群；五年视博习亲师；七年视论学取友，谓之小成；九年知类通达，强立而不反，谓之大成。夫然后足以化民易俗，近者说服而远者怀之，此大学之道也。"《学记》曰："'蛾（蚁）子时术之。'其此之谓乎！"

所谓"学而优则仕"，一般读书人向往当官吃俸禄是无可非议的。就是孔子的学生，也有"子张学干禄"，专门来向孔子学习当官吃俸禄的技巧。不过，在孔子看来，学习目的还是纯洁一点好，"学而时习之，不亦乐乎？"不要刚学就把读书当作敲门砖。但事实上，古往今来，没有几个为读书而读书的人。过去的时代读书是为了金榜题名，"十年寒窗无人问，一举成名天下闻"。读书可以做官，做官可以发财。今天废除了科举制度，读书不一定可以做官了，但小学读完读中学，中学读完读大学，不外乎是为了找一份好的工作。如果找不到，就大学读完再读研究生，目的也是为了找到一份更好的工作。另一种极端是，既然读书也不外乎是为了找到一份好一点的工作，为了挣钱发财，那只要能挣钱，能发财，又何必读什么书呢？所以，不少家长让孩子中学毕业（甚至不用毕业）就跟老子一起做生意、赚大钱，于是又生出"读书无用"的观点。其实，无论是"读书做官（发财）论"还是"读书无用论"，对于读书的目的认识都是一致的，这就是孔子所说的"至于谷"，读书都为稻粱谋。或许正是因为早在孔子的时代大家读书就已经是为了"至于谷"，所以孔子才感叹说"不至于谷"难能可贵。

【原文】

8.13 子曰："笃信好学，守死善道①。危邦不入，乱邦不居，天下有道则见②，无道则隐。邦有道，贫且贱焉，耻也；邦无道，富且贵焉，耻也。"

【注释】

①善道：正确的学说，引申为真理。②见：通"现"。

【译文】

孔子说："坚定信念，勤奋学习，坚持真理至死不渝。不进入危险的国家，不居住于动乱的国家。天下政治清明就出来实现抱负，天下政治黑暗就隐退。国家政治清明而自己却贫贱，这是耻辱；国家政治黑暗而自己却富贵，也是耻辱。"

【评析】

"天下有道则见，无道则隐"，实际上还是"用之则行，舍之则藏"，只不过联系到学与守，贫贱与富贵做了更深入的阐发，使之具有更为坚实的基础、更为广阔的境界罢了。说来也是，朗朗乾坤，太平盛世，人人奔小康，求大同，你怎么会贫且贱呢？敢情是好吃懒做，游手好闲罢了。相反，政治黑暗，世道昏乱，打砸抢抄抓害得人人自危、个个不安，你却大富大贵，不是一个吃黑钱、发横财的暴发户才怪。在正人君子看来，以上两种情况都是耻辱。

【原文】

8.14 子曰："不在其位，不谋其政。"

【译文】

孔子说："不在那个职位上，就不要干预那个职位上的政事。"

【评析】

关键是要找准自己的位置。不在其位不了解情况，隔行如隔山，谈论起来于事无补，反而添乱，还是各司其职、安守本分为好。做冬瓜就考虑冬瓜的问题，做西瓜就考虑西瓜的问题。北宋陈祥道认为：大夫不在其政，而谋其政，则谓之犯分；居官不在其政，而谋其政，则谓之侵官。此《易》所以言"思不出其位"，而孔子所以言各司其局，此不在其位不谋其政也。若夫在天，则春夏秋冬不相易时；在地，则东西南北不相易方；在人，则耳目口鼻不相易用。至于朝廷，不历位而相与言，不踰阶而相揖。大至于天地之理，小至于言语之仪，其定分也，犹且不可犯,又况不在其位而谋其政哉?

【原文】

8.15 子曰:"师挚之始①,《关雎》之乱②,洋洋乎盈耳哉。"

【注释】

①师挚之始:师挚是鲁国的太师。"始"是乐曲的开端,即序曲。古代奏乐,开端叫"升歌",一般由太师演奏,师挚是太师,所以这里说是"师挚之始"。②《关雎》之乱:"始"是乐曲的开端,"乱"是乐曲的终了。"乱"是合奏乐。此时奏《关雎》乐章,所以叫"《关雎》之乱"。

【译文】

孔子说:"从太师挚演奏的序曲开始,到最后演奏《关雎》的结尾,丰富而优美的音乐在我耳边回荡。"

【评析】

礼的实质是序,井然有序,乐章的美也正是来自轻重缓急、高低错落的节奏之美。

【原文】

8.16 子曰:"狂①而不直,侗②而不愿③,悾悾④而不信,吾不知之矣。"

【注释】

①狂:急躁、急进。②侗(tóng):幼稚无知。③愿:谨慎、小心、朴实。④悾悾:悾,通"空",诚恳的样子。

【译文】

孔子说:"狂妄而不正直,无知而不谨慎,表面上诚恳而不守信用,我真不知道有的人为什么会是这个样子。"

【评析】

"狂而不直,侗而不愿,悾悾而不信"都不是好的道德品质,孔子

对此十分反感。这是因为，这几种品质不符合中庸的基本原则，也不符合儒家一贯倡导的"温、良、恭、俭、让"和"仁、义、礼、智、信"的要求。所以孔子说：我真不知道有人会这样。

【原文】

8.17 子曰："学如不及，犹恐失之。"

【译文】

孔子说："学习起来就像老赶不上一样，还生怕把学到的东西又丢掉了。"

【评析】

孔子的自白给我们以"活到老，学到老"，"学海无涯苦作舟"的感觉。而庄子却说："人的生命是有限的，而知识是无限的，用有限的生命去追求无限的知识，那是很危险的。知道了这一点而仍然要去追求知识，那就更危险了啊！"这样说来，孔子岂不是危险又危险了吗？但他却做了圣人。同样感到生命有限，学海无涯，儒家和道家的态度却是迥然不同，让我们看到在知识问题上儒道两家的明显分野。

【原文】

8.18 子曰："巍巍①乎！舜、禹②之有天下也，而不与③焉。"

【注释】

①巍巍：崇高、高大的样子。 ②舜、禹：舜是传说中的圣君明主。禹是夏朝的第一个国君。传说古时代，尧禅位给舜，舜后来又禅位给禹。 ③与：拥有，据为己有。

【译文】

孔子说："多么崇高啊！舜和禹得到天下，却并不以据为己有。"

【评析】

这里孔子所讲的话有所指。当时社会混乱，政局动荡，弑君、篡位者屡见不鲜。孔子赞颂传说时代的"舜、禹"，表明对古时禅让制的认同，他借称颂舜、禹，抨击现实中的这些问题。

【原文】

8.19 子曰："大哉！尧①之为君也。巍巍乎！唯天为大，唯尧则②之。荡荡③乎！民无能名④焉。巍巍乎！其有成功也，焕⑤乎其有文章。"

【注释】

①尧：中国古代传说中的圣君。 ②则：效法、为准。 ③荡荡：广大的样子。 ④名：形容、称说、称赞。 ⑤焕：光辉。

【译文】

孔子说："真伟大啊！尧这样的君主。多么崇高啊！只有天最高大，只有尧才能效法天的高大。（他的恩德）多么广大啊！百姓们真不知道该用什么语言来表达对它的称赞。他的功绩多么崇高，他制定的礼仪文献、典章制度多么光辉啊！"

【评析】

孔子在这里用极美好的语言称赞尧，尤其对他的礼仪制度加以盛赞，表达了他对古代先王的崇敬心情。

【原文】

8.20 舜有臣五人①而天下治。武王曰："予有乱臣十人②。"孔子曰："才难，不其然乎？唐虞之际③，于斯④为盛，有妇人焉，九人而已。三分天下有其二⑤，以服事殷。周之德，其可谓至德也已矣。"

【注释】

①五人：指禹、稷、契、皋陶、伯益。②乱臣十人：乱，即治。乱臣即治国之臣。十人指周公姬旦、召公姬奭、太公姜尚等，其中包括武王的夫人邑姜。所以下文说："有妇人焉，九人而已。" ③唐虞之际：指唐尧、虞舜之后。之际，之后。传说尧在位的时代叫唐，舜在位的时代叫虞。④斯：这，指周武王的时代。⑤三分天下有其二：据说当时天下分为九州，归周的已有荆、梁、雍、豫、徐、扬六州，只剩下青、兖、冀三州属殷纣王了。

【译文】

舜有五位贤臣便使天下大治。周武王说:"我有十位治理天下的贤臣。"孔子说;"人才难得,难道不是这样吗?唐尧虞舜以后,武王时人才最为兴盛,但十位人才中还有一位妇女,男人不过九人罢了。周朝得了天下的三分之二仍向殷朝称臣。周朝的德行可以说是最高的了。"

【评析】

舜有五位贤臣而天下大治。禹就是大禹,大禹治水,负责水土;稷就是后稷,播五谷,负责农业;契负责五常之教,即父义、母慈、兄友、弟恭、子孝;皋陶负责掌管刑狱;伯益负责掌管山泽。

周武王有"五公四友一夫人"十位治世能臣:周公旦、召公奭、太公望、毕公、荣公,太颠、闳夭、散宜生、南宫括、邑姜。第一,周公旦,姓姬,名旦。周公是武王的弟弟,制礼作乐,辅佐武王。武王死了以后,又辅佐武王的儿子成王。第二,召公奭。召公是武王和周公同父异母的弟弟,是一位贤者,辅佐武王灭了商朝。《诗经·国风》中的《周南》是记录周公在南方治理国家时的业绩,还有当时那些地区的诗歌,《召南》则是记录召公治理地区的诗歌。第三,太公望。这就是有名的姜太公,名叫吕尚,姓姜,字子牙,他辅佐文王、武王伐纣平天下,功成之后,武王把齐国之地封给了他。第四,毕公。他是武王同父异母的弟弟,是一位贤者,也是成王的老师,属于天子三公之一。第五,荣公,也是三公之一。以上五位是大佬级别的功臣,除此之外,还有四大功臣,俗称周文王四友:太颠、闳夭、散宜生和南宫括。太颠、闳夭、散宜生三人曾经在文王姬昌被纣王囚禁的时候,解救过文王。南宫括,也是辅佐周文王兴国,最后帮助武王灭纣的贤臣。最后一位是女性,武王的夫人邑姜。

人才难得,古往今来都是如此。就以历史传说中最好的虞舜时代来说,才得5个贤臣,周武王时也才10个。另一方面,人才也不在多。不仅虞舜、武王时代只有5个、10个,就是后世的汉高祖,主要也就张良、萧何、韩信几个。因此,实行仁德、礼贤下士是非常关键的。

【原文】

8.21 子曰:"禹,吾无间①然矣。菲②饮食,而致③孝乎鬼神;恶衣服,而致美乎黻冕④;卑⑤宫室,而尽力乎沟洫⑥。禹,吾无间然矣。"

【注释】

①间:空隙的意思。此处用作动词,指挑剔。②菲:菲薄,不丰厚。③致:致力、努力。④黻冕(fú miǎn):祭祀时穿的礼服叫黻,祭祀时戴的帽子叫冕。⑤卑:低矮。⑥沟洫(xù):沟渠。

【译文】

孔子说:"对于禹,我没有什么可以挑剔的了。他的饮食很简单,而尽力去孝敬鬼神;他平时穿的衣服很简朴,而祭祀时尽量穿得华美;他自己住的宫室很低矮,而致力于沟渠水利。对于禹,我确实没有什么挑剔的了。"

【评析】

以上这几章,孔子对尧、舜、禹给予高度评价,认为在他们的时代,一切都很完善,为君者生活俭朴,孝敬鬼神,是执政者的榜样。而当今不少人拼命追逐权力、地位和财富,把人民的生活和国家的富强放在了次要的位置,以古喻今,孔子是在向统治者提出警告。

子罕第九

子罕第九

【本篇提要】

《子罕》篇主题是仁者无忧,共计31章,806字。从利与命仁、玉汝于成、仁贵有恒等方面做了论述。指出"子绝四:毋意,毋必,毋固,毋我""知者不惑;仁者不忧;勇者不惧""只要真心行仁,定能求仁得仁"等重要思想。

【原文】

9.1 子罕①言利,与②命与仁。

【注释】

①罕:稀少、很少。 ②与:赞同、肯定。

【译文】

孔子轻利,重天命和仁德。

【评析】

孔子谈"利"确实很少,《论语》中出现11次,基本上主张"先义后利""重义轻利"。此外,本章说孔子赞同"命"和"仁",表明孔子对此是十分重视的。孔子讲"命",常将"命"与"天"相连,即"天命",《论语》中合计出现42次,这是孔子思想中的一个组成部分。孔子一直讲"仁",这是其思想的核心,《论语》中出现了109次之多。

【原文】

9.2 达巷党人①曰:"大哉孔子!博学而无所成名②。"子闻之,谓门弟子曰:"吾何执?执御乎?执射乎?吾执御矣。"

【注释】

①达巷党人:古代500家为一党,达巷是党名。这是说达巷党这地方的人。 ②博学而无所成名:学问渊博,因而不能以某一方面来称道他。

【译文】

达巷党这个地方有人说:"孔子真伟大啊!他学问渊博,难以用某一方面的专长来称赞他。"孔子听说了,对他的学生说:"我要专长于哪个方面呢?驾车呢?还是射箭呢?我还是驾车吧。"

【评析】

射是台前、御是幕后,"功成不必在我、桃李满天下",做思想文化的引领者而不是名利的追逐者,这是孔子重仁轻利的主旨所在,也是子罕全篇的主题。

【原文】

9.3 子曰:"麻冕①,礼也;今也纯②,俭③,吾从众。拜下④,礼也;今拜乎上,泰⑤也。虽远众,吾从下。"

【注释】

①麻冕:麻布制成的礼帽。②纯:丝绸,黑色的丝。③俭:俭省,麻冕费工,用丝则省时。④拜下:大臣面见君主前,先在堂下跪拜,再到堂上跪拜。⑤泰:这里指骄纵、傲慢。

【译文】

孔子说:"用麻布制成的礼帽,符合于礼的规定;现在大家都用黑丝绸制作,这样比过去节省了,我赞成大家的做法。(臣见国君)首先要在堂下跪拜,这也是符合于礼的;现在大家都到堂上跪拜,这是骄纵的表现。虽然与大家的做法不一样,我还是主张先在堂下拜。"

【评析】

孔子赞同用比较俭省的黑绸帽代替用麻织的帽子这样一种做法,但反对在面君时只在堂上跪拜的做法,表明孔子不是顽固地坚持一切都要

合乎于周礼的规定,而是在他认为的原则问题上坚持己见,不愿做出让步,因跪拜问题涉及"君主之防"的大问题,与戴帽子有根本的区别。即礼帽可俭,礼仪不可减。张居正评曰:"大凡事之无害于义者,或可以随俗;若有害于义者,断不可以苟从。"

【原文】

9.4 子绝四:毋意①,毋必②,毋固③,毋我④。

【注释】

①意:通"臆",猜想、猜疑。 ②必:必定。 ③固:固执己见。 ④我:这里指自私之心。

【译文】

孔子杜绝了四种弊病:没有主观猜疑,没有绝对肯定,没有固执己见,没有自私之心。

【评析】

这章讲命,谋事在人,成事在天。"绝四"是孔子的一大特点,这涉及人的道德观念和价值观念。人只有首先做到这几点才可以完善道德,修炼高尚的人格。

【原文】

9.5 子畏于匡①。曰:"文王②既没,文不在兹③乎?天之将丧斯文也,后死者④不得与⑤于斯文也;天之未丧斯文也,匡人其如予何⑥?"

【注释】

①畏于匡:匡,地名,在今河南省长垣县西南。畏,受到威胁。公元前496年,孔子从卫国到陈国去经过匡地。匡人曾受到鲁国阳虎的掠夺和残杀。孔子的相貌与阳虎相像,匡人误以为孔子就是阳虎,所以将他围困。 ②文王:周文王,姓姬名昌,西周开国之君周武王的父亲,是孔子认为的古代圣贤之一。 ③兹:这里指孔子自己。 ④后死者:孔子这里指自己。 ⑤与:参与、介入,这里是掌握的意思。 ⑥如予何:奈我何,把我怎么样。

【译文】

孔子被匡地的人们所围困时，他说："周文王死了以后，周代的礼乐文化不都体现在我的身上吗？上天如果要消灭这种文化，那我就不可能掌握这种文化了；上天如果不要消灭这种文化，那么匡人又能把我怎么样呢？"

【评析】

这章讲仁，仁者不忧，仁者必有勇。外出游说时被围困，这对孔子来讲已不是第一次，当然这次是误会。但孔子有自己坚定的信念，他强调个人的主观能动作用，认为自己是周文化的继承者和传播者。不过，当孔子屡遭困厄时，他也感到人力的局限性，而把决定作用归之于天，也表明他对"天命"的认可。

【原文】

9.6 太宰①问于子贡曰："夫子圣者与？何其多能也？"子贡曰："固天纵②之将圣，又多能也。"子闻之曰："太宰知我乎？吾少也贱，故多能鄙事③。君子多乎哉？不多也。"

【注释】

①太宰：官名，掌握国君宫廷事务。这里的太宰，有人说是吴国的太宰伯，但不能确认。 ②纵：让，使，不加限量。 ③鄙事：卑贱的事情。

【译文】

太宰问子贡说："孔夫子是位圣人吧？为什么这样多才多艺呢？"子贡说："这本是上天让他成为圣人，而且使他多才多艺。"孔子听到后说："太宰怎么会了解我呢？我因为少年时地位低贱，所以会许多卑贱的技艺。君子需要有很多技艺吗？不用的。"

【评析】

作为孔子的学生，子贡认为自己的老师是天才，是上天赋予他多才多艺的。但孔子否认这一点。他说自己少年时低贱，要谋生，就要多掌握一些技艺，这表明，当时孔子并不承认自己是圣人。

【原文】

9.7 牢①曰:"子云:'吾不试②,故艺'。"

【注释】

①牢:郑玄说此人系孔子的学生,但在《史记·仲尼弟子列传》中未见此人。 ②试:用,被任用。

【译文】

子牢说:"孔子说过,'我(年轻时)没有去做官,所以会许多技艺'。"

【评析】

这一章与上一章的内容相关联,同样用来说明孔子"我非生而知之"的思想。他不认为自己是"圣人",也不承认自己是"天才",他说他的多才多艺是由于年轻时没有去做官,生活比较清贫,所以掌握了许多的谋生技艺。正应了一句话:若没有躺赢的命,就得站起来奔跑。

【原文】

9.8 子曰:"吾有知乎哉?无知也。有鄙夫①问于我,空空如也②;我叩③其两端④而竭焉⑤。"

【注释】

①鄙夫:孔子称乡下人、社会下层的人。 ②空空如也:指孔子自己心中空空无知。 ③叩:叩问、询问。 ④两端:两头,指正反、始终、上下方面。 ⑤竭:穷尽、尽力追究。

【译文】

孔子说:"我有知识吗?其实没有知识。有一个乡下人问我,我对他谈的问题本来一点也不知道。我只是从问题的两端去问,这样对此问题就可以搞清楚了。"

【评析】

孔子本人并不是高傲自大的人。事实也是如此。人不可能对世间所有事情都十分精通,因为人的精力毕竟是有限的。但孔子有一个分析问题、解决问题的基本方法,这就是"叩其两端而竭",只要抓住问题的两个极端,就能求得问题的解决。这种方法,体现了儒家的中庸思想,是一种十分有意义的思想方法。

【原文】

9.9 子曰:"凤鸟①不至,河不出图②,吾已矣夫!"

【注释】

①凤鸟:古代传说中的一种神鸟。传说凤鸟在舜和周文王时代都出现过,它的出现象征着"圣王"将要出世。②河不出图:传说在上古伏羲氏时代,黄河中有背上有八卦图案的龙马出现。它的出现也象征着"圣王"将要出世。

【译文】

孔子说:"凤鸟不来了,黄河中也不出现八卦图了。我这一生也就这样了吧!"

【评析】

孔子为了恢复礼制而辛苦奔波了一生。到了晚年,他看到周礼的恢复似乎已经成为泡影,于是发出了以上的慨叹。

【原文】

9.10 子见齐衰①者、冕衣裳者②与瞽③者,见之,虽少,必作④;过之,必趋⑤。

【注释】

①齐衰(zīcuī):丧服,古时用麻布制成。②冕衣裳(cháng)者:冕,官帽;衣,上衣;裳,下服,这里统指官服。冕衣裳者指贵族。③瞽(gǔ):盲。④作:站起来,表示敬意。⑤趋:快步走,表示敬意。

【译文】

孔子遇见穿丧服的人、尊贵的人和盲人时,即使他们年轻,必定起身;从他们面前经过时,一定要快步走过。

【评析】

孔子对于周礼十分熟悉,他知道遇到什么人该行什么礼,对于尊贵者、家有丧事者和盲者,都应礼貌待之。孔子之所以这样做,也说明他极其尊崇"礼",并尽量身体力行,以恢复礼治的理想社会。

【原文】

9.11 颜渊喟①然叹曰:"仰之弥②高,钻③之弥坚;瞻④之在前,忽焉在后。夫子循循然善诱人⑤,博我以文,约我以礼,欲罢不能。既竭吾才,如有所立卓尔⑥;虽欲从之,末由⑦也已。"

【注释】

①喟(kuì):叹息的样子。②弥:更加,越发。③钻:钻研。④瞻(zhān):视、看。⑤循循然善诱人:循循然,有次序地。诱,劝导、引导。⑥卓尔:高大、超群的样子。⑦末由:末,无、没有。由,途径、路径。末由,是没有办法的意思。

【译文】

颜渊感叹地说:"(对于老师的学问与道德),我越仰望越觉得高,我越钻研越觉得其艰深;看着它好像在前面,忽然又像在后面。老师善于一步一步地诱导我,用各种典籍来丰富我的知识,又用各种礼节来约束我的言行,使我想停止学习都不可能。我几乎用尽了我的全力,似乎看到老师的学说高高地立在眼前,虽然我想要追随上去,却没有前进的路径了。"

【评析】

颜渊在本章里极力推崇自己的老师,把孔子的学问与道德说成是高不可攀的。博文就是惟精以察之,约礼就是惟一以守之。此外,他还谈到孔子对学生的教育方法,"循循善诱"则成为日后为人师者所遵循的原则之一。

【原文】

9.12 子疾病,子路使门人为臣①。病间②,曰:"久矣哉,由之行诈也!无臣而为有臣,吾谁欺?欺天乎?且予与其死于臣之手也,无宁③死于二三子之手乎！且予纵不得大葬④，予死于道路乎？"

【注释】

①为臣：臣，指家臣，总管。孔子当时不是大夫，没有家臣，但子路叫门人充当孔子的家臣，准备由此人负责总管安葬孔子之事。②病间：病情减轻。③无宁：宁可。"无"是发语词，没有意义。④大葬：指大夫的葬礼。

【译文】

孔子患了重病，子路派了门徒去做孔子的家臣（负责料理后事）。后来，孔子的病好了一些，他说："仲由很久以来就干这种弄虚作假的事情。我明明没有家臣，却偏偏要装作有家臣，我骗谁呢？我骗上天吧？与其在家臣的侍候下死去，我宁可在你们这些学生的侍候下死去！而且即使我不能以大夫之礼来安葬，难道就会被丢在路边没人埋吗？"

【评析】

儒家对于葬礼十分重视，尤其重视葬礼的等级规定。对于死去的人，要严格地按照周礼的有关规定加以埋葬。不同等级的人有不同的安葬仪式，违反了这种规定，就是大逆不道。孔子反对学生们按大夫之礼为他办理丧事，是为了恪守周礼的规定。孔子至死不渝，不干越礼之事，一以贯之，他告诫学生们莫做虚与委蛇的事，要各安其位，不慕虚荣。

【原文】

9.13 子贡曰："有美玉于斯，韫椟①而藏诸？求善贾②而沽诸？"子曰："沽③之哉，沽之哉！我待贾者也。"

【注释】

①韫椟：收藏物件的柜子。②善贾：识货的商人。③沽：卖出去。

【译文】

子贡说："这里有一块美玉，是把它收藏在柜子里呢？还是找一个识货的商人卖掉呢？"孔子说："卖掉吧，卖掉吧！我正在等着识货的人呢。"

【评析】

"待贾而沽"说明了这样一个问题：孔子自称是"待贾者"，他一方面四处游说，以宣传礼治天下为己任，期待着各国统治者能够行他之道于天下；另一方面，他也随时准备把自己推上治国之位，依靠政权的力量去推行礼。因此，本章反映了孔子求仕为国效力的心理。

【原文】

9.14 子欲居九夷①。或曰："陋②，如之何？"子曰："君子居之，何陋之有！"

【注释】

①九夷：中国古代对于东方少数民族的通称。 ②陋：鄙野，文化闭塞，不开化。

【译文】

孔子想要搬到九夷地方去居住。有人说："那里非常落后闭塞，不开化，怎么能住呢？"孔子说："有君子去住，就不闭塞落后了。"

【评析】

中国古代，中原地区的人把居住在东面的人们称为夷人，认为此地闭塞落后，当地人也愚昧不开化。孔子在回答某人的问题时说，只要有君子去这些地方住，传播文化知识，开化人们的愚蒙，那么这些地方就不会闭塞落后了。孔子因有真才实学而自信，认为"天下无不可变之俗，亦无不可化之人"。

【原文】

9.15 子曰："吾自卫反鲁①，然后乐正②，《雅》《颂》③各得其所。"

【注释】

①自卫反鲁：公元前484年（鲁哀公十一年）冬，孔子从卫国返回鲁国，结束了14年游历不定的生活。②乐正：调整乐曲的篇章。③《雅》《颂》：这是《诗经》中两类不同的诗的名称。也是指雅乐、颂乐等乐曲

名称。

【译文】

孔子说："我从卫国返回到鲁国以后，乐才得到整理，雅乐和颂乐各有适当的安排。"

【评析】

《雅》是《大雅》《小雅》，《颂》是《周颂》《鲁颂》《商颂》。都是《诗经》的篇名，其中的诗词就是乐章。此处孔子自述正乐之事。

【原文】

9.16 子曰："出则事公卿，入则事父兄，丧事不敢不勉，不为酒困，何有于我哉！"

【译文】

孔子说："在外事奉公卿，在家孝敬父兄，有丧事不敢不尽力去办，不贪杯失态，这些事对我来说有什么困难呢！"

【评析】

"出则事公卿"，是为国尽忠；"入则事父兄"，是为长辈尽孝。忠与孝是孔子特别强调的两个道德规范。它是对所有人的要求，而孔子本人就是这方面的身体力行者。在这里，孔子说自己已经基本上做到了这几点。

【原文】

9.17 子在川上曰："逝者如斯夫！不舍昼夜。"

【译文】

孔子在河边说："消逝的时光就像这河水一样啊！不分昼夜地向前奔流。"

【评析】

流水不返，修德不间。孔子一方面感叹时光易逝，往事难再，另一

方面以水为喻，勉励我们进德修业，都应该像那永不止息的河水一样，孜孜不已，不舍昼夜。如何对待万物的变迁，时光的流逝，生命的短暂？孔子给出了最积极的态度，他终身孜孜以求、到老不松懈，这样的态度是一切积极有为的人都应该采取的。

【原文】

9.18 子曰："吾未见好德如好色者也。"

【译文】

孔子说："我没有见过像好色那样好德的人。"

【评析】

好色是人之天性，好德需要后天不断培养。

人若能以好色之心好德，则如《大学》所言自慊而无自欺，进而修身、齐家、治国、平天下也非难事。

【原文】

9.19 子曰："譬如为山，未成一篑①，止，吾止也；譬如平地，虽覆一篑，进，吾往也。"

【注释】

①篑（kuì）：土筐。

【译文】

孔子说："譬如用土堆山，只差一筐土就完成了，这时停下来，那便是我的结局了（不成功）；譬如填沟壑为平地，虽然只倒下一筐土，这时继续，那我就是在前进。"

【评析】

孔子在这里用堆土成山这一比喻，说明功亏一篑和持之以恒的深刻道理，他鼓励自己和学生们无论在学问和道德上，都应该是坚持不懈，自觉自愿。这对于立志有所作为的人来说，是十分重要的，也是对人的道德品质的塑造。世事常难在两头，一是开头难，二是收口难。

【原文】

9.20 子曰:"语之而不惰者,其回也与!"

【译文】

孔子说:"听我说话而能毫不懈怠的,只有颜回一个人吧!"

【评析】

孔子评己为好学不厌,称颜回不惰,都是在强调勤奋的重要性。

【原文】

9.21 子谓颜渊,曰:"惜乎!吾见其进也,吾未见其止也!"

【译文】

孔子评价颜渊说:"可惜呀!我只见他不断前进,从来没有看见他停止过。"

【评析】

孔子的学生颜渊是一个十分勤奋刻苦的人,他在生活方面几乎没有什么要求,而是一心用在学问和道德修养方面,但他却不幸早逝。对于他的死,孔子自然十分悲痛。他经常以颜渊为榜样要求其他学生。

【原文】

9.22 子曰:"苗而不秀①者,有矣夫!秀而不实者,有矣夫!"

【注释】

①秀:稻、麦等庄稼吐穗扬花叫秀。

【译文】

孔子说:"庄稼出了苗而不能吐穗扬花的情况是有的,吐穗扬花而不结果实的情况也是有的。"

【评析】

这是孔子以庄稼的生长、开花到结果来比喻一个人从求学到做官的过程。有的人很有前途,但不能坚持始终,最终达不到目的。在这里,孔子还是希望他的学生既能勤奋学习,最终又能做官出仕。

【原文】

9.23 子曰:"后生可畏,焉知来者之不如今也?四十五十而无闻焉,斯亦不足畏也已!"

【译文】

孔子说:"年轻人是值得敬畏的,怎么就知道后一代不如前一代呢?如果到了四五十岁时还默默无闻,那他就没有什么可以敬畏的了。"

【评析】

"青出于蓝而胜于蓝","长江后浪推前浪,一代更比一代强"。社会在发展,人类在前进,后代一定会超过前人,这种今胜于昔的观念是正确的,说明孔子的思想并不顽固守旧。后一句勉励青年要及时努力,切莫老大徒伤悲。可见圣人劝世之用心,既有鼓励,又有鞭策。

【原文】

9.24 子曰:"法语之言①,能无从乎?改之为贵。巽与之言②,能无说③乎?绎④之为贵。说而不绎,从而不改,吾末⑤如之何也已矣!"

【注释】

①法语之言:法,指礼仪规则。这里指以礼法规则正言规劝。②巽与之言:巽,恭顺,谦逊。与,称许,赞许。这里指恭顺赞许的话。③说(yuè):通"悦"。④绎:原义为"抽丝",这里指推究、追求,分析、鉴别。⑤末:没有。

【译文】

孔子说:"符合礼法的正言规劝,谁能不听从呢?但(只有按它来)改正自己的错误才是可贵的。恭顺赞许的话,谁能听了不高兴呢?但只有认真推究它(的真伪是非),才是可贵的。只是高兴而不去分析,只是表示听从而不改正错误,(对这样的人)我也无可奈何。"

【评析】

这里讲的第一层意见是言行一致的问题。听从那些符合礼法的话只是问题的一方面,而真正依照礼法的规定去改正自己的错误,才是问题的实质。第二层的意思是忠言逆耳,而顺耳之言的是非真伪,则应加以仔细辨别。对于孔子所讲的这两点,我们今天还应借鉴它,按照这样的原则去办事。

【原文】

9.25 子曰:"主忠信,无友不如己者,过则勿惮改。"①

【注释】

①此章重出,见《学而》篇1.8章。

【译文】

孔子说:"要秉持忠信,不要同与自己不同道的人交朋友,有过错不要怕改正。"

【评析】

首出是提出君子学习的方向,这里重出强调修己、交友、改过需要长期坚持,论证"仁贵坚持"的本篇重点,同时也说明这三个方面修炼的重要性和艰巨性。

【原文】

9.26 子曰:"三军①可夺帅也,匹夫②不可夺志也。"

【注释】

①三军:12 500人为一军,三军包括大国所有的军队。此处言其多。②匹夫:平民百姓,主要指男子。

【译文】

孔子说:"一国军队,可以夺去它的主帅;但一个男子汉,他的志向是不能强迫改变的。"

【评析】

志坚方能行笃。"理想"这个词,在孔子时代称为"志",就是人的志向、志气。"匹夫不可夺志",反映出孔子对于"志"的高度重

视,甚至将它与三军之帅相比。对于一个人来讲,他有自己的独立人格,任何人都无权侵犯。作为个人,他应维护自己的尊严,不受威胁利诱,始终保持自己的"志向"。这就是中国人"人格"观念的形成及确定。生如蝼蚁当立鸿鹄之志,命薄如纸应有不屈之心。

【原文】

9.27 子曰:"衣①敝缊袍②,与衣狐貉③者立,而不耻者,其由也与!'不忮不求,何用不臧④?'"子路终身诵之。子曰:"是道也,何足以臧?"

【注释】

①衣(yì):穿,当动词用。②敝缊(yùn)袍:敝,坏。缊,旧的丝棉絮。这里指破旧的丝棉袍。③狐貉:用狐和貉的皮做的裘皮衣服。④不忮(zhì)不求,何用不臧:这两句见《诗经·邶风·雄雉》篇。忮,忌妒的意思。臧,善,好。

【译文】

孔子说:"穿着破旧的丝棉袍子,与穿着狐貉皮袍的人站在一起而不认为是可耻的,大概只有仲由吧。'不忌妒,不贪求,为什么说不好呢?'"子路听后,反复背诵这句诗。孔子又说:"只做到这样,怎么能说够好了呢?"

【评析】

这一章记述了孔子对他的弟子子路先夸奖又批评的两段话。他希望子路不要满足于目前已经达到的水平,因为仅是不贪求、不忌妒是不够的,还要有更高的更远的志向,成就一番大事业。与之前子贡以"贫而无谄,富而无骄"为追求,孔子教之以"贫而乐,富而好礼",异曲同工。

【原文】

9.28 子曰:"岁寒,然后知松柏之后凋也。"

【译文】

孔子说:"到了寒冷的季节,才知道松柏是最后凋谢的。"

【评析】

孔子认为，人是要有骨气的。作为有远大志向的君子，他就像松柏那样，不会随波逐流，而且能够经受各种各样的严峻考验。逆境乃至绝境是识人的试金石。孔子的话，语言简洁，寓意深刻，值得我们深入思考。

【原文】

9.29 子曰："知者不惑，仁者不忧，勇者不惧。"

【译文】

孔子说："聪明人不会迷惑，有仁德的人不会忧愁，勇敢的人不会畏惧。"

【评析】

在儒家传统道德中，智、仁、勇是重要的三个范畴。《礼记·中庸》讲："知、仁、勇，三者天下之达德也。"孔子希望自己的学生能具备这三德，成为真正的君子。

【原文】

9.30 子曰："可与共学，未可与适道①；可与适道，未可与立②；可与立，未可与权③。"

【注释】

①适道：适，往。这里是志于道、追求道的意思。②立：坚持道而不变。③权：秤锤。这里引申为权衡轻重。

【译文】

孔子说："可以一起学习的人，未必都能学到道；能够学到道的人，未必能够坚守道；能够坚守道的人，未必能够通权达变。"

【评析】

同学不一定同道，同道不一定同行，同行不一定不变。

【原文】

9.31 "唐棣①之华，偏其反而②。岂不尔思？室是远而③。"子曰：

"未之思也，夫何远之有？"

【注释】

①唐棣：一种植物，属蔷薇科，落叶灌木。②偏其反而：形容花摇动的样子。偏，通"翩"。反，通"翻"。③室是远而：只是住的地方太远了。

【译文】

"唐棣之花翩翩舞，同气连枝无歧路。何曾对君不思慕，路途遥远难相顾。"孔子说："并没有真的想念啊，（要是真的想念）哪（还会有）什么远？"

【评析】

这两章可以概括为：知己实难得，同道须珍惜。唐棣是一根枝条上开许多朵花，所以常用来比喻兄弟、手足。这里孔子表达的是，仁就在每个人心中，并不遥远，只要真心行仁，定能求仁得仁。所谓"海内存知己，天涯若比邻"。

鄉黨第十

本篇提要

《乡党》篇主题是礼仁日常,共计27章,642字。从公私举止张弛有道、衣食住行皆有礼等方面做了论述,从生活的细节中全面展示了孔子仁者爱人、知行合一的完整形象。孔子达到了内化于心、外化于行的文质彬彬的境界,有意识的"文化"已经成为日常生活的"质化"。本篇名句有:"食不言,寝不语""食不厌精,脍不厌细""入太庙,每事问"等。

【原文】

10.1 孔子于乡党,恂恂①如也,似不能言者。其在宗庙朝廷,便便②言,唯谨尔。

【注释】

①恂恂(xún):温和恭顺。②便便:辩,善于辞令。

【译文】

孔子在本乡的地方上显得很温和恭敬,像是不会说话的样子。但他在宗庙里、朝廷上,却很善于言辞,只是说得比较谨慎而已。

【评析】

江湖争英雄,不当窝里横。孔子在公私场合张弛有道,切换自如。上不了台面,固然不行;放不下身段,一直端着架子,也不是真行。

【原文】

10.2 朝，与下大夫言，侃侃①如也；与上大夫言，訚訚②如也。君在，踧踖③如也，与与④如也。

【注释】

①侃侃：说话理直气壮，不卑不亢，温和快乐的样子。②訚訚（yín）：正直，和颜悦色而又能直言诤辩。③踧踖（cùjí）：恭敬而不安的样子。④与与：小心谨慎、威仪适中的样子。

【译文】

孔子在上朝的时候，（国君还没有到来，）同下大夫说话，温和而快乐的样子；同上大夫说话，正直而公正的样子。国君已经来了，恭敬而心中不安的样子，但又仪态适中。

【评析】

角色扮演到位，尺度拿捏恰当。朝廷之上，以爵为序，故虽直道而行，亦也因人而施。

【原文】

10.3 君召使摈①，色勃如也②，足躩③如也。揖所与立，左右手，衣前后，襜④如也。趋进，翼如也⑤。宾退，必复命曰："宾不顾矣。"

【注释】

①摈（bìn）：动词，负责招待宾客的官员。②色勃如也：脸色立即庄重起来。③躩（jué）：脚步快的样子。④襜（chān）：整齐之貌。⑤翼如也：如鸟儿展翅一样。

【译文】

国君召孔子去接待宾客，孔子脸色立即庄重起来，脚步也快起来。他向前面的上摈和后面的末摈作揖，手向左或向右作揖，衣服前后摆动，却整齐不乱。快步走的时候，像鸟儿展开双翅一样。宾客走后，必定向君主回报说："客人已经不回头张望了。"

【评析】

迎客宜早,送客贵晚。前两章分别讲孔子的公私有别、上下有别,本章可谓内外有别,记孔子为君摈相之容。主谓之摈,言其接待宾客;客谓之相,言是辅相行礼。凡摈用三人,有上摈、次摈、末摈,夫子此时为次摈,故居中。自始至终,夫子动容周旋,无不中礼。

【原文】

10.4 入公门,鞠躬如①也,如不容。立不中门,行不履阈②。过位,色勃如也,足躩如也,其言似不足者。摄齐③升堂,鞠躬如也,屏气似不息者。出,降一等④,逞⑤颜色,怡怡如也。没阶⑥,趋进,翼如也。复其位,踧踖如也。

【注释】

①鞠躬如:谨慎而恭敬的样子。②履阈(yù):阈,门槛,脚踩门槛。③摄齐(zī):齐,衣服的下摆。摄,提起。提起衣服的下摆。④降一等:从台阶上走下一级。⑤逞:舒展开,松口气。⑥没阶:走完了台阶。

【译文】

孔子走进朝廷的大门,谨慎而恭敬的样子,好像没有他的容身之地。站,他不站在门的中间;走,也不踩门槛。经过国君的座位时,他脸色立刻庄重起来,脚步也加快起来,说话也好像中气不足一样。提起衣服下摆向堂上走的时候,恭敬谨慎的样子,憋住气好像不呼吸一样。退出来,走下台阶,脸色便舒展开了,怡然自得的样子。走完了台阶,快快地向前走几步,姿态像鸟儿展翅一样。回到自己的位置,是恭敬而局促的样子。

【评析】

尊敬权贵,事君尽礼。

【原文】

10.5 执圭①,鞠躬如也,如不胜。上如揖,下如授。勃如战色②,足蹜蹜③如有循④。享礼⑤,有容色。私觌⑥,愉愉如也。

【注释】

①圭：一种上圆下方的玉器，举行典礼时，不同身份的人拿着不同的圭。出使邻国，大夫拿着圭作为代表君主的凭信。②战色：战战兢兢的样子。③蹜蹜：小步走路的样子。④如有循：循，沿着。好像沿着一条直线往前走一样。⑤享礼：享，献上。指向对方贡献礼物的仪式，使者受到接见后，接着举行献礼仪式。⑥觌（dí）：会见。

【译文】

（孔子出使别的诸侯国时）拿着圭，恭敬谨慎，像是举不起来的样子。向上举时好像在作揖，放在下面时好像是给人递东西。脸色庄重得像战栗的样子，步子很小，好像沿着一条直线往前走。在举行赠送礼物的仪式时，显得和颜悦色。和国君举行私下会见的时候，则是轻松愉快的样子。

【评析】

以上这五章，集中记载了孔子在朝、在乡、出使的言谈举止、音容笑貌，给人留下十分深刻的印象。孔子在不同的场合，对待不同的人，往往容貌、神态、言行都不同。他在家乡时，给人的印象是谦逊、和善的老实人；他在朝廷上，则态度恭敬而有威仪，不卑不亢，敢于讲话；他在国君面前，温和恭顺，局促不安，庄重严肃又诚惶诚恐。所有这些，为人们深入研究孔子，提供了具体的资料。

【原文】

10.6 君子不以绀緅饰①，红紫不以为亵服②。当暑，袗絺绤③，必表而出之④。缁衣⑤羔裘⑥，素衣麑⑦裘，黄衣狐裘。亵裘长，短右袂⑧。必有寝衣⑨，长一身有半。狐貉之厚以居⑩。去丧无所不佩。非帷裳⑪，必杀之⑫。羔裘玄冠⑬不以吊⑭。吉月⑮，必朝服而朝。

【注释】

①不以绀（gàn）緅（zōu）饰：绀，深青透红，斋戒时服装的颜色。緅，黑中透红，丧服的颜色。这里是说，不以深青透红或黑中透红的颜色布给平常穿的衣服镶上边做饰物。②红紫不以为亵服：亵服，平时在家里

穿的衣服。古人认为，红紫不是正色，近于女子服装的颜色，便服不宜用红紫色。③袗（zhěn）絺（chī）绤（xì）：袗，单衣。絺，细葛布。绤，粗葛布。这里是说，穿粗的或细的葛布单衣。④必表而出之：把麻布单衣穿在外面，里面还要衬有内衣。⑤缁衣：黑色的衣服。⑥羔裘：羔皮衣。古代的羔裘都是黑羊皮，毛皮向外。⑦麑（ní）：小鹿，白色。⑧短右袂（mèi）：袂，袖子。右袖短一点，是为了便于做事。⑨寝衣：睡衣。⑩狐貉之厚以居：狐貉之厚，厚毛的狐貉皮。居，坐。⑪帷裳：上朝和祭祀时穿的礼服，用整幅布制作，不加以裁剪。折叠缝上。⑫必杀（shài）之：一定要裁去多余的布。杀，裁。⑬羔裘玄冠：羔羊皮袍和黑色礼帽。⑭不以吊：不用于丧事。⑮吉月：每月初一。

【译文】

君子不用深青透红或黑中透红的布镶边，不用红色或紫色的布做平常在家穿的衣服。夏天穿粗的或细的葛布单衣，但一定要套在内衣外面。黑色的羔羊皮袍，配黑色的罩衣。白色的鹿皮袍，配白色的罩衣。黄色的狐皮袍，配黄色的罩衣。平常在家穿的皮袍做得长一些，右边的袖子短一些。睡觉一定要有睡衣，要有一身半长。用狐貉的厚毛皮做坐垫。丧服期满，脱下丧服后，便佩戴上各种各样的装饰品。如果不是礼服，一定要加以剪裁。不穿着黑色的羔羊皮袍和戴着黑色的帽子去吊丧。每月初一，一定要穿着礼服去参加朝会。

【评析】

人靠衣装，佛靠金装。本章记载孔子穿衣的规矩：色彩、内外搭配，常服、礼服分明，季节、实用适宜，总之既要美观得体，更要符合于礼。

【原文】

10.7 齐①，必有明衣②，布。齐必变食③，居必迁坐④。

【注释】

①齐：通"斋"。②明衣：斋前沐浴穿的浴衣。③变食：改变平常的饮食。指不饮酒，不吃葱、蒜等有刺激味道的东西。④居必迁坐：指

从内室迁到外室居住，不和妻妾同房。

【译文】

斋戒沐浴的时候，一定要有浴衣，用布做的。斋戒的时候，一定要改变平常的饮食，居住也一定要改换卧室。

【评析】

祭神如神在。

【原文】

10.8 食不厌精，脍①不厌细。食饐②而餲③，鱼馁④而肉败⑤，不食；色恶，不食；臭恶，不食；失饪⑥，不食；不时⑦，不食；割不正⑧，不食；不得其酱，不食。肉虽多，不使胜食气⑨。唯酒无量，不及乱⑩。沽酒市脯⑪，不食。不撤姜食，不多食。

【注释】

①脍（kuài）：切细的鱼、肉。②饐（yì）：陈旧。食物放置时间长了。③餲（ài）：变味了。④馁（něi）：鱼腐烂，这里指鱼不新鲜。⑤败：肉腐烂，这里指肉不新鲜。⑥饪：烹调制作饭菜。⑦不时：不应时，不当季。⑧割不正：肉切得不方正。⑨气（xì）：同"饩"，即粮食。⑩不及乱：乱，指酒醉。不到酒醉时。⑪脯（fǔ）：熟肉干。

【译文】

粮食不嫌舂得精，鱼和肉不嫌切得细。粮食陈旧和变味了，鱼和肉腐烂了，都不吃；食物的颜色变了，不吃；气味变了，不吃；烹调不当，不吃；不当令的东西，不吃；肉切得不方正，不吃；佐料放得不适当，不吃。席上的肉虽多，但吃的量不超过米面的量。只有酒没有限制，但不喝醉。从市上买来的肉干和酒，不吃。每餐皆有姜，但也不多吃。

【评析】

饮食有节，八不食三不多，本章堪称孔子的长寿之道。

【原文】

10.9 祭于公，不宿肉①。祭肉②不出三日。出三日，不食之矣。

【注释】

①不宿肉：不使肉过夜。古代大夫参加国君祭祀以后，可以得到国君赐的祭肉。但祭祀活动一般要持续两三天，所以这些肉就已经不新鲜，不能再过夜了。超过三天，就不能再过夜了。②祭肉：这是祭祀用的肉。

【译文】

孔子参加国君祭祀典礼时分到的肉，不能留到第二天。祭祀用过的肉不超过三天。超过三天，就不吃了。

【原文】

10.10 食不语，寝不言。

【译文】

吃饭的时候不交谈，睡觉的时候也不说话。

【原文】

10.11 虽疏食菜羹①，瓜祭②，必齐③如也。

【注释】

①菜羹：用菜做成的汤。②瓜祭：古人在吃饭前，把席上各种食品分出少许，放在食具之间祭祖。③齐：通"斋"。

【译文】

即使是粗米饭蔬菜汤，吃饭前也要把它们取出一些来祭祖，而且表情要像斋戒时那样严肃恭敬。

【评析】

以上六章里，记述了孔子的衣着和饮食习惯。孔子对"礼"的遵循，不仅表现在与国君和大夫们见面时的言谈举止和仪式，而且表现在衣着方面。他对祭祀时、服丧时和平时所穿的衣服都有不同的要求，如单衣、罩衣、麻衣、皮袍、睡衣、浴衣、礼服、便服等，都有不同的规定。在吃的方面，"食不厌精，脍不厌细"，而且对于食物，也十分讲究，对一些食物坚决不吃。

【原文】

10.12 席①不正，不坐。

【注释】

①席：古代没有椅子和桌子，都坐在铺于地面的席子上。

【译文】

席子放得不端正，不坐。

【原文】

10.13 乡人饮酒①，杖者②出，斯出矣。

【注释】

①乡人饮酒：指当时的乡饮酒礼。②杖者：拿拐杖的人，指老年人。

【译文】

行乡饮酒的礼仪结束后，（孔子）一定要等老年人先出去，然后自己才出去。

【原文】

10.14 乡人傩①，朝服而立于阼阶②。

【注释】

①傩（nuó）：古代迎神驱鬼的宗教仪式。②阼（zuò）阶：阼，东面的台阶。主人立在大堂东面的台阶，在这里欢迎客人。

【译文】

乡里人举行迎神驱鬼的宗教仪式时，孔子总是穿着朝服站在东边的台阶上。

【原文】

10.15 问①人于他邦,再拜而送之②。

【注释】

①问:问候。古代人在问候时往往要致送礼物。②再拜而送之:在送别客人时,两次拜别。

【译文】

(孔子)托人向在其他诸侯国的朋友问候送礼,便向受托者拜两次送行。

【原文】

10.16 康子馈药,拜而受之,曰:"丘未达,不敢尝。"

【译文】

季康子给孔子赠送名贵药材,孔子拜谢之后接受了,说:"病情不严重,轻易不敢尝用。"

【评析】

珍视馈赠,轻易不用。此章委实费解,至今未有定论。本人新解基于以下几点:一是未闻孔子有何重病,康子亦非医生,送药不合情理;二是孔子本人亦非专业医生,旧言药性不熟实属不当,再者大领导所赠,如此言语亦是大不敬;三是此药为名贵药材,类似"十全大补药",孔子珍视,因而小惠不舍轻易服食,如此似更合情理。

【原文】

10.17 厩焚,子退朝,曰:"伤人乎?"不问马。

【译文】

马棚失火烧掉了。孔子退朝回来,说:"伤人了吗?"不问马的情况怎么样。

【评析】

孔子家里的马棚失火被烧掉了。当他听到这个消息后,首先问人有没有受伤。有人说,儒家学说是"人学",这一条可以做佐证材料。他只问人,不问马,表明他重人不重财,十分关心下面的人。要知道当时的马是何等珍贵之物,恐怕马的价值要比普通百姓更大。事实上,这是中国自古以来人道主义思想的发端。

【原文】

10.18 君赐食,必正席先尝之。君赐腥①,必熟而荐②之。君赐生,必畜之。侍食于君,君祭,先饭。

【注释】

①腥:牛肉。②荐:供奉。

【译文】

国君赐给熟食,孔子一定摆正座席先尝一尝。国君赐给生肉,一定煮熟了,先给祖宗上供。国君赐给活物,一定要饲养起来。同国君一道吃饭,在国君举行饭前祭礼的时候,一定要先尝一尝。

【评析】

古时候君主吃饭前,要有人先尝一尝,君主才吃。孔子对国君十分尊重。他在与国君吃饭时,都主动尝一下,表明他对礼的遵从。

【原文】

10.19 疾,君视之,东首①,加朝服,拖绅②。

【注释】

①东首:头朝东。②绅:束在腰间的大带子。

【译文】

孔子病了,国君来探视,他便头朝东躺着,身上盖上朝服,拖着大带子。

【评析】

孔子患了病,躺在床上,国君来探视他,他无法起身穿朝服,这似乎对国君不尊重,有违于礼,于是他就把朝服盖在身上。这反映出孔子

即使在病榻上，也不会失礼于国君。

【原文】

10.20 君命召，不俟驾行矣。

【译文】

国君召见（孔子），他不等车马备好就先步行走去了。

【评析】

忠君敬事。

【原文】

10.21 入太庙，每事问①。

【注释】

①此章重出。

【译文】

译文参见《八佾》篇3.15章。

【原文】

10.22 朋友①死，无所归，曰："于我殡②。"

【注释】

①朋友：指与孔子志同道合的人。②殡：停放灵柩和埋葬都可以叫殡，这里是泛指丧葬事务。

【译文】

朋友死了，没有亲属负责敛埋，孔子说："丧事由我来办吧。"

【评析】

仗义疏财。

【原文】

10.23 朋友之馈，虽车马，非祭肉，不拜。

【译文】

朋友馈赠物品,即使是车马,不是祭肉,(孔子在接受时)也是不拜的。

【评析】

朋友有通财之义,常以物为轻重,而孔子是重礼不重物。孔子把祭肉看得比车马还重要,这是为什么呢?因为祭肉关系到"孝"的问题。用肉祭祀祖先之后,这块肉就不仅仅是一块可以食用的东西了,而是对祖先尽孝的一个载体。既为朋友,敬其祖先同于己亲,非车马可比。由此可见主人交友之诚。义所当殡而殡,不以凶为嫌,义所不当拜而不拜,不以财为重。

【原文】

10.24 寝不尸,居不客。

【译文】

(孔子)睡觉不像死尸一样挺着,平日家居也不像做客或接待客人时那样庄重严肃。

【评析】

以上十三章中,记载了孔子居家待人(住)的规矩或者习惯。他时时处处以正人君子的标准要求自己,使自己的言行尽量符合礼的规定。他认为,"礼"是至高无上的,是神圣不可侵犯的,那么,一投足、一举手都必须依照礼的原则。这是孔子个人修养的具体反映,也是他向学生们传授知识和仁德时所身体力行的。

【原文】

10.25 见齐衰①者,虽狎②,必变。见冕者与瞽者③,虽亵④,必以貌。凶服⑤者式⑥之。式负版者⑦。有盛馔⑧,必变色而作⑨。迅雷、风烈必变。

【注释】

①齐衰:指丧服。②狎(xiá):亲近的意思。③瞽者:盲人,指乐

师。④亵（xiè）：常见、熟悉。⑤凶服：丧服。⑥式：同轼，古代车辆前部的横木。这里做动词用。遇见地位高的人或其他人时，驭手身子向前微俯，伏在横木上，以示尊敬或者同情。这在当时是一种礼节。⑦负版者：背负国家图籍的人。当时无纸，用木版来书写，故称"版"。⑧馔（zhuàn）：饮食。盛馔，盛大的宴席。⑨作：站起来。

【译文】

（孔子）看见穿丧服的人，即使是关系很亲密的，也一定要把态度变得严肃起来。看见当官的和盲人，即使是常在一起的，也一定有礼貌。在乘车时遇见穿丧服的人，便俯伏在车前横木上（以示同情）。遇见背负国家图籍的人，也这样做（以示敬意）。（作客时）如果有丰盛的筵席，就神色一变，并站起来致谢。遇见迅雷大风，一定改变神色（以示对上天的敬畏）。

【评析】

仁者不忧，君子无畏，然而孔子见"齐衰者""盛馔""迅雷风烈"也改变神色，并非胆小，实乃敬天爱人、天生仁慈的表现。

【原文】

10.26 升车，必正立，执绥①。车中不内顾②，不疾言③，不亲指④。

【注释】

①绥：上车时扶手用的索带。②内顾：回头看。③疾言：大声说话。④不亲指：不用自己的手指点。

【译文】

上车时，一定先直立站好，然后拉着扶手带上车。在车上，不回头，不高声说话，不用手指指点点。

【评析】

孔子的乘车举止合乎礼法要求，表现得有修养又很自然。正立执绥，就是说上车前端正仪容，不东倒西歪，"执绥"而正身。其中的三个"不"，都是乘车应注意的礼节，以防止自己的仪容失礼或干扰驭者驾车。

【原文】

10.27 色斯举矣①，翔而后集②。曰："山梁雌雉③，时哉时哉④！"子路共⑤之，三嗅而作⑥。

【注释】

①色斯举矣：色，脸色。举，鸟飞起来。②翔而后集：飞翔一阵，然后落到树上。鸟群停在树上叫"集"。③山梁雌雉：聚集在山梁上的雌野鸡。④时哉时哉：得其时呀！得其时呀！这是说野鸡时运好，能自由飞翔，自由落下。⑤共：同"拱"。⑥三嗅而作：嗅应为臭（jú）字之误。臭，鸟张开两翅。一本作"戛"字，鸟的长叫声。

【译文】

（孔子和弟子们游学于山间，看见一群野鸡在那儿飞，）孔子神色动了一下，野鸡飞翔了一阵落在树上。孔子说："这些山梁上的雌野鸡，得其时呀！得其时呀！"子路向它们拱拱手，野鸡便叫了几声飞走了。

【评析】

这是《论语》全书中孔子带弟子们游学山水的唯一场景，似乎是在游山观景，其实孔子是有感而发。他感到山谷里的野鸡能够自由飞翔，自由起落，这是"得其时"，而自己却不得其时，东奔西走，却没有获得普遍响应。因此，他看到野鸡时，神色动了一下，随之发出了这样的感叹。"三人行，必有我师。"除了向人学习之外，还可以向自然界生物学习，所谓道法自然。以上这三章，讲的都是孔子如何在"行"中遵从周礼。在许多举动上，他都能按礼行事，对人、事，甚至对动物，都展现出仁者博爱的风范。所以，孔子的学生们在谈起这些时，津津乐道，极其佩服。本章排在《乡党》篇之尾，也是前十篇的一个总结，"时哉时哉"与开篇"学而时习之"遥相呼应。

先进第十一

本篇提要

《先进》篇主题是先进于礼，共计26章，1054字。从学礼有成、礼行中庸、志当达礼三方面做了论述。文中对孔门十哲等众弟子做了点评，展现了孔子"作为重于地位"的可贵思想和言传身教、因材施教的育人良方。

【原文】

11.1 子曰："先进①于礼乐，野人②也；后进③于礼乐，君子④也。如用之，则吾从先进。"

【注释】

①先进：与一般意义的先进不同，指先学习礼乐而后再做官的人。②野人：朴素粗鲁的人或指乡野平民，这里指原来没有爵禄的人。③后进：先做官后学习礼乐的人。④君子：指卿大夫等贵族。

【译文】

孔子说："先学习礼乐而后再做官的人，是平民子弟；先当了官然后再学习礼乐的人，是贵族子弟。如果要选用人才，那我主张选用先学习礼乐的人。"

【评析】

在西周时期，人们因社会地位和居住地的不同，就有了贵族、平民和乡野之人的区分。孔子认为，那些先当官，即原来就有爵禄的人，在为官以前，没有接受礼乐知识的系统教育，还不知道怎样为官，便当上了官，这样的人是不可选用的。而那些本来没有爵禄的平民，他们在当官以前已经全面系统地学习了礼乐知识，知道怎样为官，怎样当一个好官。孔子在这里谈的主要是自己的用人标准，即任人唯贤，展现了作为重于地位的可贵思想。择人任职之时，如果有"后进"和"先进"两种人可供选择时，孔子主张选择后者。他认为，先学习礼乐再做官的平民有诸多优势。首先，这些出身于下层的人，虽然面临着困难的生活和艰苦的条件，却能坚持修身养性、学习礼仪，足见其志向远大、情操高洁，有着救世济民的情怀。这样的人，对礼乐精神和仁爱之道的坚守，显然出自淳朴的热爱和真诚的服膺，如果有机会当政，他们必然能够用心实践礼乐、教化民众，维护社会秩序与稳定，进而推动社会的发展。其次，由于出身于社会下层，这些人比较了解广大普通民众的情况，入仕后又有机会了解社会上层情况。所以，他们对国家现状有着清醒而全面的认识，这种优势使他们在制定相关政策、确定治理方式时，有着比较周全的考虑，能顾及各方面的利益，不致有大的偏颇和失误。

【原文】

11.2 子曰："从我于陈、蔡①者，皆不及门②也。"

【注释】

①陈、蔡：均为国名。②不及门：门，这里指受教的场所。不及门，是说不在跟前受教。

【译文】

孔子说："曾跟随我在陈国、蔡国之间受难的学生们，现在都不在我身边受教了。"

【评析】

公元前489年，楚昭王想聘孔子委以国政，孔子前往应聘，走到陈、蔡之间（陈、蔡两国都在楚国边上，是经常被楚国欺负的小国），两国大夫商量说："如果孔子到楚国执政，那楚国更强了，不利于我们，不如阻截了他。"于是就发兵围困孔子及其弟子，不让他们通过。师徒绝粮7天，许多学生饿得不能行走。孔子派子贡出使楚国报信，楚昭王派兵迎接，才解了围。当时跟随他的学生有子贡、子路、颜渊等人。公元前484年，孔子回鲁国以后，子路、子贡等先后出仕离开了他，颜渊也死

了。所以，孔子时常想念这群出生入死的弟子们，言语中既有自豪感，也有感慨和落寞。可谓：当年陈蔡共患难，苦尽甘来人却远。掩卷回首来时路，发已稀疏泪涟涟。

相信我们生命中也有这种过命交情的关系，可能是亲人，可能是朋友。因为各种原因不能相见，但一定会常思念，正如苏轼写的"人有悲欢离合，月有阴晴圆缺，此事古难全。但愿人长久，千里共婵娟"。愿我们都能珍惜眼前人，好好爱自己，也好好爱值得爱的人，因为说不定哪天彼此就走散了。

【原文】

11.3 德行①：颜渊、闵子骞、冉伯牛、仲弓；言语②：宰我、子贡；政事③：冉有、季路；文学④：子游、子夏。

【注释】

①德行：指能实行孝悌、忠恕等道德。②言语：指善于辞令，能办理外交。③政事：指能从事政治事务。④文学：指通晓《诗》《书》《礼》《乐》等古代文献。

【译文】

德行好的有：颜渊、闵子骞、冉伯牛、仲弓；善于辞令的有：宰我、子贡；擅长政事的有：冉有、季路；通晓文献知识的有：子游、子夏。

【评析】

四科十哲是弟子们在编辑《论语》时把长期追随孔子的大弟子们按成就排列而成。十人中除颜渊之外九人都有从政经历，四大科目的分类系指特长而言，实则众优秀弟子皆四门兼修有成之代表。

《论语》中记载颜渊德行的地方很多，说他能"三月不违仁""不迁怒，不贰过""一箪食，一瓢饮，在陋巷，人不堪其忧，回也不改其乐"，这些都是常人不可企及的圣人德行。颜渊是在孔庙配享的四位圣贤之一，与曾参、子思、孟子并列，称为"四配"。

闵子骞的德行，一是他的孝敬，二是他很有管理才干，季桓子请他做费邑宰，他治理费邑很有成绩，但他看不惯季桓子的作为，毅然辞职，这也是他刚正不阿的品德。

冉伯牛去世很早，他的事迹不多，但孔子选他做中都宰的接班人，可见其在弟子中德才出众。

仲弓，就是冉雍。孔子说："雍也可使南面。"说他的德行之纯，可以南面为王！这是孔子从来没有给过任何弟子的最高评价。

言语科非谓只是善于言辞外交，有"九能"之说：建邦能命龟，田能施命，作器能铭，使能造命，升高能赋，师旅能誓，山川能说，丧纪能诔，祭祀能语。由此观之，言语科实为四科中最为综合、要求最高之学科。宰我、子贡是言语科，善于言辞外交，经常为孔子出使各方。不过宰我口舌太利，有时言行不一，所以孔子也说过自己"以言取人，失之宰予"，又说："始吾于人也，听其言而信其行；今吾于人也，听其言而观其行。于予与改是。"

子贡是孔门最能干的弟子，甚至可以说他是孔子学堂的"总经理"。子贡的德行、学业、政绩都是顶尖，更有突出的外交成就，他的外交可抵百万雄兵，后世苏秦张仪也不过如此。子贡还是儒商始祖，累积了巨大的财富。因此有人说，颜回+苏秦张仪+陶朱公=子贡。

冉有、季路，列政事科。冉有，政治军事都厉害，有战功，尤其善于理财，担任季氏家宰，搞田赋改革，为季氏聚敛财富，尽管遭到过孔子严厉批评，但却是让孔子以国老的身份荣归鲁国的首功之人。

季路，就是子路，跟随孔子时间最长的，有武功，实际也担任孔子侍卫。后来在卫国做官，可惜遭遇卫乱，为救其主孔悝，被叛臣杀死，砍成肉泥。

子游、子夏，列文学科，通晓文献知识。子游以熟悉礼仪著称，当时公、卿、大夫、士人、庶人，只要在礼仪上搞不清楚的，都去问子游，以他的意见为准。

子夏苦学入仕，做过鲁国太宰，后来移居魏国西河讲学设教，开魏国风气之先，有巨大的教学成就。魏文侯尊他为师，授徒三百，学生中群星灿烂，李克、吴起、李悝、段干木、公羊高等都是他的学生。

刘宗周曰:"唐虞之际,五臣佐命;文武之兴,十乱同心;尼山倡道,十哲济美。达而在上,其道行;穷而在下,其道明。自陈蔡至终篇,皆记及门之彦,其学术经济之蕴有如此者,中间瑕瑜并存,优劣互见,皆得与闻斯道,圣人陶铸之功于是乎大哉!"

【原文】

11.4 子曰:"回也非助我者也。于吾言无所不说。"

【译文】

孔子说:"颜回不是对我有帮助的人,他对我说的话没有不心悦诚服的。"

【评析】

颜回是孔子得意门生之一,在孔子面前始终是服服帖帖、毕恭毕敬的,对于孔子的学说深信不疑、全面接受。所以,孔子多次赞扬颜回。这里,孔子说颜回"非助我者",并不是责备颜回,是客观评价。

【原文】

11.5 子曰:"孝哉闵子骞!人不间①于其父母昆②弟之言。"

【注释】

①间:非难、批评、挑剔。②昆:哥哥,兄长。

【译文】

孔子说:"闵子骞真是孝顺呀!人们对于他的父母兄弟称赞他的话,没有什么异议。"

【评析】

闵子骞的孝道,不仅得到了家人的认可,他人听说了父母兄弟的赞美之言,也都深信不疑。别人说好才是真的好,可见闵子骞的孝行积于内著于外,所以孔子才会这样赞叹他。

【原文】

11.6 南容三复白圭①,孔子以其兄之子妻之。

【注释】

①白圭：指《诗经·大雅·抑之》的诗句："白圭之玷，尚可磨也；斯言之玷，不可为也。"意思是白玉上的污点还可以磨掉，我们言论中有毛病，就无法挽回了。这是告诫人们要谨慎自己的言语。

【译文】

南容反复诵读"白圭之玷，尚可磨也；斯言之玷，不可为也"的诗句，孔子把侄女嫁给了他。

【评析】

儒家从孔子开始，极力提倡"慎言"，不该说的话绝对不说。因为白玉被玷污了，还可以把它磨去，而说错了的话，则无法挽回，希望人们言语要谨慎。这里，孔子把自己的侄女嫁给了南容，表明他很欣赏南容的慎言。

【原文】

11.7 季康子问："弟子孰为好学？"孔子对曰："有颜回者好学，不幸短命死矣！今也则亡。"

【译文】

季康子问孔子："你的学生中谁是好学的？"孔子回答说："有一个叫颜回的学生很好学，不幸短命死了！现在再也没有像他那样好学的了。"

【评析】

孔子认为颜回品学兼优，可惜过早去世，深深痛惜。另外孔子与季康子政见不同，此处似有意回绝季康子的招募之问。

【原文】

11.8 颜渊死，颜路①请子之车以为之椁②。子曰："才不才，亦各言其子也。鲤③也死，有棺而无椁。吾不徒行以为之椁。以吾从大夫之后④，不可徒行也。"

【注释】

①颜路：即颜无繇（yóu），字路，颜渊的父亲，也是孔子的学生，生于公元前545年。②椁（guǒ）：古人所用棺材，内为棺，外为椁。③鲤：孔子的儿子，字伯鱼，死时50岁，孔子70岁。④从大夫之后：意即当过大夫。孔子在鲁国曾任司寇，是大夫一级的官员。

【译文】

颜渊死了，颜路请求孔子卖掉车子，给颜渊买个外椁。孔子说："（虽然颜渊和鲤）一个有才一个无才，但各自都是自己的儿子。孔鲤死的时候，也是有棺无椁。我没有卖掉自己的车子步行而给他买椁。因为我曾担任过大夫，是不可以步行的。"

【评析】

颜渊是孔子的得意门生。孔子多次高度称赞颜渊，认为他有很好的品德，又好学上进。颜渊死了，他的父亲颜路请孔子卖掉自己的车子，给颜渊买椁。尽管孔子十分悲痛，但他却不愿意卖掉车子。因为他曾经担任过大夫一级的官员，而大夫必须有自己的车子，不能步行，否则就违背了礼的规定。这一章反映了孔子对礼的严谨态度。

【原文】

11.9 颜渊死，子曰："噫！天丧予！天丧予！"

【译文】

颜渊死了，孔子说："唉！是老天爷真要我的命呀！是老天爷真要我的命呀！"

【评析】

重言发叹，极度惋惜。

【原文】

11.10 颜渊死，子哭之恸①。从者曰："子恸矣。"曰："有恸乎？非夫②人之为恸而谁为？"

【注释】

①恸：哀伤过度，过于悲痛。②夫（fú）：指示代词，此处指颜渊。

【译文】

颜渊死了，孔子哭得极其悲伤。跟随孔子的人说："您悲伤过度了。"孔子说："是悲伤过度了吗？我不为这个人悲伤过度，又为谁呢？"

【评析】

被孔子视作接班人的颜回早逝，令年过七旬的孔子措手不及，十分悲痛。

【原文】

11.11 颜渊死，门人欲厚葬①之，子曰："不可。"门人厚葬之。子曰："回也，视予犹父也，予不得视犹子也②。非我也，夫③二三子也。"

【注释】

①厚葬：隆重地安葬。②予不得视犹子也：我不能把他当亲生儿子一样看待。③夫：语助词。

【译文】

颜渊死了，孔子的学生们想要隆重地安葬他。孔子说："不能这样做。"学生们仍然隆重地安葬了他。孔子说："颜回把我当父亲一样看待，我却不能把他当亲生儿子一样看待。这不是我的过错，是那些学生们干的呀。"

【评析】

孔子说"予不得视犹子也"，这句话的意思是，不能像对待自己亲生的儿子那样，按照礼的规定，对他予以安葬。他的学生仍隆重地埋葬了颜渊，孔子说，这不是自己的过错，而是学生们做的。这仍是表明孔子遵从礼的原则，即使是在厚葬颜渊的问题上也是如此。另外，孔子可能考虑到厚葬也不符合颜回自己的心意，颜回箪食瓢饮，穷居陋巷，不改其乐，是安贫乐道的代表人物，厚葬违反了他的品性。同学们的深情厚谊，再加上颜路的强烈心愿，孔子不好再阻拦，但他知道这是不应该的。所谓：家薄不宜厚葬，生死两方相安。

【原文】

11.12 季路问事鬼神。子曰："未能事人，焉能事鬼？""敢问死。"曰："未知生，焉知死？"

【译文】

季路问怎样去事奉鬼神。孔子说："没能侍奉好人，怎么能侍奉鬼呢？"季路说："请问死是怎么回事？"（孔子回答）说："还不知道活着的道理，怎么能知道死呢？"

【评析】

孔子这里讲的"事人"，指事奉君父。在君父活着的时候，如果不能尽忠尽孝，君父死后也就谈不上孝敬鬼神，他希望人们能够忠君孝父。本章表明了孔子在鬼神、生死问题上的基本态度，他不信鬼神，也不把注意力放在来世或死后的情形上，在君父生前要尽忠尽孝，至于对待鬼神就不必多提了。这一章为他所说的"敬鬼神而远之"做了注脚。

【原文】

11.13 闵子侍侧，訚訚①如也；子路，行行②如也；冉有、子贡，侃侃③如也。子乐。"若由也，不得其死然。"

【注释】

①訚訚（yín）：和颜悦色的样子。②行行（hàng）：刚强的样子。③侃侃：这里指温和快乐的样子。

【译文】

闵子骞侍立在孔子身旁，一派和悦而温顺的样子；子路是一副刚强的样子；冉有、子贡是温和快乐的样子。孔子高兴了。但孔子又说："像仲由这样，不知道会怎么死。"

【评析】

四大弟子气象各异，但都是可造之才。张居正认为："四子皆禀刚明正直之资，而绝无阴邪柔暗之病。这等的人，熏陶造就，将来皆可以副传道之寄，而入于圣贤之域者。"孟子说："君子有三乐，而王天下不与存焉。父母俱存，兄弟无故，一乐也；仰不愧于天，俯不怍于人，二乐也；得天下英才而教育之，三乐也。"君子有三种快乐，称王于天下都不算。一是父母健在，兄弟齐全，家庭平安；二是上不愧对于天，下不愧对于人，心地坦然；三是得到天下的英才来教育他，教书育人。孔子此时之乐，就是孟子所言君子三乐之三，得天下英才而教育之。

孔子一方面为他的这些学生各有特长而高兴，同时又担心个性刚强的子路有勇无谋，唯恐他不会有好的结果。后来子路死于孔悝之难，果如孔子之言，可见圣人知人之哲。

【原文】

11.14 鲁人①为长府②。闵子骞曰："仍旧贯③，如之何？何必改作？"子曰："夫人④不言，言必有中。"

【注释】

①鲁人：这里指鲁国的当权者。人，一般指上位者，民才表示百姓。②为长府：为，兴造。藏财货、兵器等的仓库叫"府"，长府是鲁国的国库名。③仍旧贯：贯，事、例。仍旧贯，沿袭老样子。④夫（fú）人：这个人。

【译文】

鲁国翻修长府的国库。闵子骞道："照老样子稍加修整，是不是也可以？何必新建呢？"孔子道："这个人平日不大开口，一开口就能说到要害上。"

【评析】

张居正评曰："治国以节用爱人为要，而土木之工，乃劳民伤财之大者，苟非甚不得已，不可兴也。长府之作，本事之可已者，使鲁之君臣因其言而止之，一可以省费，二可以恤民，三可以昭恭俭之德，其为

益也不亦大乎？所以说，夫人不言，言必有中。夫子之称闵子者，所以警鲁人也。夫府库，乃国家规制之当备者，在圣贤犹以为可省，况为寝宫、瑶台、芳林、别苑而纵游侠之欲者乎？"

【原文】

11.15 子曰："由之瑟①，奚为于丘之门②？"门人不敬子路。子曰："由也升堂矣，未入于室③也。"

【注释】

①瑟：一种古乐器，与古琴相似。②奚为于丘之门：奚，为什么。为，弹。奚为于丘之门，为什么在我这里弹呢？③升堂入室：堂是正厅，室是内室，升堂入室用以形容学习程度的深浅。

【译文】

孔子说："仲由弹瑟，为什么在我这里弹呢？"孔子的学生们因此都不尊敬子路。孔子便说："仲由的水平已经不错了，只是还不够精深。"

【评析】

这一段文字记载了孔子对子路弹瑟的评价，成语"登堂入室"即出自此处。孔子先是用责备的口气批评子路"班门弄斧"，当其他门人都不尊敬子路时，孔子补充说子路已经登堂尚未入室。这是就演奏乐器而言的。孔子对学生的态度应该讲是比较客观的，有成绩就表扬，有不足就指出，让学生认识到自己的差距，同时又树立起信心，争取更大的成绩。这段"丘门鼓瑟"的故事，表明了孔子对自己和对学生都是精益求精、严格要求。

【原文】

11.16 子贡问："师与商①也孰贤？"子曰："师也过，商也不及。"曰："然则师愈②与？"子曰："过犹不及。"

【注释】

①师与商：师，颛孙师，即子张。商，卜商，即子夏。②愈：胜

过，强些。

【译文】

子贡问孔子："子张和子夏二人谁更好一些呢？"孔子回答说："子张过头，子夏不足。"子贡说："那么是子张好一些吗？"孔子说："过头和不足是一样的。"

【评析】

"过犹不及"即中庸思想的具体说明。《中庸》说，过犹不及为中。"道之不行也，我知之矣。知者过之，愚者不及也。道之不明也，我知之矣。贤者过之，不肖者不及也。""执其两端，用其中于民，其斯以为舜乎？"这是说，舜于两端取其中，既非过，也非不及，以中道教化百姓，所以为大圣。这就是对本章孔子"过犹不及"的具体解释。既然子张做得过头、子夏做得不足，那么两人都不够好，所以孔子对此二人的评价就是"过犹不及"。

【原文】

11.17 季氏富于周公①，而求也为之聚敛②而附益③之。子曰："非吾徒也，小子鸣鼓而攻之可也！"

【注释】

①季氏富于周公：季氏比周朝的公侯还要富有。②聚敛：积聚和收集钱财，即搜刮。③益：增加。

【译文】

季氏比周朝的公侯还要富有，而冉求还帮他搜刮来增加他的钱财。孔子说："他不是我的学生了，你们可以大张旗鼓地去声讨他！"

【评析】

鲁国的三家曾于公元前562年将公室（即鲁国国君直辖的土地和附属于土地上的奴隶）瓜分，季氏分得三分之一，并用封建的剥削方式取代了奴隶制的剥削方式。公元前537年，三家第二次瓜分公室，季氏分得四分之二。由于季氏推行了新的政治和经济措施，所以很快富了起来。

孔子主张"施取其厚，事举其中，敛从其薄"，即给百姓的好处要多一些，让百姓做的事要量力而行，向百姓索取的东西相对要少一些。孔子的学生冉求帮助季氏积敛钱财，搜刮人民，所以孔子很生气，表示不承认冉求是自己的学生，而且让其他学生打着鼓去声讨冉求。当然这只是一句气话，日后冉求贡献巨大，终位列孔门十哲。

【原文】

11.18 柴①也愚②，参也鲁③，师也辟④，由也喭⑤。

【注释】

①柴：高柴，字子羔，孔子学生，比孔子小30岁，公元前521年出生。②愚：旧注云"愚直之愚"，指愚而耿直，不是傻的意思。③鲁：迟钝。④辟（pì）：偏，偏激，邪。⑤喭（yàn）：鲁莽，粗鲁，刚猛。

【译文】

高柴愚直，曾参迟钝，颛孙师偏激，仲由鲁莽。

【评析】

孔子认为，他的这些学生各有所偏，不合中行，对他们的品质和德行必须加以修正。这一段同样表达了孔子的中庸思想。中庸是一种折中调和思想，折中与调和是事物发展过程中的一种状态，这种状态是相对的、暂时的。孔子揭示了事物发展过程的这一状态，并概括为"中庸"，这在中国文化史上是有重要贡献的。

【原文】

11.19 子曰："回也其庶①乎，屡空②。赐不受命，而货殖③焉，亿④则屡中。"

【注释】

①庶：庶几，相近。这里指颜渊的学问道德接近于完善。②空：贫困、匮乏。③货殖：做买卖。④亿：通"臆"，猜测，估计。

【译文】

孔子说："颜回的学问道德接近于完善了吧，可是他常常贫困。端木赐不听命运的安排,去做买卖,判断行情屡屡成功。"

【评析】

这一章,孔子对颜回学问道德接近于完善却在生活上常常贫困不无遗憾。同时,他对子贡不听命运的安排去经商致富感到惊奇。德才兼备、知行合一是孔子对弟子的期望,子贡、颜回堪称弟子中的状元、榜眼,两位高徒的对比,充分说明人各有所长,不可工厂化、标准化培养。

【原文】

11.20 子张问善人①之道。子曰:"不践迹②,亦不入于室③。"

【注释】

①善人:指本质善良,正在学习过程中的人。②践迹:迹,脚印。践迹,踩着前人的脚印走。③入于室:比喻学问和修养达到了精深地步。

【译文】

子张问做善人的方法。孔子说:"如果不沿着前人的脚印走,其学问和修养就不到家。"

【评析】

看过一段论述很到位,"践迹"就是踩着老师的脚印,一点不偏离地跟着走。任何学问都一样,经常有人自以为有什么新的理论发现。其实,他所研究的地方,前人早已经耕耘过无数遍,他自己读书少罢了。在一些涉及个人技艺、手艺的地方,更是这样,要盖房子,唱京戏,跑一百米,你必须跟着师父说的一招一式照着做,如果差一点,那肯定是你错!人性的弱点,一是追新逐异,二是在意自己表现,不愿意照着老路走,不愿意跟着别人学。这就和画画的道理一样,画鬼很容易,而画狗很难。因为鬼什么样子,你随便画,没有模特。要把一只狗画得像,就千难万难。所以都愿意画鬼,说那是艺术,说那是创新。

为什么一定要"践迹",要照着做?因为行动带来认识!所谓知行合一,当你还不知,你就照着师父说的,一点不打折地去行,在行的过程中体会，慢慢才能知，这在日本传承下来的儒家文化里，是剑道的"守、破、离"。守，是一招一式严格照师父教的来，一点也不要偏离。完全掌握熟练之后，才可以有自己的创造和突破。就是说你要先践迹，才能入室，入室之后，再考虑突破，最后可以离，离开师父，从心所欲不逾矩，并能开创自己的风格。

这一章，孔子进一步强调学的重要性，要找好学的对象，在前面的基础上精进。同时还要注意，孔子不是一味循规蹈矩，而是富于革新，正所谓"圣者无常师"。

【原文】

11.21 子曰："论笃是与①，君子者乎？色庄者乎？"

【注释】

①论笃是与：论，言论。笃，诚恳。与，赞许。论笃是与，意思是对说话笃实诚恳的人表示赞许。

【译文】

孔子说："听到人议论笃实诚恳就表示赞许，但说话的人是真君子呢，还是伪装庄重的人呢？"

【评析】

孔子希望他的学生们不但要说话笃实诚恳，而且要言行一致。在《公冶长》篇5.10章中曾有"听其言而观其行"的说法，表明孔子在观察别人的时候，不仅要看他说话时诚恳的态度，而且要看他的行动。言行一致才是真君子。

【原文】

11.22 子路问："闻斯行诸①？"子曰："有父兄在，如之何其闻斯行之？"冉有问："闻斯行诸？"子曰："闻斯行之。"公西华曰："由也问'闻斯行诸'，子曰'有父兄在'；求也问'闻斯行诸'，子曰'闻斯行之'。赤也惑，敢问。"子曰："求也退，故进之；由也兼人②，故退之。"

【注释】

①诸:"之乎"二字的合音。②兼人:好勇过人。

【译文】

子路问:"听到了就行动起来吗?"孔子说:"有父兄在,怎么能听到就行动起来呢?"冉有问:"听到了就行动起来吗?"孔子说:"听到了就行动起来。"公西华说:"仲由问'听到了就行动起来吗',您回答说'有父兄健在';冉求问'听到了就行动起来吗',您回答'听到了就行动起来'。我被弄糊涂了,敢再问个明白。"孔子说:"冉求总是退缩,所以我鼓励他;仲由好勇过人,所以我约束他。"

【评析】

这是孔子把中庸思想贯穿于教育实践中的一个具体事例。在这里,他要自己的学生不要退缩,也不要过头冒进,要进退适中。所以,对于同一个问题,孔子针对子路与冉求的不同情况做了不同回答。同时也生动地反映了孔子教育方法的一个特点,即因材施教。

【原文】

11.23 子畏于匡,颜渊后。子曰:"吾以女为死矣!"曰:"子在,回何敢死!"

【译文】

孔子在匡地受到当地人围困,颜渊最后才逃出来。孔子说:"我以为你已经死了呢。"颜渊说:"夫子还活着,我怎么敢死呢?"

【评析】

本章是师生在患难中会面的感人情景的真实记录。由卫去陈的途中,孔子师徒被匡人围困起来。后经孔子解释,使匡人知道他不是残害他们的阳货,才得以脱险。孔子与颜回的师生之情非同一般。如果孔子死难,颜回必然不会偷生。既然孔子还健在,那么颜回就不敢轻易去死。仁者并非无勇,问题在于有没有必要。这是一曲生死与共的赞歌。

【原文】

11.24 季子然①问:"仲由、冉求,可谓大臣与?"子曰:"吾以子为异之问,曾②由与求之问。所谓大臣者,以道事君,不可则止。今由与求也,可谓具臣③矣。"曰:"然则从之④者与?"子曰:"弑父与君,亦不从也。"

【注释】

①季子然:鲁国季氏的同族人。②曾:乃。③具臣:普通的臣子。④之:代名词,这里指季氏。当时冉求和子路都是季氏的家臣。

【译文】

季子然问:"仲由和冉求可以算是大臣吗?"孔子说:"我以为你是问别人,原来是问由和求呀。所谓大臣是能够用周公之道的要求来侍奉君主,如果这样不行,他宁肯辞职不干。现在由和求这两个人,只能算是充数的臣子罢了。"季子然说:"那么他们会一切都跟着季氏干吗?"孔子说:"杀父亲、杀君主的事,他们也不会跟着干的。"

【评析】

孔子这里指出"以道事君"的原则,他告诫冉求和子路应当用周公之道去规劝季氏,不要犯上作乱,如果季氏不听,就辞职不干。由此可见,孔子对待君臣关系是以道和礼为准绳的。这里,他既要求臣,也要求君,双方都应遵循道和礼。如果季氏干杀父杀君的事,冉求和子路就要加以反对。人臣有三:大臣、具臣、乱臣,若人君能尊德乐道,则大臣得以尽其忠;能随材器使,则具臣得以勉其职;能防微杜渐,则乱臣无所容其奸。大臣的特点:顶天立地,识大体、顾大局,有独立判断力,可做中流砥柱,不会随波逐流。

【原文】

11.25 子路使子羔为费宰。子曰:"贼①夫人之子②。"子路曰:"有民人焉,有社稷③焉,何必读书,然后为学?"子曰:"是故恶夫佞者。"

【注释】

①贼：害。②夫人之子：指子羔。孔子认为子羔没有经过很好的学习就去从政，这会害了他的。③社稷：社，土地神。稷，谷神。这里"社稷"指祭祀土地神和谷神的地方，即社稷坛。古代国都及各地都设立社稷坛，分别由国君和地方长官主祭，故社稷成为国家政权的象征。

【译文】

子路让子羔去做费地的长官。孔子说："这简直是害人子弟。"子路说："那个地方有老百姓，有社稷，治理百姓和祭祀神灵都是学习，难道一定要读书才算学习吗？"孔子说："所以我讨厌那种花言巧语狡辩的人。"

【评析】

子羔最后还是去做了费宰。子路一路提携他，后来他又跟子路去了卫国。卫国内乱，子羔逃了出来，正遇上子路要赶回去。子羔劝他说回去也没用，别去白白送死。子路说：吃人家的饭，不避人家的难。结果他慷慨赴死。子羔逃回师父处报信，孔子称赞他明大义，善保身。

子羔开始做官早，也成为孔门弟子中做官次数最多、在职时间最长的人，在鲁、卫两国先后四次为官，历任鲁国费宰、郈宰、武城宰和卫国的士师。虽然老师觉得他学问不高，但他憨直忠厚，公正清廉，从不越礼，从不犯错，大难中又能全身而退，成为孔门杰出弟子。

德不配位，则害人害己。子羔没被老师说中，但老师说的道理，一样记在心中。本事不够，戒慎恐惧不犯错来凑。学问不高，公正清廉不越礼来补，这样做下来，比有本事的人还做得好、做得长。

【原文】

11.26 子路、曾皙①、冉有、公西华侍坐。子曰："以吾一日长乎尔，毋吾以也②。居③则曰：'不吾知也！'如或知尔，则何以哉④？"子路率尔⑤而对曰："千乘之国，摄⑥乎大国之间，加之以师旅，因之以饥馑；由也为之，比及⑦三年，可使有勇，且知方⑧也。"夫子哂⑨之。"求，尔何如？"对曰："方六七十⑩，如⑪五六十，求也为之，比及三年，可使足民。如其礼乐，以俟君子。""赤，尔何如？"对曰："非曰能之，愿学焉。宗庙之事⑫，如会同⑬，端章甫⑭，愿为小相⑮焉。""点，尔何如？"鼓瑟希⑯，铿尔，舍瑟而作⑰，对曰："异乎三子者之撰。"子曰："何伤乎？亦各言其志也。"曰："莫⑱春者，春服既成，冠者五六人，童子六七人，浴乎沂⑲，风乎舞雩⑳，咏而归。"夫子喟然叹曰："吾与点也！"三子者出，曾皙后。曾皙曰："夫三子者之言何如？"子曰："亦各言其志也已矣。"曰："夫子何哂由也？"曰："为国以礼，其言不让，是故哂之。""唯求则非邦也与？""安见方六七十如五六十，而非邦也者。""唯赤则非邦也与？""宗庙会同，非诸侯而何？赤也为之小，孰能为之大？"

【注释】

①曾皙：名点，字子皙，曾参的父亲，也是孔子的学生。②以吾一日长乎尔，毋吾以也：虽然我比你们的年龄稍长一些，不要因为我年长而不敢说话。③居：平日。④则何以哉：何以，即何以为用。⑤率尔：轻率、急切。⑥摄：迫于、夹于。⑦比及：等到。⑧方：方向。⑨哂（shěn）：讥讽地微笑。⑩方六七十：纵横各六七十里。⑪如：或者。⑫宗庙之事：指祭祀之事。⑬会同：诸侯会见。⑭端章甫：端，古代礼服的名称。章甫，古代礼帽的名称。⑮相：赞礼人，司仪。⑯希：通"稀"，指弹瑟的速度放慢，节奏逐渐稀疏。⑰作：站起来。⑱莫：通"暮"。⑲浴乎沂：沂，水名，发源于山东南部，流经江苏北部入海。浴乎沂，在沂水边洗头面手足。⑳舞雩（yú）：雩，地名，原是祭天求雨的地方，在今山东曲阜。

【译文】

子路、曾皙、冉有、公西华四个人陪孔子坐着。孔子说："我年龄比你们大一些，不要因为我年长而不敢说。你们平时总说：'没有人了解我呀！'假如有人了解你们，那你们要怎样去做呢？"子路赶忙回答："一个拥有一千辆兵车的国家，夹在大国中间，常常受到别的国家侵犯，加上国内又闹饥荒，让我去治理，只要三年，就可以使人们勇敢善战，而且懂得礼仪。"孔子听了，微微一笑。孔子又问："冉求，你怎么样呢？"冉求答道："国土有六七十里或五六十里见方的国家，让我去治理,三年以后,就可以使百姓饱暖。至于这个国家的礼乐教化,就要等君子来施行了。"孔子又问:"公西赤,你怎么样?"公西赤答道:"我不敢说能做到,而是愿意学习。在宗庙祭祀的活动中,或者在同别国的盟会中,我愿意穿着礼服,戴着礼帽,做一个小小的赞礼人。"孔子又问:"曾点,你怎么样呢?"这时曾点弹瑟的声音逐渐放慢,接着"铿"的一声,离开瑟站起来,回答说:"我想的和他们三位说的不一样。"孔子说:"那有什么关系呢?也就是各人讲自己的志向而已。"曾皙说:"暮春三月春暖花开,穿上了春天的衣服,五六位成年人、六七个少年,去沂河里洗洗澡,在舞雩台上吹吹风,一路唱着歌走回来。"孔子长叹一声说:"我赞成曾皙的想法。"子路、冉有、公西华三个人都出去了,曾皙后走。他问孔子说:"他们三人的话怎么样?"孔子说:"也就是各自谈谈自己的志向罢了。"曾皙说:"夫子为什么要笑仲由呢?"孔子说:"治理国家要讲礼让,可是他说话一点也不谦让,所以我笑他。"曾皙又问:"那么是不是冉求讲的不是治理国家呢?"孔子说:"哪里见得六七十里或五六十里见方的地方就不是国家呢?"曾皙又问:"公西赤讲的不是治理国家吗?"孔子说:"宗庙祭祀和诸侯会盟,这不是诸侯的事又是什么?像赤这样的人如果只能做一个小相,那谁又能做大相呢?"

【评析】

这是全书最长的一章,三百余字,描绘了"春风沂水,四子言志"的美好画面。张居正评述:"盖君子藏器于身,待时而动,穷不失义,达不离道,乃出处之大节也。若负其才能,汲汲然欲以自见于世,则出处之际,必有不能以义命自安,而苟于所就者。子路仕卫辄,冉有从季氏,病皆在此,故夫子独与曾点,以其所见超于三子也。"孔子认为,前三个人的治国方法(子路治军,冉有治政,公西华治礼),都没有谈到根本上。他之所以只赞赏曾点的主张,就是因为曾点用形象的方法描绘了礼乐之治下的和谐社会景象,体现了"仁"和"礼"的治国原则,这就谈到了根本点上。这一章,孔子和他的学生们自述其政治上的抱负,从中可以看出孔子的政治理想。

颜渊第十二

颜渊第十二

本篇提要

《颜渊》篇主题是为仁以礼,共计24章,983字。从礼存仁在、仁归礼复等方面做了论述。儒家提倡"祖述尧舜,宪章文武"之道,就是弘扬爱人之道,崇尚"仁义",重"亲亲尊尊"之恩,行"忠恕""孝悌"之道,政治上主张实行"仁政""德治"。儒家的爱人,就是做人的艺术。我心向仁,"斯仁至矣",对于维护社会的发展与稳定有积极意义,合乎历史发展的合理内核。

【原文】

12.1 颜渊问仁。子曰:"克己复礼为仁。一日克己复礼①,天下归仁②焉。为仁由己,而由人乎哉?"颜渊曰:"请问其目③。"子曰:"非礼勿视,非礼勿听,非礼勿言,非礼勿动。"颜渊曰:"回虽不敏,请事④斯语矣!"

【注释】

①克己复礼:克己,克制自己。复礼,使自己的言行符合于礼的要求。②归仁:归,归顺。仁,即仁道。③目:具体方法。目和纲相对。④事:从事,照着去做。

【译文】

颜渊问怎样做才是仁。孔子说:"克制自己,一切都照着礼的要求去做,这就是仁。一旦这样做了,天下的一切就都归于仁了。实行仁德,完全在于自己,难道还在于别人吗?"颜渊说:"请问实行仁的具体方法。"孔子说:"不合于礼的不要看,不合于礼的不要听,不合于礼的不要说,不合于礼的不要做。"颜渊说:"我虽然愚笨,也要照您的这些话去做。"

【评析】

"克己复礼为仁",这是孔子关于什么是仁的主要解释。在这里,孔子以礼来规定仁,依礼而行就是仁的根本要求。所以,礼以仁为基础,以仁来维护。仁是内在的,礼是外在的,二者紧密结合。这里实际上包括两个方面的内容,一是克己,二是复礼。克己复礼就是通过人们的道德修养自觉地遵守礼的规定。这是孔子思想的核心内容,贯穿于《论语》一书的始终。视、听、言、动,是克己的具体功夫。《中庸》讲"致中和":"喜怒哀乐之未发谓之中,发而皆中节谓之和。"我们都会被外物影响。修己首先要修"不动心""不为外物所移"。

颜回(公元前521—前481年),姓颜,名回,字子渊,亦称颜渊,比孔子小30岁,鲁国人,在《论语》中出现30次。颜氏家族到颜路、颜回父子时,除了保有祖传的贵族身份及颜路的鲁卿大夫头衔外,便只有陋巷简朴的住宅及50亩郭外之田、10亩郭内之圃了。颜回生活贫困,简居于陋巷,一生没有做官。孔子赞叹说:"颜回真是难得呀!用一个竹筒吃饭,用一个瓢喝水,住在陋巷里。要是一般人,一定忧烦难受,可颜回却安然处之,没有改变向道好学的乐趣!"可见他颇能遵守孔子的"贫而乐道"的教诲。颜回注重仁德修养,深得孔子欣赏和喜爱。孔子难得以"仁"来赞许人,包括他自己在内,但是他说:"回也,其心三月不违仁。"对比之下,"其余则日月至焉而已矣"。

颜回13岁时,入孔子之门,6年后有成。他不仅天资极为聪慧,又虚心好学,较早地体认到孔子学说的精深博大,他对孔子的尊敬已超出一般弟子的尊师之情。他以尊崇千古圣哲之情尊崇孔子,其亲若父与子。他曾感叹地说:老师的道,越仰望越觉得高明,越钻研越觉得艰深。看着它似乎在前面,等向前面寻找时,它又忽然出现在后面。老师的道虽然这样高深和不易捉摸,可是老师善于有步骤地诱导我们,用各种文献知识来丰富我们,提高我们,又用一定的礼来约束我们,使我们

想停止学习都不可能。所以在少正卯与孔子争夺弟子时,"孔子之门三盈三虚",唯有颜回未离孔门半步,因而后人评价说:"颜渊独知孔子圣也。"(《论衡·讲瑞》)因此,孔子将颜回引为同道,他对颜回说:"用之则行,舍之则藏,唯我与尔有是夫!"颜回在德行方面备受孔子赞扬,故被列为孔门"四科十哲"(德行科)之一。

颜回有着过人的天资,却不善于表现,寡于言辞,给人的第一印象有点愚钝。孔子说他对颜回的初步印象是自己说什么,颜回都不加违背地去做,好像笨笨的。但继而发现颜回下去对自己的话,也能理解发挥,只是不喜欢聪明外露罢了。颜回灵慧内秀,学习也努力勤奋。孔子在被问到他的弟子哪一个好学时,也说颜回好学,不幸短命死去了,现在弟子中没有好学的了。颜回的学业进步很快,正如孔子感叹所说,我见到他不停进步,没见他停止下来过。颜回追随孔子周游列国长达14年,归回鲁国后讲学授徒,传授儒学六经;协助孔子整理古代典籍,逐渐扩大了自己的影响,形成了儒家的一个宗派——颜氏之儒。他在学习和弘扬孔子所创立的儒家学说的过程中,总是殚精竭虑,倾注全部心血,再加上箪食瓢饮的困苦生活,这种状况严重地损害了他的健康。颜回29岁时头发就全白了,41岁就死了。颜回死时,孔子哭得很伤心,直呼:"噫!天丧予!天丧予!"违背了丧礼中节哀的规定。因为孔子认为颜回在孔门中,是最有条件继承自己学说的弟子之一,也是孔子的希望所在。如今颜回先死,自己的仁政德治的理想就无合适的继承人了。

【原文】

12.2 仲弓问仁。子曰:"出门如见大宾,使民如承大祭①;己所不欲,勿施于人;在邦无怨,在家无怨②。"仲弓曰:"雍虽不敏,请事③斯语矣!"

【注释】

①出门如见大宾,使民如承大祭:这句话是说,出门办事和役使百姓,都要像迎接贵宾和进行大祭时那样恭敬严肃。②在邦无怨,在家无怨:邦,诸侯统治的国家。家,卿大夫统治的封地。怨,抱怨,不满。③事:从事,照着去做。

【译文】

仲弓问怎样做才是仁。孔子说:"出门办事如同去接待贵宾,使唤百姓如同去进行重大的祭祀;自己不愿意的,不要强加于别人;做朝臣不会使民众不满,做家臣也不会使民众不满。"仲弓说:"我虽然笨,也要照您的话去做。"

【评析】

这里是孔子对他的学生仲弓论说"仁"的一段话。他谈到了"仁"的两个内容。一是敬,要他的学生事君使民都要严肃认真;二是恕,要宽以待人,"己所不欲,勿施于人"。能敬,则私意无所容,而仁之体以立;能恕,则私意无所杂,而仁之用以行。于是外而在邦,上下相安;内而在家,左右相悦。主敬行恕,而致邦家无怨,则心安理得仁在。"己所不欲,勿施于人",这句话成为后世遵奉的信条。

【原文】

12.3 司马牛①问仁。子曰:"仁者,其言也讱②。"曰:"斯③言也讱,其谓之仁矣乎?"子曰:"为之难,言之得无讱乎?"

【注释】

①司马牛:姓司马名耕,字子牛,孔子的学生。②讱(rèn):话难说出口。这里引申为说话谨慎。③斯:就。

【译文】

司马牛问怎样做才是仁。孔子说:"仁人说话是慎重的。"司马牛说:"说话慎重,这就叫作仁了吗?"孔子说:"做起来很困难,说起来能不慎重吗?"

【评析】

"其言也讱"是孔子对于那些希望成为仁人的人所提要求之一。"仁者",其言行必须慎重,行动必须认真,一言一行都符合周礼。所以,这里的"讱"是为"仁"服务的,为了"仁",就必须"讱"。这种思想与本篇第一章中所说的"克己复礼为仁"基本上是一致的。

【原文】

12.4 司马牛问君子。子曰："君子不忧不惧。"曰："不忧不惧，斯谓之君子已乎？"子曰："内省不疚，夫何忧何惧？"

【译文】

司马牛问怎样做一个君子。孔子说："君子不忧愁，不恐惧。"司马牛说："不忧愁，不恐惧，这样就可以叫作君子了吗？"孔子说："自己问心无愧，那还有什么忧愁和恐惧呢？"

【评析】

据说司马牛是宋国大夫司马桓魋的弟弟。司马桓魋在宋国"犯上作乱"，遭到宋国当权者的打击，全家被迫出逃。司马牛逃到鲁国，拜孔子为师，并声称司马桓魋不是他的哥哥。所以这一章里，孔子回答司马牛问怎样做才是君子的问题，这是有针对性的，即不忧不惧、问心无愧。

【原文】

12.5 司马牛忧曰："人皆有兄弟，我独亡！"子夏曰："商闻之矣：'死生有命，富贵在天'。君子敬而无失，与人恭而有礼，四海之内，皆兄弟也。君子何患乎无兄弟也？"

【译文】

司马牛忧愁地说："别人都有兄弟，唯独我没有。"子夏说："我听说过：'死生有命，富贵在天。'君子只要对待所做的事情严肃认真，不出差错，对人恭敬而合乎于礼的规定，那么，天下人就都是自己的兄弟了。君子何愁没有兄弟呢？"

【评析】

如上章所说，司马牛宣布他不承认桓魋是他的哥哥，这与儒家一贯倡导的"悌"的观念是相违背的。但由于他的哥哥"犯上作乱"，因而孔子没有责备他，反而劝他不要忧愁，不要恐惧，只要内心无愧就是做到了"仁"。这一章，子夏同样劝慰司马牛，说只要自己的言行符合于"礼"，那就会赢得天下人的称赞，就不必发愁自己没有兄弟，"四海之内皆兄弟也"。

【原文】

12.6 子张问明。子曰:"浸润之谮①,肤受之愬②,不行焉,可谓明也已矣。浸润之谮,肤受之愬,不行焉,可谓远③也已矣。"

【注释】

①浸润之谮(zèn):谮,谗言。这是说像水那样一点一滴地渗进来的谗言,不易觉察。②肤受之愬(sù):愬,诬告。这是说像皮肤感觉到疼痛那样的诬告,即直接的诽谤。③远:明之至,明智的最高境界。

【译文】

子张问怎样做才算是明智的。孔子说:"像水润物那样暗中挑拨的坏话,像切肤之痛那样直接的诽谤,在你那里都行不通,那你可以算是明智的了。暗中挑拨的坏话和直接的诽谤,在你那里都行不通,那你可以算是有远见的了。"

【评析】

世事洞明皆学问,人情练达即文章。浸润之谮,犹如暗箭;肤受之愬,可比明枪。明枪易躲,暗箭难防。明枪、暗箭都能预防化解,孔子之说既明且远,明察秋毫,见识高远。

【原文】

12.7 子贡问政。子曰:"足食,足兵,民信之矣。"子贡曰:"必不得已而去,于斯三者何先?"曰:"去兵。"子贡曰:"必不得已而去,于斯二者何先?"曰:"去食。自古皆有死,民无信不立。"

【译文】

子贡问怎样治理国家。孔子说:"粮食充足,军备充足,老百姓信任统治者。"子贡说:"如果不得不去掉一项,那么在三项中先去掉哪一项呢?"孔子说:"去掉军备。"子贡说:"如果不得不再去掉一项,那么这两项中去掉哪一项呢?"孔子说:"去掉粮食。自古以来人总是要死的,如果老百姓对统治者不信任,那么国家就不能存在了。"

【评析】

本章里孔子回答了子贡问政中所连续提出的三个问题。孔子认为,治理一个国家,应当具备三个起码条件:食、兵、信。但这三者当中,信是最重要的。这体现了儒学的"人"学思想。只有兵和食,而百姓对统治者不信任,那这样的国家也就不能存在下去了。张居正评曰:"盖民无食必死,然自古及今,人皆有死,是死者,人所必不能免。若夫信者乃本心之德,人之所以为人者也。民无信,则相欺相诈,无所不至,形虽人而质不异于禽兽,无以自立于天地之间,不若死之为安。故为政者,宁死而不可失信于民,则民亦宁死而不失信于我矣,此食所以可去,而信必不可无也。即此观之,可见国保于民,民保于信。是以古之王者,不欺四海;善为国者,不欺其民。盖必有爱民之真心,而后有教养之实政,自然国富兵强,民心团结而不可解矣,此信所以为人君之大宝也。"

【原文】

12.8 棘子成①曰:"君子质而已矣,何以文为?"子贡曰:"惜乎,夫子之说君子也!驷不及舌②。文犹质也,质犹文也。虎豹之鞟③犹犬羊之鞟。"

【注释】

①棘子成:卫国大夫。古代大夫都可以被尊称为夫子,所以子贡这样称呼他。②驷不及舌:指话一说出口,就收不回来了。驷,拉一辆车的四匹马。③鞟(kuò):去掉毛的皮,即革。

【译文】

棘子成说:"君子只要具有好的品质就行了,何必还要文采呢?"子贡说:"真遗憾,夫子您这样谈论君子!一言既出,驷马难追。本质就像文采,文采就像本质,都是同等重要的。去掉了毛的虎、豹皮,就如同去掉了毛的犬、羊皮一样。"

【评析】

这里是讲文质相彰的问题。棘子成认为作为君子只要有好的品质就可以了，无须外表的文采。但子贡反对这种说法。他的意思是，良好的本质应当有适当的表现形式，否则，本质再好，也难以显现出来。

【原文】

12.9 哀公问于有若曰："年饥，用不足，如之何？"有若对曰："盍彻乎①？"曰："二②，吾犹不足；如之何其彻也？"对曰："百姓足，君孰不足？百姓不足，君孰与足？"

【注释】

①盍彻乎：盍，何不。彻，西周奴隶主国家的一种田税制度。旧注曰："什一而税谓之彻。"②二：抽取十分之二的税。

【译文】

鲁哀公问有若说："遭了饥荒，国家用度困难，怎么办？"有若回答说："为什么不实行彻法，只抽十分之一的田税呢？"哀公说："现在抽十分之二，我还不够，怎么能实行彻法呢？"有若说："如果百姓的用度够，您怎么会不够呢？如果百姓的用度不够，您怎么又会够呢？"

【评析】

这一章反映了儒家学派的经济思想，其核心是"富民"思想。鲁国所征的田税是十分之二的税率，即使如此，国家的财政仍然是十分紧张的。这里，有若的观点是，削减田税的税率，改行"彻税"即什一税率，使百姓减轻经济负担。只要百姓富足了，国家就不可能贫穷。反之，如果对百姓征收过甚，这种短期行为必将使民不聊生，国家经济也就随之衰退了。这种以"富民"为核心的经济思想有其值得借鉴的价值。

【原文】

12.10 子张问崇德①、辨惑②。子曰："主忠信，徙义③，崇德也。爱之欲其生，恶之欲其死；既欲其生又欲其死，是惑也。'诚不以富，亦祇以异④。'"

【注释】

①崇德：提高道德修养的水平。②惑：迷惑，不分是非。③徙义：

徙，迁移。向义靠拢。④诚不以富，祇以异：这是《诗经·小雅·我行其野》篇的最后两句。此诗表现了一个被遗弃的女子对其丈夫喜新厌旧的愤怒情绪。

【译文】

子张问怎样提高道德修养水平和辨别是非迷惑的能力。孔子说："秉持忠信，使自己的思想合于义，这就是提高道德修养水平了。爱一个人，就希望他活下去，厌恶起来就恨不得他立刻死去；既要他活，又要他死，这就是迷惑。正如《诗》所说的：'确实不是因为外在的财富变化，而是因为内心的见异思迁。'"

【评析】

本章里，孔子谈的主要是个人的道德修养问题。他提醒人们要秉持内心的"忠信""仁义"原则待人处事，否则，易受外部因素影响，感情用事，就会陷于迷惑之中。"诚不以富，亦祇以异"这句话许多版本认为是错简，实则不然，这句话与前言语意连贯，恰是回答子张之问的点睛之笔，强调"主忠信"的重要性。

【原文】

12.11 齐景公①问政于孔子。孔子对曰："君君，臣臣，父父，子子。"公曰："善哉！信如君不君，臣不臣，父不父，子不子，虽有粟，吾得而食诸？"

【注释】

①齐景公：名杵臼（chǔjiù），齐国国君，公元前547—公元前490年在位。

【译文】

齐景公问孔子如何治理国家。孔子说："做君主的要像君的样子，做臣子的要像臣的样子，做父亲的要像父亲的样子，做儿子的要像儿子的样子。"齐景公说："讲得好呀！如果君不像君，臣不像臣，父不像父，子不像子，虽然有粮食，我能吃得上吗？"

【评析】

　　孔子34岁时，鲁乱适齐，为齐大夫高昭子家臣，景公于此时问政于孔子。

　　春秋时期的社会变动，使当时的等级名分受到破坏，弑君父之事屡有发生，孔子认为这是国家动乱的主要原因。所以他告诉齐景公，"君君，臣臣，父父，子子"，恢复这样的等级秩序，国家就可以得到治理。同时孔子强调君父要先做出表率，否则上梁不正下梁歪。君仁、臣敬、父慈、子孝，四者各尽其道，这是人道之大位，政事之根本。当时，景公失政，大夫陈氏厚施于国，可谓君不君，臣不臣；又多内嬖，不立太子，可谓父不父，子不子。可惜景公只是赞叹，知而不行，终致陈氏弑君。

【原文】

　　12.12 子曰："片言①可以折狱②者，其由也与③！"子路无宿诺④。

【注释】

　　①片言：诉讼双方中一方的言辞，即片面之辞，古时也叫"单辞"。②折狱：狱，案件。折狱即断案。③其由也与：大概只有仲由吧。④宿诺：宿，隔夜的。宿诺，隔夜的承诺，比喻拖了很久而没有兑现的诺言。

【译文】

　　孔子说："只听了单方面的供词就可以判决案件的，大概只有仲由吧！"子路十分果断，没有隔夜的承诺。

【评析】

　　仲由可以以"片言"而"折狱"，是因为子路明决，凭单方面的陈述就可以做出判断；子路为人忠信，人们都十分信服他，有了纠纷都在他面前不讲假话，所以凭一面之词就可以明辨是非、断定案件。本章说明子路在刑狱方面是卓有才干的，如《雍也》篇6.8章所说"由也果"。子路若受人之托，则如急于践诺，未有迟留不行的，忠信如此，故能取信于人。

　　《左传·哀公十四章》载有这么一件事：邾国的射（人名）献上一

座城池来投奔鲁国。他说:"如果子路邀请我,我就不需要盟约。"这个人不相信鲁国的盟约,而愿意相信子路。

【原文】

12.13 子曰:"听讼①,吾犹人也。必也使无讼②乎!"

【注释】

①听讼(sòng):讼,诉讼。听讼,审理诉讼案件。②使无讼:使人们之间没有诉讼案件之事。

【译文】

孔子说:"审理诉讼案件,我同别人也是一样的。更为重要的是使诉讼的案件不发生!"

【评析】

张居正评曰:"正其本,清其源,而道之以德,齐之以礼,使民知耻向化,兴于礼让,自然无讼之可听,乃为可贵耳。盖治民而至于使之无讼,则潜消默夺之机,有出于政刑教令之外者,视彼片言折狱,又不足言矣。明君观此,可不以德化为首务哉!"

【原文】

12.14 子张问政。子曰:"居之无倦,行之以忠。"

【译文】

子张问如何治理政事。孔子说:"居于官位不懈怠,执行君令要忠实。"

【评析】

以上两章都是谈如何从政为官的问题。孔子借回答问题,指出各级统治者身居官位要勤政爱民,以仁德的规定要求自己,以礼的原则治理国家和百姓,通过教化的方式消除民间的诉讼纠纷,执行君主之令要切实努力,这样才能做一个好官。

【原文】

12.15 子曰:"博学于文,约之以礼,亦可以弗畔矣夫。"

【注释】

本章重出,见《雍也》篇6.27章。

【译文】

孔子说:"君子广泛地学习古代的文化典籍,又以礼来约束自己,也就可以不离经叛道了。"

【原文】

12.16 子曰:"君子成人之美,不成人之恶;小人反是。"

【译文】

孔子说:"君子成全别人的好事,而不助长别人的恶处;小人则与此相反。"

【评析】

这一章所讲的"成人之美,不成人之恶"贯穿了儒家一贯的思想主张,即"己欲立而立人,己欲达而达人""己所不欲,勿施于人"的精神。

【原文】

12.17 季康子问政于孔子。孔子对曰:"政者,正也。子帅以正,孰敢不正?"

【译文】

季康子问孔子如何治理国家。孔子回答说:"政就是正的意思。您本人带头走正路,那么还有谁敢不走正道呢?"

【评析】

无论为人还是为官,首在一个"正"字。在孔子的政治思想中,对为官者要求十分严格,正人先正己。只要身居上位的人能够正己,那么下位的大臣和平民百姓,就都会归于正道。

【原文】

12.18 季康子患盗，问于孔子。孔子对曰："苟子之不欲，虽赏之不窃。"

【译文】

季康子担忧盗窃，问孔子怎么办。孔子回答说："假如你自己不贪图财利，即使奖励偷窃，也没有人偷盗。"

【评析】

这一章同样是孔子谈论为官从政之道。他仍然阐释的是为政者要正人先正己的道理。他希望当政者以自己的德行感染百姓，这就表明了他主张政治道德化的倾向，具体到治理社会问题时也是如此。他没有让季康子用严刑峻法去制裁盗窃犯罪，而是主张用德治去教化百姓，以使人免于犯罪。

【原文】

12.19 季康子问政于孔子曰："如杀无道①，以就有道②，何如？"孔子对曰："子为政，焉用杀？子欲善而民善矣。君子之德风，小人之德草，草上之风③，必偃④。"

【注释】

①无道：指无道的人。②有道：指有道的人。③草上之风：指风加之于草。④偃：仆，倒。

【译文】

季康子问孔子如何治理政事，说："如果杀掉无道的人来成全有道的人，怎么样？"孔子说："您治理政事，哪里用得着杀戮的手段呢？您只要想行善，老百姓也会跟着行善。在位者的作风好比风，在下的人的作风好比草，风吹到草上，草就必定随着风向倒。"

【评析】

孔子反对杀人，主张"仁政"。在上位的人只要善理政事，百姓就不会犯上作乱。这里讲的仁政德治，是有仁德者的所为。那些暴虐的统治者滥行无道，必然会引起百姓的反对。

【原文】

12.20 子张问士："士何如斯可谓之达①矣？"子曰："何哉，尔所谓达者？"子张对曰："在邦必闻②，在家必闻。"子曰："是闻也，非达也。夫达也者，质直而好义，察言而观色，虑以下人③。在邦必达，在家必达。夫闻也者，色取仁而行违，居之不疑。在邦必闻，在家必闻。"

【注释】

①达：通达，显达。②闻：有名望。③下人：下，动词。下人，对人谦恭有礼。

【译文】

子张问："士怎样才可以叫作通达？"孔子说："你说的通达是什么意思？"子张答道："在国君的朝廷里必定有名望，在大夫的封地里也必定有名声。"孔子说："这只是虚假的名声，不是通达。所谓达，那是要品质正直，遵从礼义，善于揣摩别人的话语，观察别人的脸色，经常想着谦恭待人。这样的人，就可以在国君的朝廷和大夫的封地里通达。至于有虚假名声的人，只是外表上装出仁的样子，而行动上却违背仁，自己还以仁人自居而不惭愧。这就是你说的无论在国君的朝廷里和大夫的封地里都必定会有虚名。"

【评析】

本章中孔子提出了一对相互对立的名词，即"闻"与"达"。"闻"是虚假的名声，并不是显达；"达"则要求士大夫必须从内心深处具备仁、义、礼的德性，注重自身的道德修养，而不仅是追求虚名。这里同样讲的是名实相符、表里如一的问题。

【原文】

12.21 樊迟从游于舞雩之下。曰："敢问崇德、修慝①、辨惑。"子曰："善哉问！先事后得②，非崇德与？攻其恶，无攻人之恶，非修慝与？一朝之忿③，忘其身以及其亲，非惑与？"

【注释】

①修慝（tè）：修，改正。慝，邪恶的念头。修慝，改正邪恶的念头。②先事后得：先致力于事，把利禄放在后面。③忿：愤怒，气愤。

【译文】

樊迟陪着孔子在舞雩台下散步，说："请问怎样提高品德修养？怎样改正自己的邪念？怎样辨别迷惑？"孔子说："问得好！先努力致力于事，然后才有所收获，不就是提高品德了吗？检讨自己的错误，不苛责别人的过失，不就是消除邪恶了吗？由于一时的气愤，就忘记了自身的安危，以至于牵连自己的亲人，这不就是迷惑吗？"

【评析】

这一章里孔子仍谈个人的修养问题。他认为，要提高道德修养水平，首先在于踏踏实实地做事，不要过多地考虑物质利益；然后严格要求自己，不要过多地去指责别人；还要注意克服感情冲动的毛病，不要以自身的安危作为代价。这样，人就可以提高道德水平，改正邪念，辨别迷惑了。

【原文】

12.22 樊迟问仁。子曰："爱人。"问知。子曰："知人。"樊迟未达。子曰："举直错诸枉①，能使枉者直。"樊迟退，见子夏曰："乡②也，吾见于夫子而问知，子曰：'举直错诸枉，能使枉者直。'何谓也？"子夏曰："富哉言乎！舜有天下，选于众，举皋陶③，不仁者远④矣。汤⑤有天下，选于众，举伊尹⑥，不仁者远矣。"

【注释】

①举直错诸枉：错，通"措"，放置。诸，这是"之于"二字的合音。枉，不正直，邪恶。举直错诸枉，意为选拔直者，罢黜枉者。②乡（xiàng）：通"向"，过去。③皋陶（gāoyáo）：传说中舜时掌握刑法的大臣。④远：动词，远离，远去。⑤汤：商朝的第一个君主，名履。⑥伊尹：汤的宰相，曾辅助汤灭夏兴商。

【译文】

樊迟问什么是仁。孔子说:"爱人。"樊迟问什么是智。孔子说:"了解人。"樊迟还不明白。孔子说:"选拔正直的人,罢黜邪恶的人,这样就能使邪者归正。"樊迟退出来,见到子夏说:"刚才我见到老师,问他什么是智,他说:'选拔正直的人,罢黜邪恶的人,这样就能使邪者归正。'这是什么意思?"子夏说:"这话说得多么深刻呀!舜有天下,在众人中挑选人才,把皋陶选拔出来,不仁的人就被疏远了。汤有了天下,在众人中挑选人才,把伊尹选拔出来,不仁的人就被疏远了。"

【评析】

本章谈了两个问题,一是仁,二是智。关于仁,孔子对樊迟的解释似乎与别处不同,说是"爱人",实际上孔子在各处对仁的解释都有内在的联系。他所说的爱人,包含有古代的人文主义精神,把仁作为他全部学说的对象和中心。正如著名学者张岂之先生所说,儒学即仁学,仁是人的发现。关于智,孔子认为是要了解人,选拔贤才,罢黜邪才。但在历史上,许多贤能之才不但没有被选拔重用反而受到压抑,而一些奸佞之人却平步青云,这说明真正做到智并不容易。

【原文】

12.23 子贡问友。子曰:"忠告而善道之,不可则止,毋自辱焉。"

【译文】

子贡问怎样对待朋友。孔子说:"忠诚地劝告他,恰当地引导他,如果不听也就罢了,不要自取其辱。"

【评析】

在人伦关系中,"朋友"一伦是最松弛的一种。朋友之间讲求一个"信"字,这是维系双方关系的纽带。但对待朋友的错误,要开诚布公地劝导他,推心置腹地讲明利害关系,但他坚持不听,也就作罢。如果对方不听,你一再劝告,就会自取其辱。这是交友的一个基本准则。所

以清末志士谭嗣同就认为朋友一伦最值得称赞,他甚至主张用朋友一伦改造其他四伦(父子、君臣、夫妇、兄弟)。其实,孔子这里所讲的是对别人作为主体的一种承认和尊重。"忠告"是质,"善道"是文,文质彬彬,方为君子。

【原文】

12.24 曾子曰:"君子以文①会友,以友辅仁。"

【注释】

①文:六艺,即《诗》《书》《礼》《乐》《易》《春秋》。

【译文】

曾子说:"君子以六艺之文章学问来结交朋友,依靠朋友帮助自己培养仁德。"

【评析】

曾子继承了孔子的思想,主张以文章学问作为结交朋友的手段,以互相帮助培养仁德作为结交朋友的目的。这是君子之所为。张居正评曰:"然使会友而不以文,则群居终日,言不及义,亦不足以辅仁矣。故君子之会友也必以文,或相与读天下之书,以考圣贤之成法,或相与论古今之事,以识事理之当然,庶乎日有所讲明,不徒为会聚而已。于是乃以友而辅仁,过失赖其相规,德业赖其相劝,取彼之善,助我之善,务使吾德之修,因之而益进焉,庶乎相与以有成,不徒为虚文而已。"以上这两章谈的都是交友的问题,事实上在五伦当中,儒家对于朋友这一伦非常重视。

子路第十三

本篇提要

《子路》篇主题是仁政之路，共计30章，1035字。从复礼正名、仁政常德、文教育人、仁政效果等方面做了论述。天下之事，各有定分。名正则言顺，言顺则令行，令行则政通，政通则事功。然则还需求名而责实，名正本于身正，身不正，虽令而不从。

【原文】

13.1 子路问政。子曰："先之劳之①。"请益②。曰："无倦③。"

【注释】

①先之劳之：先，引导、先导，即教化。之，指老百姓。先之劳之，做在老百姓之前，使老百姓勤劳。②益：请求增加一些。③无倦：不厌倦，不松懈。

【译文】

子路问怎样管理政事。孔子说："做在老百姓之前，使老百姓勤劳。"子路请求多讲一点。孔子说："不要懈怠。"

【评析】

"先之"，《礼记》："夫躬行者，政之始也。"又说："君子欲政之速行也者，莫若以身先之也。"躬身亲自去做示范，是为政之始。你要想你的政策措施能得到最快推行，没有什么比自己先做到更有效的。

"劳之"，《国语》敬姜论劳逸："昔圣王之处民也，择瘠土而处之，劳其民而用之，故长王天下。夫民劳则思，思则善心生；逸则淫，淫则忘善，忘善则恶心生。沃土之民不材，淫也。瘠土之民，莫不向义，劳也。"

敬姜，是中国历史上著名的贤母，齐侯的女儿，嫁到鲁国，季氏公父文伯的母亲，和孔子同时代人。有一天，公父文伯退朝回家，见敬姜在纺线，就说："像我季氏这样的人家，我妈妈还要亲自劳动纺线，是我不能孝敬母亲吗？"

敬姜大怒："小子！鲁国要亡国了吗？让你说出这样的话！过去圣王统治天下，选择贫瘠的土壤来让人民定居，让他们迎接大自然的挑战，发挥他们的才能，辛勤地劳作，君王才能长久地统治天下。人民辛劳，就会思考，寻找改善生活的好办法，才能建立良善的社会。如果生活太安逸，没有挑战，只会享乐，就会忘记美好的品行，就会心生邪念。所以，居住在肥沃土地的人民，劳动水平不高，没有才能，因为生活太容易了。而生活在贫瘠土地上的人民，没有不讲道义的，因为他们勤劳啊！"

两千五百年前一位中国母亲的话，说出了两千五百年后英国历史学家汤因比在其不朽巨著《历史研究》中提出的著名论断：文明产生于挑战，富饶的土地不能产生文明，只有贫瘠的土地能产生文明，因为挑战才能使人类进步。

当然汤因比也说了，有一个限度，挑战太大也不行，太大，则人的全部财智和精力用上，也刚好够生存，发展不出更高文明，比如因纽特人，北极圈生存挑战太大了。

"靡不有初，鲜克有终。"子路的性格，开始时都能锐意进取，但难免懈怠，不能善始善终，老想要"绝招"。所以，当子路请益时，孔子说，你就照我说的去做，不要倦怠就行！成功不是去做不寻常的事，而是在寻常的事上，付出不寻常的努力和坚持！

仲由(公元前542—前480年)，姓仲，名由，字子路，因他曾做过季氏的家臣，又被称作季路，比孔子小9岁，鲁国人，《论语》中提及47次。仲由出身微贱，家境贫寒，事亲至孝。他自己饮水食野菜，而为了父母到百里之外去背米，以尽其炊。当他长大而渐渐富裕后，父母已经去

世，他曾经感伤道："悲伤啊！父母在世时无以为养，去世时又无以为礼。"他生性豪爽粗犷，为人耿直，有勇力才艺。仲由经常批评孔子，孔子也常批评他。他喜欢听闻自己的过错，闻过则喜，能虚心接受。孔子对他评价很高，说他有才能，千辆兵车的诸侯国，可以让他掌理军政大事。仲由做过鲁国的季氏宰，深受季氏的信任；跟随孔子周游到卫国，又在卫国大夫孔悝的手下做邑宰，兴修水利造福于民，三年后，孔子过其境内，对他的治理称赞个不停。他被列为孔门"四科十哲"(政事科)之一。

仲由一生忠于孔子，是孔子最亲近、最著名的弟子之一。孔子说："我的道如果行不通，就乘上小木筏到海外去，跟随我的，怕只有仲由吧！"仲由保护孔子唯恐不周，不愿使孔子遭人非议。孔子说："自从我得到仲由，就没有听到过恶语。"他在仕鲁期间，是孔子"堕三都"之举的最主要的合作者和最得力的助手之一。因他曾做过鲁国的季氏宰(季孙氏的总管)，后来孔子晚年从卫国返回鲁国时，子路被卫国大夫孔文子留下做邑宰。孔文子去世后，他继续辅佐孔文子的儿子孔悝，以政事著称。他63岁时，卫国发生了宫廷政变，孔文子的妻子孔姬是前太子蒯聩的姐姐，当时卫国的国君卫出公是蒯聩的儿子，蒯聩想要争取君位。孔姬协助蒯聩劫持了孔悝，强迫他歃血为盟，辅佐蒯聩夺取君位。子路听说后，以为"食君之禄，忠君之事"，前去援救孔悝。在和敌方搏斗时冠缨被击断，他想起孔子关于"君子死而冠不免"的礼仪教导，在重新结好缨带时，被敌方砍成肉酱。子路的死，对时年72岁的孔子是一个沉重的打击。

【原文】

13.2 仲弓为季氏宰，问政。子曰："先有司①，赦小过，举贤才。"曰："焉知贤才而举之？"曰："举尔所知；尔所不知，人其舍诸②？"

【注释】

①有司：古代负责具体事务的官吏。②诸："之乎"二字的合音。

【译文】

仲弓做了季氏的家臣,问怎样管理政事。孔子说:"先责成手下负责具体事务的官吏,让他们各负其责,赦免他们的小过错,选拔贤才来任职。"仲弓又问:"怎样知道是贤才而把他们选拔出来呢?"孔子说:"选拔你所知道的,至于你不知道的贤才,别人难道还会埋没他们吗?"

【评析】

"先有司","有司"可以看作"相关部门"。不管做什么事,都要信任下属,让下属各具体负责部门去干,做到"用人不疑,疑人不用",然后你考核他,这样就可以不劳而事毕。"赦小过",既然把事情交给别人管,就要接受代理成本,有些小的差失,就不要计较,要容忍别人犯点小错。"举贤才",把德才兼备的人放到领导岗位上,工作就容易开展。

张居正说,三者之中,举贤为尤要,能举贤才,则政平讼理。凡先有司,赦小过,皆举之矣。所以说,治天下者在得人,诚君道之首务也。

【原文】

13.3 子路曰:"卫君①待子而为政,子将奚②先?"子曰:"必也正名③乎!"子路曰:"有是哉?子之迂④也!奚其正?"子曰:"野哉,由也!君子于其所不知,盖阙⑤如也。名不正,则言不顺;言不顺,则事不成;事不成,则礼乐不兴;礼乐不兴,则刑罚不中⑥;刑罚不中,则民无所措手足。故君子名之必可言也,言之必可行也。君子于其言,无所苟⑦而已矣!"

【注释】

①卫君:卫出公,名辄,卫灵公之孙。其父蒯聩被卫灵公驱逐出国,卫灵公死后,辄继位。蒯聩要回国争夺君位,遭到辄拒绝。这里,孔子对此事提出了自己的看法。②奚:什么。③正名:即正名分。④迂:迂腐。⑤阙:通"缺",存疑的意思。⑥中(zhòng):得当。⑦苟:苟且,马马虎虎。

【译文】

子路（对孔子）说："卫国国君要您去治理国家，您打算先从哪些事情做起呢？"孔子说："首先必须正名分。"子路说："有这样做的吗？您想得太不合时宜了。这名怎么正呢？"孔子说："仲由，你真粗野啊。君子对于他所不知道的事情，总是采取存疑的态度。名分不正，说起话来就不顺当合理，说话不顺当合理，事情就办不成。事情办不成，礼乐也就不能兴盛。礼乐不能兴盛，刑罚的执行就不会得当。刑罚不得当，百姓就不知怎么办好。所以，君子一定要定下一个名分，必须能够说得明白，说出来一定能够行得通。君子对于自己的言行，是从不马马虎虎对待的。"

【评析】

以上三章所讲的中心问题都是如何从政。前两章讲当政者应当以身作则。要求百姓做的事情，当政者首先要告诉百姓，使百姓能够搞清楚国家的政策，即孔子所讲的引导百姓。但在这三章中讲的最重要的问题是"正名"。"正名"是孔子"礼"的思想的组成部分。正名的具体内容就是"君君，臣臣，父父，子子"，只有"名正"才可以做到"言顺"，接下来的事情就迎刃而解了。

【原文】

13.4 樊迟请学稼。子曰："吾不如老农。"请学为圃①。曰："吾不如老圃。"樊迟出，子曰："小人哉，樊须也！上好礼，则民莫敢不敬；上好义，则民莫敢不服；上好信，则民莫敢不用情②。夫如是，则四方之民襁③负其子而至矣，焉用稼？"

【注释】

①圃（pǔ）：菜地，引申为种菜。②用情：以真心实情来对待。情，真情。③襁（qiǎng）：背婴孩的背篓。

【译文】

樊迟向孔子请教如何种庄稼。孔子说："我不如老农。"樊迟又请教如何种菜。孔子说："我不如老菜农。"樊迟退出以后，孔子说：

"樊迟真是目光短浅的人！在上位者只要重视礼，老百姓就不敢不敬畏；在上位者只要重视义，老百姓就不敢不服从；在上位的人只要重视信，老百姓就不敢不用真心实情来对待你。要是做到这样，四面八方的老百姓就会背着自己的小孩来投奔，哪里用得着自己去种庄稼呢？"

【评析】

　　孔子毫不客气地指责想学种庄稼和种菜的樊迟是小人，可以清楚地看出他的教育思想。他认为，在上位的人哪里需要学习种庄稼、种菜之类的知识，只要重视礼、义、信也就足够了。他培养学生，不是为了以后去种庄稼种菜，而是为了从政为官。在孔子时代，接受教育的人毕竟是少数，劳动者只要有充沛的体力就可以从事农业生产，而教育的目的，就是为了培养能齐家治国的士人。实际上这里提出了职业选择、生涯定位的问题。张居正评曰："盖天下有大人之事，有小人之事，修身齐家以治国平天下，大人之事也，务农种圃以自食其力，小人之事也。樊迟游于圣门，乃不务学为大人，而留心于农圃之事，何其识见之浅小，而志意之卑陋哉！故夫子以小人责之，盖将勉之以大人之学也。夫周公陈《无逸》以告成王，要先知稼穑之艰难，而樊迟请学稼，孔子乃鄙之为小人者。盖人君深居九重，小民疾苦常患不得上闻，故周公倦倦以此为言。若学者所志，当以大人自期，又不宜屑屑于农圃之事，周孔之言，夫各有所当也。"

【原文】

　　13.5 子曰："诵《诗》三百，授之以政，不达①；使于四方，不能专对②；虽多，亦奚以③为？"

【注释】

　　①达：通达。这里是会运用的意思。②专对：独立对答。③以：用。

【译文】

　　孔子说："把《诗》三百篇背得很熟，让他处理政务，却不会办事；让他当外交使节，不能独立地办交涉；背得很多，又有什么用呢？"

【评析】

《诗》，也是孔子教授学生的主要内容之一。他教学生诵《诗》，不单纯是为了诵《诗》，而为了把《诗》的思想运用到指导政治活动之中。儒家不主张死记硬背，当书呆子，而是要学以致用，应用到社会实践中去。

【原文】

13.6 子曰："其身正，不令而行；其身不正，虽令不从。"

【译文】

孔子说："自身正了，即使不发布命令，老百姓也会去干；自身不正，即使发布命令，老百姓也不会服从。"

【评析】

张居正评曰："上之一身，下所视效，不能正己，焉能正人？所以《大学》论齐治均平，皆以修身为本，即是此意。有天下国家者，可不求端于身哉？"

【原文】

13.7 子曰："鲁卫之政，兄弟也。"

【译文】

孔子说："鲁和卫两国的政事，就像兄弟（的政事）一样。"

【评析】

鲁国是周公旦的封地，卫国是康叔的封地，周公旦和康叔是兄弟，当时两国的政治情况有些相似。鲁卫两国始祖源出同门，地理位置接壤，所以孔子说，鲁国的国事和卫国的国事就像兄弟一样。另一方面，鲁国国君失位，三桓执政，君不像君，臣不像臣；卫国父子相争，刀兵相见，父不像父，子不像子。鲁卫两国，可谓是一对难兄难弟。

【原文】

13.8 子谓卫公子荆①："善居屋②。始有，曰：'苟③合④矣。'少有，曰：'苟完矣。'富有，曰：'苟美矣。'"

【注释】

①卫公子荆：卫国大夫，字南楚，卫献公的儿子。②善居室：善于管理经济，居家过日子。③苟：差不多。④合：足够。

【译文】

孔子谈到卫国的公子荆时说："他善于管理经济，居家理财。刚开始有一点，他说：'差不多也就够了。'稍微多一点时，他说：'差不多就算完备了。'更多一点时，他说：'差不多算是完美了'。"

【评析】

祸莫大于不知足。一个人不知道满足，就会贪得无厌。孔子称赞卫公子荆，就是强调人的道德修养问题。

【原文】

13.9 子适卫，冉有仆①。子曰："庶②矣哉！"冉有曰："既庶矣，又何加焉？"曰："富之。"曰："既富矣，又何加焉？"曰："教之。"

【注释】

①仆：驾车。②庶：众多，这里指人口众多。

【译文】

孔子到卫国去，冉有为他驾车。孔子说："人口真多呀！"冉有说："人口已经够多了，还要再做什么呢？"孔子说："使他们富起来。"冉有说："富了以后还要做些什么？"孔子说："对他们进行教化。"

【评析】

在本章里，孔子提出"富民"和"教民"的思想，而且是"先富后教"，这是正确的。在孔子的观念中，教化百姓始终是十分重要的问题。

【原文】

13.10 子曰:"苟有用我者,期月而已可也,三年有成。"

【译文】

孔子说:"如果有人用我治理国家,一年便可以搞出个样子,三年一定会有成就。"

【评析】

张居正评曰:"当今之世,无用孔子者。诚使有人委以国政,虽至于周一年之月而已,将见弊者革,废者兴,纪纲法度渐次就理,皆有可观者矣。若至于三年之久,则化行俗美,礼备乐和,民生以厚,民德以新,而治功成矣。惜乎不得少试,而使其徒托诸空言。"

【原文】

13.11 子曰:"'善人为邦百年,亦可以胜残去杀矣。'诚哉是言也!"

【译文】

孔子说:"'贤君治理国家,经过一百年,也就可以消除残暴,废除刑罚杀戮了。'这话真对呀!"

【评析】

孔子说,善人需要一百年的时间,可以"胜残去杀",达到他所理想的境界。其实,从这句话的本意去理解,善人施行"德治",但并不排除刑罚的必要手段。

【原文】

13.12 子曰:"如有王者,必世而后仁。"

【译文】

孔子说:"如果有王者兴起,也一定要三十年才能实现仁政。"

【评析】

上一章孔子讲,善人施行德治需要一百年的时间才可以达到理想境界，本章又说，王者治理国家也需要三十年的时间才能实现仁政。同样，王者在实现仁政之前的三十年间，也不能排除刑罚手段在社会政治生活中所起的重要作用。

【原文】

13.13 子曰："苟正其身矣，于从政乎何有？不能正其身，如正人何？"

【译文】

孔子说："如果端正了自身的行为，管理政事还有什么困难呢？如果不能端正自身的行为，怎能使别人端正呢？"

【评析】

俗话说："正人先正己。"本章里孔子所讲的就是这个道理。孔子把"正身"看作是从政为官的重要方面，是有深刻的思想价值的。

【原文】

13.14 冉子退朝，子曰："何晏也？"对曰："有政。"子曰："其事也。如有政，虽不吾以，吾其与闻之。"

【译文】

冉求退朝回来，孔子说："为什么回来得这么晚呀？"冉求说："有政事。"孔子说："那只是一般的事务吧。如果有政事，虽然国君不用我了，我也会知道的。"

【评析】

君命为政，臣令为事。当时季氏专鲁，不与朝臣议事，而与家臣私谋，此章既是孔子对正礼的重视，也是以此点化冉有。

【原文】

13.15 定公问："一言而可以兴邦，有诸？"孔子对曰："言不可以若是其几也。人之言曰：'为君难，为臣不易。'如知为君之难也，不几乎一言而兴邦乎？"曰："一言而丧邦，有诸？"孔子对曰："言不可以若是其几也。人之言曰：'予无乐乎为君，唯其言而莫予违

也。'如其善而莫之违也，不亦善乎？如不善而莫之违也，不几乎一言而丧邦乎？"

【译文】

鲁定公问："一句话就可以使国家兴盛，有这样的话吗？"孔子答道："不可能有这样的话，但有近乎这样的话。有人说：'做君难，做臣不易。'如果知道了做君的难，这不近乎一句话可以使国家兴盛吗？"鲁定公又问："一句话可以亡国，有这样的话吗？"孔子回答说："不可能有这样的话，但有近乎这样的话。有人说过：'我做君主并没有什么可高兴的，我所高兴的只在于我所说的话没有人敢于违抗。'如果说得对而没有人违抗，倒也不错。如果说得不对而没有人违抗，那不就近乎一句话可以亡国吗？"

【评析】

对于鲁定公的提问，孔子实际上做了肯定性的回答。他劝告鲁定公，应当行仁政、礼治，不应以国君所说的话无人敢于违抗而感到高兴，这是值得注意的。作为在上位的统治者，一个念头、一句话如果不当，就有可能导致亡国丧天下的结局。

【原文】

13.16 叶公问政。子曰："近者说，远者来。"

【译文】

叶公问孔子怎样管理政事。孔子说："使近处的人高兴，使远处的人来归附。"

【评析】

为政之道，在得民心。如果不是有实心实政足以感人，而是用小道小术笼络，那恐怕近尚难悦，远更难来。

【原文】

13.17 子夏为莒父①宰，问政。子曰："无欲速，无见小利。欲速则不达，见小利则大事不成。"

【注释】

①莒（jǔ）父：鲁国的一个城邑，在今山东省莒县境内。

【译文】

子夏做莒父的总管，问孔子怎样办理政事。孔子说："不要求快，不要贪求小利。求快反而达不到目的，贪求小利就做不成大事。"

【评析】

"欲速则不达"，贯穿着辩证法思想，即对立着的事物可以互相转化。孔子要求子夏从政不要急功近利，否则就无法达到目的；不要贪求小利，否则就做不成大事。

【原文】

13.18 叶公语孔子曰："吾党①有直躬者②，其父攘羊③，而子证④之。"孔子曰："吾党之直者异于是。父为子隐，子为父隐，直在其中矣。"

【注释】

①党：乡党，古代以500户为一党。②直躬者：正直的人。③攘羊：偷羊。④证：告发。

【译文】

叶公告诉孔子说："我的家乡有个正直的人，他的父亲偷了人家的羊，他告发了父亲。"孔子说："我家乡的正直的人和你讲的正直人不一样。父亲为儿子隐瞒，儿子为父亲隐瞒，正直就在其中了。"

【评析】

张居正评曰："夫父子相隐，虽不得为直，然于天理为顺，于人情为安，迹虽枉而理则直，虽不求为直，而直自在其中矣。若父子相证，则于天理、人情两有所乖，岂得为直哉！此可见道不远于人情，事必求夫当理。矫情以沽誉，立异以为高，流俗之所慕，而圣人之所不取也。后世论道与论人者，宜以孔子之言为准。"

【原文】

13.19 樊迟问仁。子曰："居处恭,执事敬,与人忠。虽之夷狄,不可弃也。"

【译文】

樊迟问怎样才是仁。孔子说："平常在家规规矩矩,办事严肃认真,待人忠心诚意。即使到了夷狄之地,也不可背弃这三项德行。"

【评析】

这里孔子对"仁"的解释,是以"恭""敬""忠"三个德目为基本内涵。在家恭敬有礼,就是要符合孝悌的道德要求;办事严肃谨慎,就是要符合礼的要求;待人忠厚诚实,显示出仁德的本色。

【原文】

13.20 子贡问曰："何如斯可谓之士①矣?"子曰："行己有耻,使于四方,不辱君命,可谓士矣。"曰："敢问其次。"曰："宗族称孝焉,乡党称弟焉。"曰："敢问其次。"曰："言必信,行必果②,硁硁③然小人哉!抑亦可以为次矣。"曰："今之从政者何如?"子曰："噫!斗筲之人④,何足算也!"

【注释】

①士:士在周代贵族中位于最低层。此后,士成为古代社会知识分子的通称。②果:果断、坚决。③硁硁(kēng):象声词,敲击石头的声音。这里引申为像石块那样坚硬。④斗筲(shāo)之人:比喻器量狭小的人。筲,竹器,容一斗二升。

【译文】

子贡问道:"怎样才可以叫作士?"孔子说:"自己在做事时有知耻之心,出使外国各方,能够完成君主交付的使命,可以叫作士。"子贡说:"请问次一等的?"孔子说:"宗族中的人称赞他孝顺父母,乡党们称他尊敬兄长。"子贡又问:"请问再次一等的?"孔子说:"说到一定做到,做事一定坚持到底,不问是非地固执己见,那是小人啊。

但也可以说是再次一等的士了。"子贡说："现在的执政者，您看怎么样？"孔子说："唉！这些气量狭小的人，哪里能数得上呢？"

【评析】

孔子观念中的"士"，首先是有知耻之心、不辱君命的人，能够担负一定的国家使命，可谓上士。其次是孝敬父母、顺从兄长的人，可谓中士。再次才是"言必信，行必果"的人，可谓下士。至于现在的当政者，他认为是气量狭小的人，根本算不得士。他所培养的就是具有前两种品德的"士"。

【原文】

13.21 子曰："不得中行①而与之，必也狂狷②乎？狂者进取，狷者有所不为也。"

【注释】

①中行：行为合乎中庸。②狷（juàn）：拘谨，有所不为。

【译文】

孔子说："我找不到奉行中庸之道的人和他交往，只能与狂者、狷者相交往了。狂者敢作敢为，狷者对有些事是不肯干的。"

【评析】

"狂"与"狷"是两种对立的品质。狂者是有志之人，敢作敢为，但易陷于冒进；狷者是有守之人，有所不为，但易流于退缩。孔子认为，中行就是不偏于狂，也不偏于狷。人的气质、作风、德行都不偏于任何一个方面，对立的双方应互相牵制，互相补充，这样才符合于中庸的思想。狂者使之践履笃实，以充其进取之志，狷者使之恢宏通达，以扩其不为之节。

【原文】

13.22 子曰："南人有言曰：'人而无恒，不可以作巫医①。'善夫！'不恒其德，或承之羞②。'"子曰："不占③而已矣。"

【注释】

①巫医：用卜筮为人治病的人。②不恒其德，或承之羞：此二句引自《易经·恒卦·爻辞》。③占：占卜。

【译文】

孔子说："南方人有句话说：'人如果做事没有恒心，就不能当巫医。'这句话说得真好啊！'人不能长久地保持自己的德行，免不了要遭受耻辱。'"孔子说："这句话的意思是让没有恒心的人不必去占卦罢了。"

【评析】

本章中孔子讲了两层意思：一是人必须有恒心，这样才能成就事业。二是人必须恒久保持德行，否则就可能遭受耻辱。这是他对自己的要求，也是对学生们的告诫。

【原文】

13.23 子曰："君子和①而不同，小人同②而不和。"

【注释】

①和：不同的东西和谐地配合叫作和，各方面之间彼此不同。②同：相同的东西相加或与人相混同叫作同，各方面之间完全相同。

【译文】

孔子说："君子讲求和谐而不同流合污，小人只求完全一致而不讲求协调。"

【评析】

"和而不同"是孔子思想体系中的重要组成部分。"君子和而不同，小人同而不和。"君子可以与他周围的人保持和谐融洽的关系，但他对待任何事情都必须经过自己大脑的独立思考，从来不愿人云亦云，盲目附和；小人则没有自己独立的见解，只求与别人完全一致，而不讲求原则，但他却与别人不能保持融洽友好的关系。这是在处事为人方面。其实，在所有的问题上，往往都能体现出"和而不同"和

"同而不和"的区别。"和而不同"显示出孔子思想的深刻哲理和高度智慧。

【原文】

13.24 子贡问曰:"乡人皆好之,何如?"子曰:"未可也。""乡人皆恶之,何如?"子曰:"未可也。不如乡人之善者好之,其不善者恶之。"

【译文】

子贡问孔子说:"全乡人都喜欢、赞扬他,这个人怎么样?"孔子说:"这还不能肯定。"子贡又问孔子说:"全乡人都厌恶、憎恨他,这个人怎么样?"孔子说:"这也是不能肯定的。最好的人是全乡的好人都喜欢他,全乡的坏人都厌恶他。"

【评析】

对于一个人的正确评价,其实并不容易。这里孔子把握一个原则,即不以众人的好恶为依据,而应以善恶为标准。听取众人的意见是应当的,也是判断一个人优劣的依据之一,但绝不是唯一的依据。他的这个思想对于我们今天识别好人与坏人有重要意义。

【原文】

13.25 子曰:"君子易事①而难说②也。说之不以道,不说也;及其使人也,器之③。小人难事而易说也。说之虽不以道,说也;及其使人也,求备焉。"

【注释】

①易事:易于与人相处共事。②难说:难于取得他的喜欢。③器之:量才使用他。

【译文】

孔子说:"为君子办事很容易,但很难取得他的喜欢。不按正道去讨他的喜欢,他是不会喜欢的;当他使用人的时候,总是量才使用。为小人办事很难,但要取得他的喜欢则是很容易的。不按正道去讨他的喜

欢,也会得到他的喜欢;等到他使用人的时候,却是求全责备。"

【评析】

这一章里,孔子提出了君子与小人之间的另一个区别。这一点也是十分重要的。作为君子,他并不对人百般挑剔,而且也不轻易表明自己的喜好,但在选用人才的时候,往往能够量才而用,不会求全责备,但小人就不同了。在现实社会中,君子并不多见,而小人则屡见不鲜。

【原文】

13.26 子曰:"君子泰而不骄,小人骄而不泰。"

【译文】

孔子说:"君子安静坦然而不傲慢无礼,小人傲慢无礼而不安静坦然。"

【评析】

张居正评曰:"君子,小人,其存心不同,故其气象亦自有辨。君子以道德润身,是以内和而外平,心广而体胖。但见其安舒自得而已,何尝矜己傲物,而或涉于骄乎?小人以才势自恃,是以志得而意满,心高而气盛。但见其矜夸自足而已,何尝从容不迫,而有所谓泰乎?盖泰若有似于骄,而有道之气象与逞欲者自殊;骄若有似于泰,而负势之气习,与循理者迥别。欲知君子小人之分,观诸此而已矣。"

【原文】

13.27 子曰:"刚、毅、木、讷,近仁。"

【译文】

孔子说:"刚强、果敢、朴实、谨慎,这四种品德接近于仁。"

【评析】

孔子把"仁"和人的朴素气质归为一类。这里首先必须是刚毅果断,其次必须言行谨慎,这样就接近于仁的最高境界了。这一主张与孔子一贯的思想是完全一致的。

【原文】

13.28 子路问曰:"何如斯可谓之士矣?"子曰:"切切偲偲、怡怡如也,可谓士矣。朋友切切偲偲①,兄弟怡怡②。"

【注释】

①偲偲(sī):勉励、督促、诚恳的样子。②怡怡(yí):和气、亲切、顺从的样子。

【译文】

子路问孔子道:"怎样才可以称为士呢?"孔子说:"互助督促勉励,相处和和气气,可以算是士了。朋友之间互相督促勉励,兄弟之间相处和和气气。"

【评析】

与兄弟朋友相处有一定之道,如果不能妥善处理,也很难长期保持良好关系。

【原文】

13.29 子曰:"善人教民七年,亦可以即戎矣。"

【译文】

孔子说:"善人教育百姓七年,也就可以叫他们去当兵打仗了。"

【评析】

善人之道,或教之以孝悌忠信之行,使之知尊君亲上之义;或教之以务农讲武之法,使之知攻杀击刺之方。积而至于七年之久,亦可以使之披坚执锐,而从事于戎伍之间。

【原文】

13.30 子曰:"以不教民战,是谓弃之。"

【译文】

孔子说:"让未经军事训练的百姓去打仗,等于是在抛弃他们。"

【评析】

本章和上一章都讲了教练百姓作战的问题，从中可以看出，孔子并不完全反对军事手段解决某些问题。仁政亦需养兵，只是不轻易用兵而已。所谓：天下虽安，忘战必危，讲武事，除戎器，以备不虞。

宪问第十四

宪问第十四

● 本篇提要

《宪问》篇主题是礼仁守则，共计44章，1340字。从仁的表现、大仁小义、到位不越位、知其不可而为之、君子定义等五个方面做了论述。人生立世，必须要有坚定的操守，必须要有为信仰而献身的坚定精神，在任何境况下都不动摇。"居天下之广居，立天下之正位，行天下之大道；得志，与民由之；不得志，独行其道。富贵不能淫，贫贱不能移，威武不能屈。"

【原文】

14.1 宪①问耻。子曰："邦有道，谷②；邦无道，谷，耻也。""克、伐③、怨、欲不行焉，可以为仁矣？"子曰："可以为难矣，仁则吾不知也。"

【注释】

①宪：姓原名宪，孔子的学生。②谷：这里指做官者的俸禄。③伐：自夸。

【译文】

原宪问孔子什么是可耻。孔子说："国家有道，做官拿俸禄；国家无道，还做官拿俸禄，这就是可耻。"原宪又问："好胜、自夸、怨恨、贪欲都没有的人，可以算做到仁了吧？"孔子说："这可以说是很难得的，但至于是不是做到了仁，那我就不知道了。"

【评析】

在《述而》篇7.13章里，孔子谈到过有关"耻"的问题，本章又提到这个问题。孔子在这里认为，做官的人应当竭尽全力为国效忠，无论国家有道还是无道，都照样拿俸禄的人，就是可耻。在本章第二个层次中，孔子又谈到"仁"的问题。仁的标准很高，孔子在这里认为脱除了"好胜、自夸、怨恨、贪欲"的人难能可贵，但究竟合不合"仁"，他说就不得而知。显然，"仁"是最高的道德标准。

原宪(公元前515年—？)，姓原，名宪，字子思，亦称原思，比孔子小36岁，鲁国人。原宪出身贫寒，清静守节，个性狷介，不肯与世俗同流合污，一生安贫乐道。他在鲁国住的是茅草盖顶的方丈小屋，门户是蓬蒿编成的，而且还不完整。户枢是桑树条做的，窗口是用破瓮做成的，并以粗布隔为两间。屋顶漏雨，地下潮湿，他却端坐而弦歌。

《雍也》篇云："原思为之宰，与之粟九百，辞。子曰：'毋，以与尔邻里乡党乎！'"从文献资料看，孔子并没有采邑，故原宪为"宰"应为"家宰"，即在孔子任鲁司寇时，担任孔子的家庭总管。《孔子家语·七十二弟子解》亦云："孔子为鲁司寇，原宪尝为之宰。"原宪做孔子家宰，孔子给他九百石小米的俸禄，他却辞而不受，可见原宪清而不贪。《宪问》篇云："邦有道，谷；邦无道，谷，耻也。"《泰伯》篇云："天下有道则见，无道则隐。邦有道，贫且贱焉，耻也；邦无道，富且贵焉，耻也。"孔子主张，生活虽然困厄贫穷，但不能受乱君之禄。乱君当政，"道"不行天下，却出来"干禄"，是可耻的。原宪奉行了孔子的教诲，努力追求"仁"的目标，孔子死时，原宪仅37岁，正值盛年力强之时，却没有去追求官职，没有投靠权贵，而是跑到卫国去，过起了隐居的生活。子贡在卫国做了官，志得意满。有一天，子贡驾着四马大车，带着一队骑士，排开丛生的杂草，进到一个荒僻的小村子里去看原宪。原宪穿戴着破旧的衣帽接待了子贡。子贡开口便问他说："你是不是病了？"原宪说道："我听说，一个人没有钱叫贫；学了一身道术而不能去实行才叫作病。像我现在这个寒酸样子，只是贫，并不是病。"

他是孔门弟子中少有的一个"不厌糟糠，匿藏于穷巷"的人物，他

秉持着孔子所说的"天下有道则见,无道则隐"的主张,穷不失志,是"贫而无怨"的典型人物。《韩非子·显学》把原宪之儒列为"儒家八派"之一。

【原文】

14.2 子曰:"士而怀居①,不足以为士矣。"

【注释】

①怀居:怀,思念,留恋。居,家居。怀居,指留恋家居的安逸生活。

【译文】

孔子说:"士如果留恋家庭的安逸生活,就不配做士了。"

【评析】

张居正评曰:"士志于道,则居无求安,为其所志者大,不暇为燕安计也。苟于意所便安处,即恋恋不能舍,或怀于宫室器用之美,或怀于声色货利之私。则心为形役,而志以物损,处富贵则必淫,处贫贱则必移,其卑陋甚矣,恶足以为士乎?"

【原文】

14.3 子曰:"邦有道,危①言危行;邦无道,危行言孙②。"

【注释】

①危:直,正直。②孙:通"逊"。

【译文】

孔子说:"国家有道,要正言正行;国家无道,还要正直,但说话要谨慎。"

【评析】

孔子要求自己的学生,当国家有道时,可以直述其言,但当国家无道时,就要注意说话的方式方法。只有这样,才可以避免祸端。这是一种为政之道。

【原文】

14.4 子曰:"有德者必有言,有言者不必有德。仁者必有勇,勇者不必有仁。"

【译文】

孔子说:"有道德的人,一定有善言,善于言论的人不一定有道德。仁人一定勇敢,勇敢的人不一定有仁德。"

【评析】

这一章解释的是言论与道德、勇敢与仁德之间的关系。这是孔子的道德哲学观,他认为勇敢只是仁德的一个方面,二者不能画等号,所以,人除了有勇以外,还要修养其他各种道德,从而成为有德之人。

【原文】

14.5 南宫适①问于孔子曰:"羿②善射,奡荡③舟④,俱不得其死然。禹稷⑤躬稼而有天下。"夫子不答。南宫适出,子曰:"君子哉若人!尚德哉若人!"

【注释】

①南宫适:适,同"括",即南容。②羿(yì):传说中夏代有穷国的国君,善于射箭,曾夺夏太康的王位,后被其臣寒浞所杀。③奡(ào):传说中寒浞的儿子,后来为夏少康所杀。④荡舟:用手推船。传说中奡力大,善于水战。⑤禹稷:禹,夏朝的开国之君,善于治水,注重发展农业。稷,传说是周朝的祖先,又为谷神,教民种植庄稼。

【译文】

南宫适问孔子:"羿善于射箭,奡善于水战,最后都不得好死。禹和稷都亲自种植庄稼,却得到了天下。"孔子没有回答。南宫适出去后,孔子说:"这个人真是个君子呀!这个人真尊重道德!"

【评析】

孔子是道德主义者,他鄙视武力和权术,崇尚朴素和道德。南宫适认为禹、稷以德而有天下，羿、奡以武力而不得其终。孔子就说他很有道德，是个君子。后代儒家发展了这一思想，提出"恃德者昌，恃力者亡"的主张，要求统治者以德治天下，而不要以武力得天下，否则，最终是没有好下场的。

【原文】

14.6 子曰："君子而不仁者有矣夫，未有小人而仁者也。"

【译文】

孔子说："君子没成为仁者是有的，而小人成为仁者是不可能的。"

【评析】

仁者是士君子中的最高标准，孔子没有指出哪个学生达到了这个标准。君子有志于仁，但是毫忽之间，心不在焉，稍不注意，可能就人欲盖过天理，有不仁之行。所以说君子也有不仁的时候，而小人离士君子都差得老远，就完全不可能成为仁者。

【原文】

14.7 子曰："爱之，能勿劳乎？忠焉，能勿诲乎？"

【译文】

孔子说："爱人，劳其筋骨以育人。忠人，良言相告以诲人。"

【评析】

劳其筋骨是真爱，良言相告是忠臣。对下，比如对子女、下属，严是爱，宽是害；对上，仁者必有良言、真言。

【原文】

14.8 子曰："为命①，裨谌②草创之，世叔③讨论之，行人④子羽⑤修饰之，东里⑥子产润色之。"

【注释】

①命：指国家的政令。②裨谌（bì chén）：人名，郑国的大夫。③世

叔：即子太叔，名游吉，郑国的大夫。子产死后，继子产为郑国宰相。④行人：官名，掌管朝觐聘问，即外交事务。⑤子羽：郑国大夫公孙挥的字。⑥东里：地名，郑国大夫子产居住的地方。

【译文】

孔子说："郑国发表的公文，都是由裨谌起草，世叔提出意见，外交官子羽加以修饰，由子产做最后修改润色。"

【评析】

郑国在今天河南郑州一带，处于晋楚两大国之间，四战之地，用子产的话说，叫"国小而逼"，是挤在大国之间的小国。小国的生存，在大国之间找均衡，讲信修睦，解纷息争，外交就尤其重要。郑国将有诸侯外交大事的时候，子产先让裨谌写草稿，立其大意，因为裨谌善于谋划计略，让他先定方向、定原则、定办法。裨谌写好之后，给世叔研究论证，因为世叔博通典故，加以义理论断。世叔论证通过，再交给行人子羽修饰、裁剪。最后再给东里子产润色，加以文采，这才发文出使。所以郑国的外交，很少有不成功的。

做领导的，要知人善任，用人所长。子产不是简单地把一项工作交给一个人，因为一个人能力有限、长处不同，所以交办工作时，就要有规划，谁完成哪一部分，怎么组合团队能最好地完成任务。我们看到裨谌、世叔、子羽三人，同心同德，毫无猜忌，每个人都有体国之诚意，忘己之公心，这就是真正的团队。

【原文】

14.9 或问子产。子曰："惠人也。"问子西①。曰："彼哉！彼哉！"问管仲。曰："人也②。夺伯氏③骈邑④三百，饭疏食，没齿⑤无怨言。"

【注释】

①子西：这里的子西指楚国的令尹，名申。②人也：即人才也。③伯氏：齐国的大夫。④骈邑：地名，伯氏的采邑。⑤没齿：死。

【译文】

有人问子产是个怎样的人。孔子说:"是个有恩惠于人的人。"又问子西。孔子说:"一般!一般!"又问管仲。孔子说:"他是个有才干的人,他把伯氏骈邑的三百户夺走,使伯氏终生吃粗茶淡饭,直到老死也没有怨言。"

【评析】

子产,是郑大夫,名公孙侨,执郑国之政二十余年,当时以为贤,故有人问于孔子说:"子产之为人何如?"孔子说:"子产听郑国之政,德泽浃洽于国人,乃惠爱之人也。"按,子产为相,政尚威严,芟除强梗,又铸刑书以禁民之非,其迹近于寡恩。然其心切于爱民,修法度而使人知所守,严禁令而使人不陷于罪辟。三年之后,国人皆歌颂之,终子产之身,郑国大治,强于诸侯,盖其实爱之及于民者深矣,故孔子以"惠人"称之。及子产死,孔子又为之垂涕曰:"古之遗爱也。"

子西,是楚平王之庶长子,名申。平王卒,令尹子常以其贤,欲立之,子西不许,竟立嫡长子壬为王,又能改修其政,以定楚国,当时称之,故有人又问说:"子西之为人何如?"孔子无所可否,但应之说:"彼哉!彼哉!"外之之辞也。按,楚僭称王号,凭陵周室。孔子作《春秋》,嘉桓文之功,贬楚之王号,而称子,盖以夷礼外之。子西虽贤,不过僭窃之臣耳,故曰"彼哉!彼哉!"者,盖置贤否于不足论也。另外,当初楚昭王招聘孔子,甚至要以书社地七百里封孔子,因被子西阻拦而作罢。

管仲,是齐大夫管夷吾,相桓公霸诸侯,一匡天下。人也,是说此人也。伯氏,亦齐大夫。骈,是伯氏所封之邑,有三百户,盖大邑也。疏食,是粗饭。没齿,是终身。有人又问:"管仲之为人何如?"孔子说:"此人也其功足以服人者也。昔齐大夫伯氏有罪,桓公夺其所封之骈邑三百户,以封管仲。伯氏后来穷约,饭食粗饭,以至终身,曾无怨言。夫夺人之有,人之所不堪也;夺之而致其穷约终身,尤人之所不堪也。乃伯氏安焉终不以为怨,苟非有以深服其心,岂能如此?观此而管仲之功可知矣，是则管仲之为人也。"

子产、子西、管仲三人，皆春秋之名臣，然当时议论犹有未定，子产以法严而掩其德爱，管仲以器小而昧其大功，子西以能让千乘之国，而盗一时之名，非夫子一言以定其人品，则万世之公论几不白矣。此人之所以为难知，而论人者当以圣言为准也。

【原文】

14.10 子曰："贫而无怨难，富而无骄易。"

【译文】

孔子说："贫穷而能够没有怨恨是很难做到的，富裕而不骄傲相对容易。"

【评析】

我们常说苦难是财富，但苦难、贫穷对大部分人来说是灾难，很难没有怨言。而富裕者普遍受教育程度较高，富而知书礼，仓廪实而知礼节，所以说富而无骄相对容易些。

【原文】

14.11 子曰："孟公绰①为赵魏老②则优③，不可以为滕薛④大夫。"

【注释】

①孟公绰：鲁国大夫，属于孟孙氏家族。②老：这里指古代大夫的家臣。③优：有余。④滕薛：滕，诸侯国家，在今山东滕州。薛，诸侯国家，在今山东滕州东南一带。

【译文】

孔子说："孟公绰做晋国赵氏、魏氏的家臣，是才力有余的，但不能做滕、薛这样小国的大夫。"

【评析】

人之材器，各有所宜，用人者必当知人善任，因材而器使之。如孟公绰为人廉静寡欲，而才干则短，本宜于简，而不宜于繁者也。家老之职重在执行力，唯在端谨以领率群僚而已，公绰之廉静寡欲，固自优于

此也。而大夫任一国之政，重在决断力，非有理繁治剧之才者不能，公绰短于才，则固不足以办此矣。可见人各有能有不能，任当其才，皆可以奏功；用违其器，适足以偾事。

【原文】

14.12 子路问成人①。子曰："若臧武仲②之知，公绰之不欲，卞庄子③之勇，冉求之艺，文之以礼乐，亦可以为成人矣。"曰："今之成人者何必然？见利思义，见危授命，久要④不忘平生之言，亦可以为成人矣。"

【注释】

①成人：人格完备的完人。②臧武仲：鲁国大夫臧孙纥。③卞庄子：鲁国卞邑大夫。④久要：长久处于穷困中。

【译文】

子路问怎样做才是一个完美的人。孔子说："如果具有臧武仲的智慧，孟公绰的克制，卞庄子的勇敢，冉求那样多才多艺，再用礼乐加以修饰，也就可以算是一个完人了。"孔子又说："现在的完人何必一定要这样呢？见到财利想到义的要求，遇到危险能献出生命，长久处于穷困还不忘平日的诺言，这样也可以成为一位完美的人。"

【评析】

本章谈人格完善的问题。孔子认为，具备完善人格的人，应当富有智慧、克制、勇敢、多才多艺和礼乐修饰。谈到这里，孔子还认为，有完善人格的人，应当做到在见利见危和久居贫困的时候，能够思义、授命、不忘平生之言，这样做就符合于义。尤其是本章提出"见利思义"的主张，即遇到有利可图的事情，要考虑是否符合义，不义则不为。这句话对后世产生了极大影响。

【原文】

14.13 子问公叔文子①于公明贾②曰："信乎，夫子③不言、不笑、不取乎？"公明贾对曰："以④告者过也。夫子时然后言，人不厌其言；乐然后笑，人不厌其笑；义然后取，人不厌其取。"子曰："其然！岂其然乎？"

【注释】

①公叔文子：卫国大夫公孙拔，卫献公之子。谥号"文"。②公明贾：姓公明字贾，卫国人。③夫子：文中指公叔文子。④以：此处是"这个"的意思。

【译文】

孔子向公明贾问公叔文子的为人，说："先生他不说、不笑、不取钱财，是真的吗？"公明贾回答道："这是告诉你话的那个人的过错。先生他到该说时才说，因此别人不厌恶他说话；快乐时才笑，因此别人不厌恶他笑；合于礼要求的财利他才取，因此别人不厌恶他取。"孔子说："原来如此！哪能像传言所说的那样呢？"

【评析】

孔子在这里通过评价公叔文子，进一步阐释"义然后取"的思想，只要合乎于义、礼，公叔文子并非不说、不笑、不取钱财。这就是有高尚人格者之所为。

【原文】

14.14 子曰："臧武仲以防求为后于鲁，虽曰不要君，吾不信也。"

【译文】

孔子说："臧武仲凭借防邑请求鲁君在鲁国替臧氏立后代，虽然有人说他不是要挟君主，我不相信。"

【评析】

臧武仲因得罪孟孙氏而逃离鲁国，后来回到防邑，向鲁君要求，以立臧氏之后为卿大夫作为条件，自己离开防邑。孔子认为他以自己的封地为据点，想要挟君主，犯上作乱，犯下了不忠的大罪。所以他说了上面这段话。此事在《春秋》书中有记载。

【原文】

14.15 子曰:"晋文公①谲②而不正,齐桓公③正而不谲。"

【注释】

①晋文公:姓姬名重耳,春秋时期有作为的政治家,著名的霸主之一。公元前636—前628年在位。②谲(jué):欺诈,玩弄手段。③齐桓公:姓姜名小白,春秋时期有作为的政治家,著名的霸主之一。公元前685—前643年在位。

【译文】

孔子说:"晋文公诡诈而不正派,齐桓公正派而不诡诈。"

【评析】

为什么孔子对春秋时代两位著名政治家的评价截然相反呢?他主张"礼乐征伐自天子出",对时人的违礼行为一概加以指责。文公为人专尚诈谋,不由正道,是谲而不正者。桓公则犹知正道,不尚诈谋,是正而不谲者。比如晋文公称霸后召见周天子,这对孔子来说是不可接受的,所以他说晋文公诡诈。齐桓公打着"尊王"的旗号称霸,孔子认为他的做法符合于礼的规定。所以,他对晋文公、齐桓公做出上述评价。

【原文】

14.16 子路曰:"桓公杀公子纠①,召忽②死之,管仲不死。"曰:"未仁乎?"子曰:"桓公九合诸侯③,不以兵车④,管仲之力也。如其仁⑤,如其仁。"

【注释】

①公子纠:齐桓公的哥哥。齐桓公与他争位,杀掉了他。②召忽:管仲和召忽都是公子纠的家臣。公子纠被杀后,召忽自杀,管仲归服于齐桓公,并当上了齐国的宰相。③九合诸侯:指齐桓公多次召集诸侯盟会。④不以兵车:即不用武力。⑤如其仁:这就是他的仁德。

【译文】

子路说:"齐桓公杀了公子纠,召忽自杀以殉,但管仲却没有自杀。管仲不能算是仁人吧？"孔子说："桓公多次召集各诸侯国的盟会，不用武力，都是管仲的力量啊。这就是他的仁德，这就是他的仁德。"

【评析】

孔子提出"事君以忠"。公子纠被杀了，召忽自杀以殉其主，而管仲却没有死，不仅如此，他还归服了其主的政敌，担任了宰相，这样的行为应当属于对其主的不忠。但孔子却认为管仲帮助齐桓公召集诸侯会盟，而不依靠武力，是依靠仁德的力量，消弭了众多杀伐纷争，值得大大地称赞。

【原文】

14.17 子贡曰："管仲非仁者与？桓公杀公子纠，不能死，又相之。"子曰："管仲相桓公，霸诸侯，一匡天下，民到于今受其赐。微①管仲，吾其被发左衽②矣。岂若匹夫匹妇之为谅③也，自经④于沟渎⑤而莫之知也。"

【注释】

①微：无，没有。②被发左衽：被，通"披"。衽，衣襟。被发左衽是当时的夷狄之俗。③谅：遵守信用。这里指小节小信。④自经：上吊自杀。⑤渎：小沟渠。

【译文】

子贡问："管仲不能算是仁人了吧？桓公杀了公子纠，他不能为公子纠殉死，反而做了齐桓公的宰相。"孔子说："管仲辅佐桓公，称霸诸侯，匡正了天下，老百姓直到今天在还享受到他的好处。如果没有管仲，恐怕我们也要披散着头发，衣襟向左开了。哪能像普通百姓那样恪守小节，自杀在小山沟里，而谁也不知道呢。"

【评析】

本章和上一章都是评价管仲。孔子也曾在别的章节中说到管仲的不足之处，但总的来说，他肯定了管仲有仁德。根本原因就在于管仲"尊王攘夷"，反对使用暴力，而且阻止了齐鲁之地被"夷化"的可能。孔

子认为,像管仲这样有仁德的人,不必像匹夫匹妇那样,斤斤计较他的节操与信用。

【原文】

14.18 公叔文子之臣大夫僎①与文子同升诸公②。子闻之,曰:"可以为'文'矣。"

【注释】

①僎(zhuàn):人名。公叔文子的家臣。②升诸公:公,公室。升诸公,僎由家臣升为大夫,与公叔文子同位。

【译文】

公叔文子的家臣僎和文子一同做了卫国的大夫。孔子知道了这件事以后说:"可以给他'文'的谥号了。"

【评析】

公叔文子推荐自己的家臣到朝廷做官,与自己同列,这种胸襟非同一般。孔子认为他可以得到"文"的谥号了,这是赞扬公叔文子举贤荐能的美德。

【原文】

14.19 子言卫灵公之无道也,康子曰:"夫如是,奚而不丧?"孔子曰:"仲叔圉①治宾客,祝鮀治宗庙,王孙贾治军旅,夫如是,奚其丧?"

【注释】

①仲叔圉(yǔ):即孔文子。他与后面提到的祝鮀、王孙贾都是卫国的大夫。

【译文】

孔子讲到卫灵公的无道,季康子说:"既然如此,为什么他没有败亡呢?"孔子说:"因为他有仲叔圉接待宾客办理外交,祝鮀管理宗庙祭祀,王孙贾统率军队,像这样,怎么会败亡呢?"

【评析】

灵公虽无道,但懂得用人。所以说,仁政礼治大于国君。

【原文】

14.20 子曰:"其言之不怍①,则为之也难。"

【注释】

①怍(zuò):惭愧的意思。

【译文】

孔子说:"说话如果大言不惭,那么实现这些话就是很困难的了。"

【评析】

孔子多次强调,敏于行而慎于言,先行其言,而后从之。

【原文】

14.21 陈成子①弑简公②。孔子沐浴而朝,告于哀公曰:"陈恒弑其君,请讨之。"公曰:"告夫三子③。"孔子曰:"以吾从大夫之后④,不敢不告也,君曰'告夫三子'者。"之⑤三子告,不可。孔子曰:"以吾从大夫之后,不敢不告也。"

【注释】

①陈成子:即陈恒,齐国大夫,又叫田成子。他以大斗借出,小斗收进的方法受到百姓拥护。公元前481年,他杀死齐简公,夺取了政权。②简公:齐简公,姓姜名壬。公元前484—前481年在位。③三子:指季孙、孟孙、叔孙三家。④从大夫之后:孔子曾任过大夫职,但此时已经去官家居,所以说从大夫之后。⑤之:动词,往。

【译文】

陈成子杀了齐简公。孔子斋戒沐浴以后,随即上朝去见鲁哀公,报告说:"陈恒把他的君主杀了,请你出兵讨伐他。"哀公说:"你去报告那三位大夫吧。"孔子说:"因为我曾经做过大夫,所以不敢不来报告,君主却说'你去告诉那三位大夫吧'。"孔子去向那三位大夫报告，但三位大夫不愿派兵讨伐，孔子又说："因为我曾经做过大夫，所以不敢不来报告呀。"

【评析】

陈成子杀死齐简公，这在孔子看来真是"不可忍"的事情。尽管他已经退官家居了，但他还是郑重其事地把此事告诉了鲁哀公。他的请求遭到哀公和三桓的婉拒，所以孔子心里一定是很抱怨，但又无能为力。孔子的这个举动看似违背"不在其位，不谋其政"，但孔子认为这是当仁不让之时，该勉力而为。

【原文】

14.22 子路问事君。子曰："勿欺也，而犯之。"

【译文】

子路问怎样侍奉君主。孔子说："不能欺骗他，但可以犯颜直谏。"

【评析】

大臣之于国君，有匡弼之责。君有过，必当尽言以谏诤，哪怕会冒犯威严。国君应舍己从人，闻一善言，即从之若决江河，唯求有裨于君德，有利于国家。

【原文】

14.23 子曰："君子上达，小人下达。"

【译文】

孔子说："君子向上通达仁义，小人向下通达财利。"

【评析】

君子所为都只循着天理而行，所以心志清明，义理昭著，所知者日以精深，所行者日以纯熟，渐至于为圣为贤。譬之登山者，一步高似一步，将日进于高明矣，岂非上达者乎？小人所为都出自私欲，所以志气昏昧，物欲牵引，良心则日以丧失，邪行则日以恣肆，渐至于为愚为不肖。譬之凿井者，一步低似一步，将日流于污下而已，岂非下达者乎？

【原文】

14.24 子曰："古之学者为己，今之学者为人。"

【译文】

孔子说："古代的人学习是修为自己，而现在的人学习是为了给别人看。"

【评析】

为己者虽然专于务内，而有诸中者形诸外，其终自至于成物。为人者虽然心在务外，而虚誉隆者实德病，其终并至于丧己。为学者不可不知。

【原文】

14.25 蘧伯玉①使人于孔子，孔子与之坐而问焉。曰："夫子何为？"对曰："夫子欲寡其过而未能也。"使者出，子曰："使乎！使乎！"

【注释】

①蘧（qú）伯玉：人名，卫国的大夫，名瑗，孔子到卫国时曾住在他的家里。

【译文】

蘧伯玉派使者去拜访孔子。孔子让使者坐下，然后问道："先生最近在做什么？"使者回答说："先生想要减少自己的错误，但还未能做到。"使者走了以后，孔子说："好一位使者啊，好一位使者啊！"

【评析】

尧、舜、禹的禅让，以为人心惟危，道心惟微；成汤之检身若不及；文王之望道而未之见。古之圣贤，皆是反躬自省而成大德。

【原文】

14.26 子曰："不在其位，不谋其政。"曾子曰："君子思不出其位。"

【译文】

孔子说:"不在那个职位,就不要考虑那个职位上的事情。"曾子说:"君子考虑问题,从来不超出自己的职位范围。"

【评析】

"不在其位,不谋其政",这是被人们广为传说的一句名言。此为孔子对于学生们今后为官从政的忠告。他要求为官者各司其职,脚踏实地,做好本职分内的事情。"君子思不出位"也同样是这个意思。这是孔子的一贯思想,与"正名分"的主张是完全一致的。

【原文】

14.27 子曰:"君子耻其言而过其行。"

【译文】

孔子说:"君子认为说得多而做得少是可耻的。"

【评析】

这句话极为精练,但含义深刻。孔子希望人们少说多做,而不要只说不做或多说少做。在社会生活中,总有一些夸夸其谈的人,他们口若悬河,滔滔不绝,说尽了大话、套话、虚话,但到头来,一件实事未做,给集体和他人造成极大的不良影响。因此,对照孔子所说的这句话,有此类习惯的人,应当有所警戒。

【原文】

14.28 子曰:"君子道者三,我无能焉:仁者不忧,知者不惑,勇者不惧。"子贡曰:"夫子自道也。"

【译文】

孔子说:"君子之道有三个方面,我都未能做到:仁德的人不忧愁,聪明的人不迷惑,勇敢的人不畏惧。"子贡说:"这正是老师的自我表述。"

【评析】

作为君子,孔子认为其必需的品格有许多,这里他强调指出了其中的三个方面：仁、智、勇。张居正说，仁则心德浑全，而私欲净尽，凡穷通得丧，皆不足以累其心，故不忧；智则心体虚明，而思虑详审，凡是非邪正，皆不足以蔽其心，故不惑；勇则浩然之气至大至刚，以之决大疑，任大事，自勇往直前，而无足以动其心，故不惧。在《子罕》篇中，孔子也讲到以上这三个方面。

【原文】

14.29 子贡方人①。子曰："赐也贤乎哉②？夫我则不暇。"

【注释】

①方人：评论、诽谤别人。②赐也贤乎哉：疑问语气，批评子贡不够贤。

【译文】

子贡评论别人的短处。孔子说："赐啊，你真的就那么贤良吗？我可没有闲工夫去评论别人。"

【评析】

子贡平日好比方人物而较其短长。此虽穷理之一事，然专务为此，则心驰于外，而自治内省之功疏矣，故孔子反言以警示子贡。

【原文】

14.30 子曰："不患人之不己知，患其不能也。"

【译文】

孔子说："不忧虑别人不知道自己，只担心自己没有本事。"

【评析】

花香蝶自来。

【原文】

14.31 子曰："不逆诈①，不亿②不信，抑亦先觉者，是贤乎！"

【注释】

①逆：预先猜测。②亿：通"臆"，臆测的意思。

【译文】

孔子说:"不预先怀疑别人欺诈,也不臆测别人不诚实,然而能事先觉察别人的欺诈和不诚实,这就是贤人了。"

【评析】

心如明镜,则美丑自现。毋意、毋必,亦不为外物所蒙蔽。

【原文】

14.32 微生亩①谓孔子曰:"丘,何为是②栖栖③者与?无乃为佞乎?"孔子曰:"非敢为佞也,疾固④也。"

【注释】

①微生亩:鲁国人。②是:如此。③栖栖(xī):忙碌不安、不安定的样子。④疾固:疾,恨。固,固执。

【译文】

微生亩对孔子说:"孔丘,你为什么这样四处奔波游说呢?是要显示自己的口才和花言巧语吗?"孔子说:"我不是敢于花言巧语,只是痛恨那些顽固不化的人。"

【评析】

张居正评曰:"君子立身行己,自有法度,丘岂敢为佞人之事?但以世道污浊,挽回在人,而康济民物,当有所寄。若是守拘滞之见,以隐为高,昧变通之宜,果于忘世,则执一不通的人,又我之所恶者也。其所以栖栖然而不能忘情于斯世,盖以此耳,岂敢为佞哉!盖微生亩是齿德俱尊的人,但其所见偏执,故圣人对之礼恭而言直如此,其警之亦深矣。"孔子与老庄之别,由此可见一斑。

【原文】

14.33 子曰:"骥①不称其力,称其德也。"

【注释】

①骥:千里马。古代称善跑的马为骥。

【译文】

孔子说:"千里马值得称赞的不是它的气力,而是它的品质。"

【评析】

千里马的品质不在速度,而在持续可靠性,稳定不抛锚。人不可徒恃其才而不修其德,观人者,论其才而又当考其德。

【原文】

14.34 或曰:"以德报怨,何如?"子曰:"何以报德?以直报怨,以德报德。"

【译文】

有人说:"用恩德来报答怨恨怎么样?"孔子说:"用什么来报答恩德呢?应该是用正直来报答怨恨,用恩德来报答恩德。"

【评析】

孔子不同意"以德报怨"的做法,认为应当是"以直报怨"。这是说,不以有旧恶旧怨而改变自己的公平正直,也就是坚持了正直,"以直报怨"对于个人道德修养极为重要。"以德报怨"厚有余,平不足,慈悲生祸害。孔子也反对"以怨报怨",不放大,不放过,真实客观,不欺不累。

【原文】

14.35 子曰:"莫我知也夫!"子贡曰:"何为其莫知子也?"子曰:"不怨天,不尤①人。下学而上达②,知我者其天乎!"

【注释】

①尤:责怪、怨恨。②下学而上达:下学学人事,上达达天命。

【译文】

孔子说:"没有人了解我啊!"子贡说:"怎么能说没有人了解您呢?"孔子说:"我不埋怨天,也不责备人,下学礼乐而上达天命,了解我的只有天吧!"

【评析】

古来圣贤皆寂寞，人生得一知己足矣。

【原文】

14.36 公伯寮①愬②子路于季孙。子服景伯③以告，曰："夫子固有惑志于公伯寮，吾力犹能肆诸市朝④。"子曰："道之将行也与，命也；道之将废也与，命也。公伯寮其如命何！"

【注释】

①公伯寮：姓公伯名寮，字子周，孔子的学生，曾任季氏的家臣。②愬（sù）：通"诉"，告发，诽谤。③子服景伯：鲁国大夫，姓子服名伯，"景"是他的谥号。④肆诸市朝：古时处死罪人后陈尸示众。

【译文】

公伯寮向季孙告发子路。子服景伯把这件事告诉给孔子，并且说："季孙氏听信公伯寮谗言，我的力量尚能够把公伯寮杀了，把他陈尸于市。"孔子说："道能够得到推行，是天命决定的；道不能得到推行，也是天命决定的。公伯寮能把天命怎么样呢？"

【评析】

在本章里，孔子又一次谈到自己的天命思想。"道"能否推行，在天命而不在人为，即所谓"谋事在人，成事在天"。公道自在人心，明人不做暗事。

【原文】

14.37 子曰："贤者辟①世，其次辟地，其次辟色，其次辟言。"子曰："作者七人②矣。"

【注释】

①辟：通"避"，逃避。②七人：即伯夷、叔齐、虞仲、夷逸、朱张、柳下惠、少连。

【译文】

孔子说："贤人逃避动荡的社会而隐居，次一等的逃避到另外一个地方去,再次一点的逃避别人难看的脸色,再次一点的回避别人难听的话。"孔子又说:"这样做的已经有七个人了。"

【评析】

这一章讲为人处世的道理。人不可能总是处于一帆风顺的环境里,身居逆境该怎样做?在"邦无道"的情况下,孔子说的"四辟"之道,可以看作是孔子教授给弟子们的处世之道。

【原文】

14.38 子路宿于石门①。晨门②曰:"奚自?"子路曰:"自孔氏。"曰:"是知其不可而为之者与?"

【注释】

①石门:地名,鲁国都城的外门。②晨门:早上看守城门的人。

【译文】

子路夜里住在石门,看门的人问:"从哪里来?"子路说:"从孔子那里来。"看门的人说:"是那个明知干不成却还要去干的人吗?"

【评析】

"知其不可而为之",这是做人的大道理。人要有一点锲而不舍的追求精神,许多事情都是经过艰苦努力和奋斗而得来的。孔子"知其不可而为之",反映出他孜孜不倦的执着精神。从这位看门人的话中,我们也可以看出当时普通人对孔子的评论。

【原文】

14.39 子击磬①于卫,有荷蒉②而过孔氏之门者,曰:"有心哉,击磬乎!"既而曰:"鄙哉!硁硁③乎!莫己知也,斯己而已矣。深则厉④,浅则揭⑤。"子曰:"果哉!末⑥之难⑦矣。"

【注释】

①磬(qìng):一种打击乐器的名称。②荷蒉(kuì):荷,肩扛。蒉,草筐。荷蒉,肩背着草筐。③硁硁(kēng):击磬的声音。④深则厉:穿着衣服涉水过河。⑤浅则揭(qì):揭,撩起衣服。意为水浅就

提起衣襟涉水过河。"深则厉，浅则揭"是《诗经·卫风·匏有苦叶》的诗句。⑥末：无。⑦难：责问。

【译文】

孔子在卫国，一次正在敲击磬，有一位背扛草筐的人从门前走过说："这个击磬的人有心思啊！"一会儿又说："声音硁硁的，真可鄙呀，没有人了解自己，只为自己就是了。（好像涉水一样，）水深就穿着衣服蹚过去，水浅就撩起衣服蹚过去。"孔子说："说得真果断啊，没有什么可以责问他了。"

【评析】

孔子在卫国住的时间最长，那里君子多、人口多，是推行仁政比较理想的地方。但由于卫灵公年老荒于政事，没有重用孔子，所以孔子在击磬中寄托了感慨和愁思。而荷蒉者能从击磬的声音中听出孔子的心思，并且用《诗经》的诗来劝孔子，以涉水为喻，讥讽孔子不知己而不止。他的意思是，社会黑暗也好、不太黑暗也好，都不该为之而奔走，因为这是徒劳无功的。孔子如果按他的话做，是没有什么困难的。但是，孔子对自己的理想有执着的追求，还是坚持"知其不可而为之"，非不能，实不忍。

【原文】

14.40 子张曰："《书》云：'高宗①谅阴②，三年不言。'何谓也？"子曰："何必高宗？古之人皆然。君薨③，百官总己以听于冢宰④三年。"

【注释】

①高宗：商王武宗。②谅阴（ān）：古时天子守丧之称。③薨（hōng）：周代时诸侯死称薨。④冢宰：官名，相当于后世的宰相。

【译文】

子张说："《尚书》云：'高宗守丧，三年不谈政事。'这是什么意思？"孔子说："不仅是高宗，古人都是这样。国君死了，嗣君不听政，朝廷百官都各管自己的职事，听命于冢宰三年。"

【评析】

子女为父母守丧三年的习惯在孔子以前就有,《尚书》中就有这样的记载。对此,孔子持肯定态度,即使国君,其父母去世了,也在继位后三年内不理政事,平民百姓更是如此了。当然,这样做也有一个前提,要有一位忠贞不贰的大臣可以接受委托管理国事。守业重于守丧,是为大孝。

【原文】

14.41 子曰:"上好礼,则民易使也。"

【译文】

孔子说:"在上位的人喜好礼,那么百姓就容易听命了。"

【评析】

礼,是尊卑上下的礼节。若为上的心诚好之,修之于身,而视听言动必以礼;达之于政,而教训正俗必以礼。这样百姓们都会安分循理,而无敢抗违。如果上位之人不讲礼,而靠刑罚或德行,则过犹不及,不符中庸之道。

【原文】

14.42 子路问君子。子曰:"修己以敬。"曰:"如斯而已乎?"曰:"修己以安人①。"曰:"如斯而已乎?"曰:"修己以安百姓②。修己以安百姓,尧舜其犹病诸?"

【注释】

①安人:使身边的人安乐。②安百姓:使老百姓安乐。

【译文】

子路问什么叫君子。孔子说:"修养自己,保持严肃恭敬的态度。"子路说:"这样就够了吗?"孔子说:"修养自己,使身边的人安乐。"子路说:"这样就够了吗?"孔子说:"修养自己,使百姓安乐。修养自己使百姓安乐,尧舜也怕担心自己做不到吧?"

【评析】

本章里孔子再谈君子的标准问题。他认为，修养自己是君子立身处世和管理政事的关键所在，只有这样做，才可以使身边的人（家人和亲友）和老百姓都得到安乐，所以孔子的修身，更重要的在于治国安邦。

君子有三项目标，修身即爱己，齐家即爱人，治国即爱众，而这三项的基石是修己以敬。

【原文】

14.43 原壤①夷俟②。子曰："幼而不孙弟③，长而无述焉，老而不死，是为贼。"以杖叩其胫。

【注释】

①原壤：鲁国人，孔子的旧友。他母亲死了，他还大声歌唱，孔子认为这是大逆不道。②夷俟（sì）：夷，双腿分开而坐。俟，等待。③孙弟：通"逊悌"。

【译文】

原壤叉开双腿坐着等待孔子。孔子骂他说："年幼的时候，你不讲孝悌，长大了又没有什么成就，老而不死，真是害人。"说着，用手杖敲他的小腿。

【评析】

孔子一生诲人不倦，此处又是一例。原壤为老不尊，少壮不努力，老大徒伤悲。

【原文】

14.44 阙党①童子将命②。或问之曰："益者与？"子曰："吾见其居于位③也，见其与先生并行也。非求益者也，欲速成者也。"

【注释】

①阙党：即阙里，孔子家住的地方。②将命：在宾主之间传言。③居于位：童子与长者同坐。

【译文】

阙里的一个童子,来向孔子传话。有人问孔子:"这是个求上进的孩子吗?"孔子说:"我见他坐成年人的位子,又见他和长辈并行,他不是上进的人,而是个急于求成的人。"

【评析】

孔子特别注重长幼有序,这是儒家的一贯主张。除了在家庭里讲孝、悌以外,年幼者在家庭以外的地方还必须尊敬长者。由此,发展为中华民族尊老敬老的传统美德,本质上是一种感恩和传承,在老龄化的今天更有提倡的必要。如果说上一章是无为到老,这一章则是年少胡为,可见成君子者一要明方向、思进取,二要讲方法、懂次第。

卫灵公第十五

卫灵公第十五

🌸**篇提要**

《卫灵公》篇主题是治国之道，共计42章，905字。从首重言语、仁有三难等方面做了论述。子以四教：文行忠信。这四门功课由浅入深，由易到难。本篇的重点是讲信，指出高层官员要高度重视"言语"这项治国才能，与后面季氏、阳货两篇对中层官员重点要求齐家才干（忠）、基层官员重点要求修身素养（行）很不一样，形成鲜明的层次对照。"言语"方面的要求也可以说是最高的要求了，高层领导者要有深谋远虑、防微杜渐的意识和深刻洞察力，"巧言乱德""小不忍则乱大谋""辞达而已""当仁不让"等名句正体现了这样的思想。不明白这条脉络，就会误认为《论语》各篇是散篇、重复，各种从政的要求杂乱无章，对一些章句的解读难免流于表面，甚至断章取义。

【原文】

15.1 卫灵公问陈①于孔子。孔子对曰："俎豆②之事，则尝闻之矣；军旅之事，未之学也。"明日遂行。

【注释】

①陈：通"阵"，军队作战时，布列的阵势。②俎（zǔ）豆：古代盛食物的器皿，被用作祭祀时的礼器。

【译文】

卫灵公向孔子问军队列阵之法。孔子回答说："祭祀礼仪方面的事情，我还听说过；用兵打仗的事，从来没有学过。"第二天，孔子便离开了卫国。

【评析】

卫灵公向孔子询问有关军事方面的问题，孔子对此很不感兴趣。孔子没有与卫灵公正面争论，假说不知，辞达的技巧和道不同不相为谋的决然让人印象深刻。从总体上讲，孔子反对用战争的方式解决国与国之间的争端，当然在具体问题上也有例外。孔子主张以礼治国，礼让为国，所以他以上面这段话回答了卫灵公，并于次日离开了卫国。

孔子和卫灵公，总是有缘无分。第一次来卫国，灵公给孔子六万石俸禄，但不给具体工作安排，孔子走了。第二次孔子回来，卫灵公大喜，出城郊迎，那是相当大的礼数。但是卫灵公自己年纪也大了，怠于政事，只想用孔子装门面，孔子又走了。这是第三次孔子入卫，卫灵公问孔子军事问题，孔子很郁闷，灵公始终看不到他的价值。据《史记·孔子世家》记载：卫灵公问阵的第二天，又找孔子聊。孔子继续侃侃而谈治国之道。这时候，天上有大雁飞过，灵公心不在焉，抬头看那飞雁，孔子一看，对牛弹琴，走了。不久灵公就去世了，此后两人再无交集。

【原文】

15.2 在陈绝粮，从者病，莫能兴。子路愠①见曰："君子亦有穷乎？"子曰："君子固穷②，小人穷斯滥矣。"

【注释】

①愠（yùn）：怒，怨恨。②固穷：固守穷困，安守穷困。

【译文】

（孔子一行）在陈国断了粮食，随从的人都饿病了。子路很不高兴地来见孔子，说道："君子也有穷得毫无办法的时候吗？"孔子说："君子虽然穷困，但还是会坚守原则；小人一遇穷困就胡作非为了。"

【评析】

孔子和弟子们被围困起来，出不去，又没有补给，弟子们都饿得站不起来。这时候孔子干什么呢？继续每日带着弟子们讲习礼仪。孔子知道大家都有气,挨个找几个主要弟子单独谈话。先把子路叫进来:"子路啊,你说说,我们怎么会落到这步田地呢?"子路回答说:"我想是我们的仁和智都还不够吧!因为仁不够,别人还不信任我们;因为智不够,所以别人不愿意施行我们的学说。"孔子回答:"是这样吗?如果仁义达到了就能得到信任,伯夷叔齐怎么会饿死在首阳山呢?如果智慧够了,他的学说就能得到施行,王子比干怎么会被纣王残杀呢?"再把子贡叫进来问,子贡说:"老师的学说极其宏大,但是标准太高了,以至于没有国家能容得下您。老师能不能稍微降低一点标准,接点地气,让您的思想能落地呢?"孔子说:"子贡啊!我们做学问是为了什么呢?是为了改变世界,不是为了迎合世界。你不修明自己的学说,继续精益求精,却想去迎合世人,你的志向太不远大了!"轮到颜回了,颜回说:"夫子之道恢宏巨大,天下不能容。而天下不能容下老师,不仅不会让老师之道减色,而是更显出老师的君子本色!老师的学问还不够修明,是我们的耻辱,是我们学习进步努力不够!老师之道如果已经修明而不为所用,那是当权者的耻辱。"颜回一席话,把孔子说开心了,笑着说:"颜回啊!以后你如果发了财,我给你当管家!"

子路在《论语》中出现次数很多,是跟老师走得最近的几个弟子之一,但他没学到老师的思想。子贡世俗事务本事最大,擅长权变,他就要老师行权变,把标准降低一点。但这样做,适合子贡,不适合孔子,因为孔子不会去迎合屈就。不用就算了,用之则行,舍之则藏。一辈子没机会,还可以著书立说,传之后世。困厄陈国的后来,是孔子派子贡出使楚国,楚昭王派兵解了孔子之围。

若将孔门弟子视作一个大型班级,子贡无疑是那个班长,颜回、子路分别是学习委员、劳动委员。纵观三大弟子,子路偏狂,颜回偏狷,唯子贡近中行。论对孔门之贡献,子贡实巨,子路次之,颜回甚少,故孔子说"回也,非助我者",当然颜回早逝是一大遗憾。

【原文】

15.3 子曰:"赐也!女以予为多学而识之者与?"对曰:"然,非与?"曰:"非也。予一以贯之。"

【译文】

孔子说:"赐啊!你以为我是学习得多了才一一记住的吗?"子贡答道:"是啊,难道不是这样吗?"孔子说:"不是的。我是用一个根本的东西把它们贯彻始终的。"

【评析】

《里仁》篇4.15,孔子跟曾子说过:"参乎,吾道一以贯之。"曾子曰:"唯。"子出,门人问曰:"何谓也?"曾子曰:"夫子之道,忠恕而已矣。"孔子对曾参说:"曾参啊!我的道,就是一以贯之!"儒家思想的核心是忠恕之道,用民间的俗话来说,就是将心比心。儒家讲日用常行,儒家思想和中国的民间智慧是一体的,都是讲日常生活。"忠",是"己欲立而立人,己欲达而达人",你想得到的,让别人也得到,或者让别人先得到。因为你想要的,你就知道别人也想要。忠于自己的内心,就懂得别人的感受和诉求。恕道呢,就是反过来,己所不欲,勿施于人。自己不想遭遇的,不要施之于别人。

道理都听说过,但知易行难。天下之事,多如牛毛,你都能学而知之吗?这就是我们说的学习第一大病——老想学"新东西"!听老师讲课,没讲什么新东西,这个老师不行。"老东西"你都会了吗?没有一样会的,只是听说了,晓得几个词,就以为会了,要去学几个新词。这有什么用?所以孔子是把他的忠恕之道贯穿在他的整个学问和行动中,这才是真学习!

孔子多才多艺,弟子们普遍会归结为孔子的"博闻强识",孔子担心弟子们只是通过"形而下学"去修行仁德,因此说"非也"。孔子突出强调"一以贯之",这个"一"就是思想上要有"仁"的总纲,是"形而上学";不能只停在知识、技能的层面上。笔者理解的孔子的"一以贯之"之道,应当是《述而》篇提出的"志于道,据于德,依于仁,游于艺",惟精惟一,允执其中。

【原文】

15.4 子曰:"由!知德者鲜矣。"

【译文】

孔子说:"由啊!懂得德的人太少了。"

【评析】

有人猜测,这句话是在"子路愠见"时说的。《里仁》篇4.15讲孔子在陈被困绝粮,子路气呼呼地进来找老师发泄情绪。"知德",要知道什么样的德呢?张居正说,义理之得于心者谓之德,如果你不是真的懂了、透彻了、心里明亮了,实实在在自己身上有了这个德,你就不能体会到其意味之深长和真切。大到用舍行藏,小到死生祸福,都不能动摇他的心。这样来看,能知德的人,又有几个呢?

困于陈蔡,就是对孔门弟子们的一次洗礼,前面记载的孔子和子路、子贡、颜回的谈话,已经说得很透了。《荀子·宥坐》里记载,孔子当时,还跟子路说了一段话:"由!居!吾语女:昔晋公子重耳霸心生于曹,越王勾践霸心生于会稽,齐桓公小白霸心生于莒。故居不隐者思不远,身不佚者志不广。女庸安知吾不得之桑落之下?"意为:仲由!坐下!我告诉你。从前晋公子重耳的称霸之心产生于流亡途中的曹国,越王勾践的称霸之心产生于被围困的会稽山,齐桓公小白的称霸之心产生于逃亡之处莒国。所以处境不窘迫的人就想得不远,自己没奔逃过的人志向就不广大,你怎么知道我今天流落在这桑树底下,明天就不能得志呢?

知德者鲜,知道者稀,德是用,道是体,由修德而入道。"吾未见好德如好色者""君子怀德,小人怀土;君子怀刑,小人怀惠"。世人鲜知"德",多知"土""惠""声""色",孔子说"居上不宽,为礼不敬,临丧不哀,吾何以观之哉?"发完常人的牢骚之后,圣人的正能量来了:"德不孤,必有邻。""行仁,斯仁至矣。"不要因为修德之人少而失去信心,真理往往掌握在少数人手里。

【原文】

15.5 子曰:"无为而治①者,其舜也与?夫何为哉?恭己正南面而已矣。"

【注释】

①无为而治：国家的统治者不必有所作为便可以治理国家了。

【译文】

孔子说："能够无所作为而治理天下的人，大概只有舜吧？他做了些什么呢？只是庄严端正地坐在王位上罢了。"

【评析】

孔子赞赏无为而治并以舜为例加以说明，这表明，主张积极进取的儒家十分留恋三代的法度礼治，在孔子的观念中，不是无为而治，而是仁政礼治。

张居正评曰："自古帝王以盛德而致至治者多矣。然或开创而前无所承，则不能无经始之劳；或主圣而臣莫能及，则不能得任人之逸，是皆未免于有为也。若夫躬修玄默，密运化机，不待有所作为，而天下自治者，其惟虞舜之为君也与？盖舜之前有尧，凡经纶开创之事，尧固已先为之。舜承其后，不过遵守成法而已，下又得禹、稷、契、皋陶、伯益诸臣，以为之辅。凡亮工熙载之事，诸臣皆已代为之，舜居其上，不过询事考成而已。以今考之，舜果何所为哉？但见其垂衣拱手，端居南面，穆穆然著其敬德之容而已。而当其时，庶绩咸熙，万邦自宁，后世称极治者必归之有虞焉。所以说无为而治者，唯舜为然也，然无为者，有虞之治，而无逸者，圣人之心。故书之称舜，不曰无怠无荒，则曰兢兢业业，一日二日，万几。盖无逸者，正所以成其无为也，不然，而肆然民上，漫不经心，何以有从欲风动之治哉？善法舜者，尚于其敬德任贤求之。"

《为政》篇孔子说，"为政以德，譬如北辰，居其所而众星共之"。践行孔子无为而治思想的优秀学生是宓子贱。《史记·仲尼弟子列传》中孔子赞其"惜哉！不齐所治者小，所治者大则庶几矣"。宓子贱为单父宰时，重视民心、士气和社会风气，而不在乎财物得失。不仅赋役较轻，而且在灾年能"发仓粟、赈困穷、补不足"。他能"举能、招贤、退不肖"，以实际行动提倡孝敬父母、尊敬师长，以礼乐治理百姓，为后世留下了一个"鸣琴而治"的美谈。

【原文】

15.6 子张问行①。子曰"言忠信,行笃敬,虽蛮貊②之邦,行矣。言不忠信,行不笃敬,虽州里③,行乎哉?立,则见其参④于前也,在舆,则见其倚于衡⑤也,夫然后行。"子张书诸绅⑥。

【注释】

①行:通达的意思。②蛮貊(mò):古人对少数民族的贬称,蛮在南方,貊在北方。③州里:五家为邻,五邻为里。五党为州,2500家。州里指近处。④参:列,显现。⑤衡:车辕前面的横木。⑥绅:贵族系在腰间的大带。

【译文】

子张问如何才能使自己到处都能行得通。孔子说:"说话要忠信,行事要笃敬,即使到了蛮貊地区,也可以行得通。说话不忠信,行事不笃敬,就是在本乡本土,能行得通吗?站着,就仿佛看到忠信笃敬这几个字显现在面前,坐车,就好像看到这几个字刻在车辕前的横木上,这样才能使自己到处行得通。"子张把这些话写在腰带上。

【评析】

有理走遍天下,无理寸步难行。子张务外,而不能有恒,故夫子勉之如此,于是子张即以夫子之言,书写于大带之上,盖欲常接于目而警于心,亦可谓能佩服圣人之教矣。张居正评曰:"此章之言,不独学者切己之事,在人君尤宜致谨。人君一言失,则天下议之;一行失,则天下背之,甚则怨之詈之。非细故也,诚能忠信笃敬,则所谓至诚与天地参者,亦不外此,而况于人乎?所以说王道本于诚意。"

【原文】

15.7 子曰:"直哉史鱼①!邦有道,如矢②;邦无道,如矢。君子哉蘧伯玉!邦有道,则仕;邦无道,则可卷而怀之。"

【注释】

①史鱼:卫国大夫,名鰌,字子鱼,他多次向卫灵公推荐蘧伯玉。②如矢:矢,箭。如矢,形容其直。

【译文】

孔子说:"史鱼真是正直啊!国家有道,他的言行像箭一样直;国家无道,他的言行也像箭一样直。蘧伯玉也真是一位君子啊!国家有道就出来做官;国家无道就(辞去官职)把自己的主张收藏在心里。"

【评析】

从文中所述内容看,史鱼与伯玉是有所不同的。史鱼当国家有道或无道时,都同样直爽,而伯玉则只在国家有道时出来做官。所以,孔子说史鱼是"直",伯玉是"君子"。

史鱼的直史上有名,留下了"生以身谏,死以尸谏"的美谈。史鱼在世时多次向卫灵公举荐德才兼备的蘧伯玉,但卫灵公一直未采纳,而喜欢作风不正的弥子瑕。史鱼临终告诫儿子不要"治丧正室"。其子依命将尸体停放在窗下。卫灵公前来吊丧,问明缘由后,大惊失色,说:"这是我的过失。"回去后便辞退了弥子瑕而重用了蘧伯玉。

【原文】

15.8 子曰:"可与言而不与之言,失人;不可与言而与之言,失言。知者不失人,亦不失言。"

【译文】

孔子说:"应该讲的话,却没有讲,这就是失掉了人格(职守);不应该讲的话,却讲了,这就是说错了话。有智慧的人既不失去人格,又不说错话。"

【评析】

此篇主题是治国之道,这句话放在这里,重点在提醒对国君(领导、同事朋友)该提建议(报告情况,尤其是不好的情况)时,不讲是失职,有损人格;而在不该讲的时候去讲,则是失言,比如国君(领导、同事朋友)已有主意,即使建议很好也不要反复去提。本篇后面有"辞达而已"的总结,点到为止正是既不失人也不失言的中庸之道。

【原文】

15.9 子曰:"志士仁人,无求生以害仁,有杀身以成仁。"

【译文】

孔子说:"志士仁人,没有贪生怕死而损害仁的,只有牺牲自己的性命来成全仁的。"

【评析】

"杀身成仁"被近现代以来某些人加以解释和利用后,似乎已经有了贬义。其实,我们认真、深入地去理解孔子所说的这段话,主要谈了他的生死观是以"仁"为最高原则的。生命对每个人来讲都是十分宝贵的,但还有比生命更可宝贵的,那就是"仁"。"杀身成仁",就是要人们在生死关头宁可舍弃自己的生命也要保全"仁"。自古以来,它激励着多少仁人志士为国家和民族的生死存亡而抛头颅洒热血,谱写了一首首可歌可泣的壮丽诗篇。

【原文】

15.10 子贡问为仁。子曰:"工欲善其事,必先利其器。居是邦也,事其大夫之贤者,友其士之仁者。"

【译文】

子贡问怎样实行仁德。孔子说:"工匠想把活儿做好,必须首先使他的工具锋利。住在这个国家,就要侍奉大夫中的那些贤者,与士人中的仁者交朋友。"

【评析】

"工欲善其事,必先利其器"这句话在民间已为人们所熟知。这就是"磨刀不误砍柴工"。在本章中,孔子以此做比喻,说明实行仁德的方式,就是要侍奉贤者、结交仁者,这是需要首先做到的。

【原文】

15.11 颜渊问为邦。子曰:"行夏之时①,乘殷之辂②,服周之冕③,乐则《韶》舞④。放⑤郑声⑥,远⑦佞人。郑声淫,佞人殆⑧。"

【注释】

①夏之时:夏代的历法,便于农业生产。②殷之辂(lù):辂,天

子所乘的车。殷代的车是木制成，比较朴实。③周之冕：周代的帽子。④《韶》舞：是舜时的舞乐，孔子认为是尽善尽美的。⑤放：禁绝、排斥、抛弃的意思。⑥郑声：郑国的乐曲，孔子认为是淫声。⑦远：远离。⑧殆：危险。

【译文】

颜渊问怎样治理国家。孔子说："用夏代的历法，乘殷代的车子，戴周代的礼帽，奏舜时的《韶》乐。禁绝郑国的乐曲，疏远巧言谄媚的小人。郑国的乐曲浮靡不正派，巧言谄媚的小人太危险。"

【评析】

这里讲礼乐的重要性，礼乐实际上是仁者言语思想的外化。夏代的历法有利于农业生产，殷代的车子朴实适用，周代的礼帽华美，舜时的《韶》乐优美动听，这都是孔子所推崇的。涉及礼的问题，他还是主张"复礼"，当然不是越古越好，而是有所选择。此外，还要禁绝靡靡之音，疏远奸佞小人。

【原文】

15.12 子曰："人无远虑，必有近忧。"

【译文】

孔子说："人没有长远的考虑，一定会有眼前的忧患。"

【评析】

此章强调了未雨绸缪的重要性，生于忧患，死于安乐。

【原文】

15.13 子曰："已矣乎！吾未见好德如好色者也。"

【译文】

孔子说："完了，我从来没有见像好色那样好德的人。"

【评析】

孔子感慨修德的难度，道高一尺，魔高一丈，也道出了人性的弱点。

【原文】

15.14 子曰:"臧文仲其窃位①者与!知柳下惠②之贤而不与立也。"

【注释】

①窃位:身居官位而不称职。②柳下惠:春秋中期鲁国大夫,姓展名获,又名禽,他受封的地名是柳下,"惠"是他的私谥,所以,人称其为柳下惠。

【译文】

孔子说:"臧文仲是一个窃居官位的人吧!他明知道柳下惠是个贤人,却不举荐他一起做官。"

【评析】

选贤任能是领导的一项重要职责。上一章句讲"未见好德如好色者",这章紧接着就举"坐怀不乱"的柳下惠,编者独有用心。

【原文】

15.15 子曰:"躬自厚而薄责于人,则远怨矣。"

【译文】

孔子说:"多责备自己而少责备别人,那样就可以避免别人的怨恨了。"

【评析】

人与人相处难免会有各种矛盾与纠纷。为人处世应该多替别人考虑,从别人的角度看待问题。一旦发生了矛盾,人们应该多做自我批评,而不能一味指责别人的不是。责己严,待人宽,这是保持良好和谐的人际关系所不可缺少的原则。

【原文】

15.16 子曰:"不曰'如之何①,如之何'者,吾末②如之何也已矣。"

【注释】

①如之何：怎么办的意思。②末：这里指没有办法。

【译文】

孔子说："遇事从来不说'怎么办，怎么办'的人，我对他也不知怎么办才好。"

【评析】

凡事当虑善而启动，计定而后举。上一章讲待人要严己宽人，这章讲处事要深思熟虑，防微杜渐。

【原文】

15.17 子曰："群居终日，言不及义，好行小惠，难矣哉！"

【译文】

孔子说："整天聚在一块儿，说的都达不到义的标准，专好卖弄小聪明，这样很难修德进业。"

【评析】

君子交友，以讲学会友、取善辅仁为要。此章也是择友的一条标准。

【原文】

15.18 子曰："君子义以为质，礼以行之，孙①以出之，信以成之。君子哉！"

【注释】

①孙：通"逊"，谦逊。

【译文】

孔子说："君子以义作为根本，用礼加以推行，用谦逊的语言来表达，用忠诚的态度来完成。这样才是君子啊！"

【评析】

张居正评曰："人之处事，难于尽善。若既不失事理之宜，而又兼备众善之美，则惟君子能之。盖君子知事无定形，而有定理，故凡应事接物，以义为之质干，其是非可否，一惟视事理之当然者而处之，盖有不可以势夺，不可以利回者，其心有定见如此，然未尝径情而直行也。又行之以礼，而周旋曲折，灿然有品节之文焉，未尝自是而轻物也。又出之以逊，而谦卑退让，蔼然有和顺之美焉，且自始至终，全是一片真切诚实的心，以贯彻于应事接物之间，而绝无一毫虚伪矫饰之意，这是信以成之。"

【原文】

15.19 子曰："君子病无能焉，不病人之不己知也。"

【译文】

孔子说："君子只怕自己没有才能，不怕别人不知道自己。"

【评析】

提升才干，人不知而不愠。

【原文】

15.20 子曰："君子疾没世①而名不称焉。"

【注释】

①没世：死亡之后。

【译文】

孔子说："君子担心死亡以后他的名声不为人们所称颂。"

【评析】

人生一世，草木一秋，区别在价值而已。

【原文】

15.21 子曰："君子求诸己，小人求诸人。"

【译文】

孔子说："君子求之于自己，小人求之于别人。"

【评析】

君子内求内省,自力更生,轻易不请人帮忙。

【原文】

15.22 子曰:"君子矜①而不争,群而不党。"

【注释】

①矜(jīn):庄重的意思。

【译文】

孔子说:"君子庄重而不与别人争执,合群而不结党营私。"

【评析】

张居正评曰:"持己莫善于矜,而不争乃所以节矜之过。处众莫善于群,而不党乃所以制和之流。"

【原文】

15.23 子曰:"君子不以言举人,不以人废言。"

【译文】

孔子说:"君子不凭一个人说的话来举荐他,也不因为一个人不好而不采纳他的好话。"

【评析】

从第17章到第23章,这七章基本上全都是讲君子的所作所为以及与小人的不同。什么是君子呢?孔子认为,他应当注重义、礼、逊、信的道德准则;他严格要求自己,尽可能做到立言,传名于后世;他行为庄重,与人和谐,但不结党营私,不以言论重用人,也不以人废其言,等等。

【原文】

15.24 子贡问曰:"有一言而可以终身行之者乎?"子曰:"其恕乎!己所不欲,勿施于人。"

【译文】

子贡问道:"有没有一个字可以终身奉行的呢?"孔子回答说:

"那就是恕吧！自己不愿意的，不要强加给别人。"

【评析】

"忠恕之道"可以说是孔子的发明，这个发明对后人影响很大。孔子把"忠恕之道"看成是处理人际关系的一条准则，这也是儒家伦理的一个特色。这样可以消除别人对自己的怨恨，缓和人际关系，安定当时的社会秩序。

【原文】

15.25 子曰："吾之于人也，谁毁谁誉？如有所誉者，其有所试矣。斯民也，三代之所以直道而行也。"

【译文】

孔子说："我对于别人，诋毁过谁？赞美过谁？如有所赞美的，也一定是经过考证的。夏、商、周三代的人都是这样做的，所以三代能直道而行。"

【评析】

张居正评曰："孔子此言，盖深为世道虑，而欲挽之于三代之隆也。要之公道在人，以之命德讨罪、褒善贬恶者，都是此理。使在上者持此以操赏罚之权，则天下以劝以惩，而公道大行；在下者持此以定是非之论，则天下以荣以辱，而公道大明，尚何古道之不可复哉？"

【原文】

15.26 子曰："吾犹及史之阙文①也，有马者借人乘之。今亡矣夫！"

【注释】

①阙文：史官记史，遇到有疑问的地方便缺而不记，这叫作阙文。

【译文】

孔子说："我还能够看到史书因存疑而空缺的地方，有马的人借给别人使用。这些正直诚实、乐于助人的良好风尚，今天荡然无存了！"

【评析】

观人心可以知世道。以前人们是直道而行，人与人之间互相帮助，民风淳朴。"史之阙文"知之为知之的正直诚实精神，与下章"巧言乱德"形成鲜明对比；"有马者借人乘之"互信互助、急人所急的乐助精神，与时下钩心斗角、自私自利实有云泥之别。孔子为什么举这两件"小事"呢，那是因为这些虽然是细节小事，却反映出时过境迁后，社会风气发生了巨大的变化。两件都是小事，但折射的是世风日下、道德沦丧的重大危机。

知史鉴今，当思学识上不要不懂装懂，以免误导后人，不要道听途说，以讹传讹；物质上要力行扶危济困，不要事不关己，袖手旁观。

【原文】

15.27 子曰："巧言乱德，小不忍则乱大谋。"

【译文】

孔子说："花言巧语败坏人的德行，看似小事，不忍心下重手处置（预防），会败坏大事情。"

【评析】

此章被广泛误读为："花言巧语败坏人的德行，小事情不忍耐，会败坏大事情。"仔细思考会发现这样解释两部分完全脱节，语意不通。再联系本篇第26和28章，不难看出这里不是讲要抓大放小，而是突出强调防微杜渐、狠抓似小实大易被轻视的问题。"小事"看似不起眼，不舍得花大力气（整治），久之积重难返、追悔莫及，会坏了大事。孔子在鲁国当司寇的时候，上台第一件事就是诛杀少正卯，正是因为他言伪而辩，可以乱正。当时就有不少大臣认为言语虚夸一些不算大事，不必杀少正卯，而孔子认为言为心声，不可不诚，绝不可姑息养奸，执意杀之，这也体现了本篇第12章"人无远虑，必有近忧"的观点。

朱熹的注解曰："小不忍，如妇人之仁，匹夫之勇皆是。"把妇人之仁放在了前面。匹夫之勇，是不忍怒；妇人之仁，是不忍心，面对坏人，他却动了圣母之心。张居正评曰："当断不断，而以妇人之姑息为

仁；不当断而断，而以匹夫之果敢为勇。如此，则牵于私爱，或以优柔以养奸，激于小忿，或以轻躁而速祸，适足以乱大谋而已。"两相对照，明显张居正的解读更胜一筹，与笔者的观点也更接近。

【原文】

15.28 子曰："众恶之，必察焉；众好之，必察焉。"

【译文】

孔子说："大家都厌恶他，必须认真考察；大家都喜欢他，也一定要再考察。"

【评析】

这一段讲了两个方面的意思。一是孔子绝不人云亦云，不随波逐流，不以众人之是非标准决定自己的是非判断，而要经过自己大脑的独立思考，经过自己理性的判断，然后再做出结论。二是一个人的好与坏不是绝对的，在不同的地点，不同的人们心目中，往往有很大的差别。所以虽然已有众论，似乎可以放松考察了，但孔子还是要用自己的标准去独立评判。这其实又是一件"小不忍"的事。

春秋时代有一个名臣，国君派他出去做官，他事先跟国君说，大家都会说他坏话，然后果然如此。国君责难他，他说您接着看，他们都会说我好，然后果然又是这样。国君不懂了。他说我开始时秉公办事，侵犯了他们的利益，所以他们都说我坏。后来我胡作非为，满足他们，所以他们都喜欢我在那儿做官。管仲深知这个道理，管仲说："乱主不察臣之功劳，众誉者则赏之，不审其罪过，众毁者则罚之。如此者，则奸臣无功而得赏，忠臣无罪而有罚。"又说："官之失其治者，是主以誉为赏，而以毁为罚也。"

【原文】

15.29 子曰："人能弘道，非道弘人。"

【译文】

孔子说："人能够使道发扬光大，不是道使人的才能扩大。"

【评析】

人必须首先修养自身、扩充自己、提高自己，才可以把道发扬光大，反过来，以道弘人，用来装点门面，哗众取宠，那就不是真正的君子之所为。这两者的关系是不可以颠倒的。

【原文】

15.30 子曰："过而不改，是谓过矣。"

【译文】

孔子说："有了过错而不改正，这才真叫错了。"

【评析】

"人非圣贤，孰能无过？"关键不在于有过，而在于能否改过，保证今后不再重犯同样的错误。也就是说，有了过错并不可怕，可怕的是坚持错误，不加改正。孔子以"过而不改，是谓过矣"的简练语言，向人们道出了这样一个真理，这是对待错误的唯一正确态度。另外，从识人的角度看，一个从不犯错的人往往不堪大用。为什么？因为这个人大概率没有承担过重要的决策和责任，未经考验难有真才实干。

【原文】

15.31 子曰："吾尝终日不食，终夜不寝，以思，无益，不如学也。"

【译文】

孔子说："我曾经整天不吃饭，彻夜不睡觉，去左思右想，结果没有什么好处，还不如去学习为好。"

【原文】

15.32 子曰："君子谋道不谋食。耕也，馁①在其中矣；学也，禄②在其中矣。君子忧道不忧贫。"

【注释】

①馁（něi）：饥饿。②禄：做官的俸禄。

【译文】

孔子说:"君子只谋求道,不谋求衣食。务耕,遇到饥荒年景也常要饿肚子;学习,可以得到俸禄。君子只担心道不能行,不担心贫穷。"

【评析】

吃饭是为了活着,但活着不是为了吃饭。孟子说,一箪食,一豆羹,得之则生,弗得则死。人如果饿死了,自然谈不上精神了。但君子不是普通百姓,君子得有一种物质之上的精神。所以孔子说,君子爱财,取之有道。每个人都有谋生的问题,但谋生靠什么呢?得靠你的本事。所以只怕自己没本事,不怕自己没饭吃。本事靠什么呢?靠"志于学"。立志是为学之本,你只有先确定了志向,才能在一件事情上用心用力用时间,积累十年,一万小时定律,成为世界级专家,那你不太可能存在吃不上饭的问题。在孔子的学生里,颜回和子贡,都有志向,有本事。子贡富可敌国,颜回穷居陋巷,但他们的安之若素、勤学不倦是一样的。子贡是"学而禄在其中",颜回是"耕而馁在其中",都是一时之际遇,不是他们关注的主要问题。

求者未必得,得者不必求。孔子强调躬行君子之道的人无须担忧衣食住行之事,只要安心修养仁德就行。所谓:敬事而后食,先劳而后禄。

【原文】

15.33 子曰:"知及之①,仁不能守之,虽得之,必失之。知及之,仁能守之,不庄以莅②之,则民不敬。知及之,仁能守之,庄以莅之,动之不以礼,未善也。"

【注释】

①知及之:知,通"智"。之,指禄位和国家天下。②莅(lì):临,到的意思。

【译文】

孔子说:"凭借聪明才智可以得到官位,但仁德没有保持的话,即使得到,也一定会丧失。凭借聪明才智可以得到官位,也保持了仁德,不用严肃态度来治理百姓，那么百姓就会不敬。做到了上述几点，但动员百姓时不照礼的要求，那也是不完善的。"

【评析】

做到了智、仁，对于治国来说还不够，凸显了言语（庄、礼）的重要性。

【原文】

15.34 子曰："君子不可小知①而可大受②也，小人不可大受而可小知也。"

【注释】

①小知：知，作为的意思。小知，做小事情。②大受：受，责任，使命的意思。大受，承担大任。

【译文】

孔子说："君子不能用小节去考量，但可以让他们承担重大的使命。小人不能让他们承担重大的使命，但可以让他们做那些小事。"

【评析】

张居正评曰："君子小人，人品不同，材器自异。"君子所务者大，而不屑于小。你若只拿小事去看他，不足以知道他的为人。只有看他担当大事的时候，其德器凝重，处变不惊；材识宏深，繁而不乱；安国家，定社稷，他都能担起来。至于小人呢，器量狭窄，识见鄙陋，和君子相比，就像一把汤勺跟一个方鼎的区别。你要托付给他国家大事，他肯定不堪其任。但是，略其大而取其小，他的才智也足以任一官、办一事，并非一无所长。所以，你别说他是"小人"，就把他抛弃了。啥人都有用，啥人都要用。

齐国孟尝君留下一个"鸡鸣狗盗"的典故。他有两个门客，来的时候，孟尝君问："你有什么特长，要我养你呀？"一个说会学狗叫，一个说会学鸡叫。这算什么特长！但孟尝君还是收留了他们。结果，这两个人都发挥了救命的作用。孟尝君出使秦国，被秦昭王扣留，那擅长学狗叫的食客，装狗钻入秦营，偷出狐白裘献给昭王的宠妾，让她和秦昭

王说情放孟尝君。孟尝君深夜逃至函谷关时,昭王又下令追捕。那擅长学鸡叫的食客,装鸡叫引得众鸡齐鸣。守城门的规矩,鸡叫就是天亮,就要开门,城门开了,孟尝君得以逃回齐国。

不过,张居正又说,君子小人,才干固然都有所能,有所不能。但是,受大器之重者,很难辨别;而小智之才,则显而易见。所以因小才而受宠,进而祸国殃民的,不可胜数!所以领导者要鉴别人才,必须自己要有穷理正心的功夫。

【原文】

15.35 子曰:"民之于仁也,甚于水火。水火,吾见蹈而死者矣,未见蹈仁而死者也。"

【译文】

孔子说:"百姓们对于实行仁德的需要,甚于对水火的需要。我见过蹈于水火而死的,却没有见过为了践行仁德而死的。"

【评析】

残酷的现实,人为财死,鸟为食亡,无利不行,反衬仁的难能可贵。司马迁说:天下熙熙皆为利来,天下攘攘皆为利往。马克思说:资本有50%的利润,它就铤而走险;有100%的利润,它就敢践踏一切人间法律;有300%的利润,它就敢犯任何罪行,甚至冒绞首的危险。本章至篇末,突出讲了仁礼、信义、君臣发生矛盾和冲突时要以仁为要,当仁不让。

【原文】

15.36 子曰:"当①仁,不让②于师。"

【注释】

①当:担当。②让:等待,不宜解为谦让。

【译文】

孔子说:"面对着仁德,但行即可,不必一味等待师长的批准。"

【评析】

孔子和儒家特别重视师生关系的和谐,强调师道尊严,一般情况下，学生做事先要向师长请命。但是，在仁德面前（通常是比较紧急的状况下），不必拘泥于礼，可以直道而行。甚至与老师意见不同时，也不要唯命是从，这是把实现仁德摆在了第一位，仁是衡量一切是非善恶的最高准则。另外"当仁"之时，通常是需要奉献甚至牺牲的时候，所以不存在谦让之说。本章紧承上章文意，与本篇15.37"杀身成仁"遥相呼应。许多突发事件中，官员正是缺乏这种"当仁不让"的对民生负责精神，一味等上级指示，导致错失最好抢救时机，财产损失和人员伤亡扩大。

【原文】

15.37 子曰："君子贞①而不谅②。"

【注释】

①贞：一说是"正"的意思，一说是"大信"的意思。这里选用"正"的说法。②谅：信，守信用。

【译文】

孔子说："君子固守正道，而不拘泥于小信。"

【评析】

前面13.20孔子曾说过："言必信，行必果"这不是君子的作为，而是小人的举动。孔子注重"信"的道德准则，但它必须以"道"为前提，即服从于仁、礼的规定。离开了仁、礼这样的大原则，而讲什么"信"，就不是真正的信。

【原文】

15.38 子曰："事君，敬其事而后其食①。"

【注释】

①食：食禄，俸禄。

【译文】

孔子说："侍奉君主，要认真办事而把领取俸禄的事放在后面。"

【原文】

15.39 子曰:"有教无类。"

【译文】

孔子说:"有了教养之后,待人处事不再分高低贵贱。"

【评析】

本篇不是讲教育问题,所以解读成人人都教是肤浅的。《雍也》篇言"中人以上,可以语上也;中人以下,不可以语上也"。《阳货》篇言"唯上智与下愚不移",可见孔子是入学前不分类,教育时大大地分类。篇首对国君的敷衍和篇尾对盲人乐师的礼待,充分反映了孔子本人"有教无类"的教养和圣人的可贵,也凸显了全篇构思的精巧。

【原文】

15.40 子曰:"道不同,不相为谋。"

【译文】

孔子说:"主张不同,不互相商议。"

【评析】

这里讲的是如果国君(上级)无道,那么仁者"邦无道则隐"。呼应开篇。

【原文】

15.41 子曰:"辞达而已矣。"

【译文】

孔子说:"发表意见务求通达,适可而止。"

【评析】

这里不是讲文法修辞,而是讲如果国君无道或朋友无意,不必纠结。可参本篇第7章"邦有道,则仕;邦无道,则可卷而怀之",本篇第8章"可与言而不与之言,失人;不可与言而与之言,失言。知者不失人,亦不失言",《里仁》篇"子游曰:事君数,斯辱矣;朋友数,斯疏矣"，《颜渊》篇"子贡问友。子曰：忠告而善道之，不可则止，毋自辱焉"。

【原文】

15.42 师冕①见，及阶，子曰："阶也。"及席，子曰："席也。"皆坐，子告之曰"某在斯，某在斯"。师冕出，子张问曰："与师言之道与？"子曰："然，固相②师之道也。"

【注释】

①师冕：乐师，这位乐师的名字是冕。②相：帮助。

【译文】

乐师冕来见孔子，走到台阶沿，孔子说："这儿是台阶。"走到座席旁，孔子说："这是座席。"等大家都坐下来，孔子告诉他："某某在这里，某某在这里。"师冕走了以后，子张就问孔子："这就是与乐师谈话的道吗？"孔子说："这就是帮助乐师的道。"

【评析】

对盲人乐师的这般礼待，与篇首对国君的敷衍形成了鲜明的对比。行文至此，通篇贯穿的是高层官员要高度重视"言语"这项治国才能，以仁为本，妥善应对种种利益纠葛的复杂局面。"君子固穷""一以贯之""当仁不让""有教无类""道不同，不相为谋""辞达而已矣"，圣人的仁德和智慧一一呈现在我们的眼前。说《论语》没有篇章结构，是何等的浅薄。

季氏第十六

季氏第十六

本篇提要

《季氏》篇主题是齐家之道，共计14章，863字。从首重政事、言语第二、德行第三等方面做了论述。本篇的重点是讲忠，指出中层官员重点要求齐家才干，能忠人之事、忠于职守。德行中突出人品不以洁己为高，而以经世为大。

【原文】

16.1 季氏将伐颛臾①。冉有、季路见于孔子曰："季氏将有事②于颛臾。"孔子曰："求！无乃尔是过与？夫颛臾，昔者先王以为东蒙主③，且在邦域之中矣，是社稷之臣也。何以伐为？"冉有曰："夫子欲之，吾二臣者皆不欲也。"孔子曰："求！周任④有言曰：'陈力就列⑤，不能者止。'危而不持，颠而不扶，则将焉用彼相⑥矣？且尔言过矣，虎兕⑦出于柙⑧，龟玉毁于椟⑨中，是谁之过与？"冉有曰："今夫颛臾，固而近于费⑩。今不取，后世必为子孙忧。"孔子曰："求！君子疾夫舍曰欲之而必为之辞。丘也闻有国有家者，不患贫而患不均，不患寡而患不安。盖均无贫，和无寡，安无倾。夫如是，故远人不服，则修文德以来之。既来之，则安之。今由与求也，相夫子，远人不服而不能来也，邦分崩离析而不能守也，而谋动干戈于邦内。吾恐季孙之忧，不在颛臾，而在萧墙⑪之内也。"

【注释】

①颛臾（zhuānyú）：鲁国的附属国，在今山东省费县西。②有事：指有军事行动，用兵作战。③东蒙主：东蒙，蒙山。主，主持祭祀的

人。④周任：人名，周代良史。⑤陈力就列：陈力，发挥能力，按才力担任适当的职务。⑥相：搀扶盲人的人叫相，这里是辅助的意思。⑦兕（sì）：雌性犀牛。⑧柙（xiá）：用以关押野兽的木笼。⑨椟（dú）：匣子。⑩费：季氏的采邑。⑪萧墙：照壁屏风，指宫廷之内。

【译文】

季康子将要讨伐颛臾。冉有、子路去见孔子说："季氏快要攻打颛臾了。"孔子说："冉求，这不就是你的过错吗？颛臾从前是周天子让它主持东蒙的祭祀的，而且已经在鲁国的疆域之内，是国家的臣属啊，为什么要讨伐它呢？"冉有说："季孙大夫想去攻打，我们两个人都不愿意。"孔子说："冉求，周任有句话说：'尽自己的力量去负担你的职务，实在做不好就辞职。'有了危险不去扶助，跌倒了不去搀扶，那还用辅助的人干什么呢？而且你说的话错了。老虎、犀牛从笼子里跑出来，龟甲、玉器在匣子里毁坏了，这是谁的过错呢？"冉有说："现在颛臾城墙坚固，而且离费邑很近。如果这时不把它夺取过来，将来一定会成为子孙的忧患。"孔子说："冉求，君子痛恨那种不肯实说自己想要那样做而又一定要找出理由来为之辩解的做法。我听说，对于诸侯和大夫，不担心财用贫乏，而担心上下分配是否公允；不担心人口寡少，而担心上下离心。因为分配公允，贫富就不会悬殊；上下和睦，就不会感到人口寡少；上下相安，也就没有倾覆的危险。如能这样，若远方的人还不归服，就用仁、义、礼、乐感召他们；已经来了，就让他们安居乐业。现在，仲由和冉求你们两个人辅佐季氏，远方的人不归服，而不能感召他们；国内民心离散，你们不能保全；反而策划在国内使用武力。我只怕季孙的忧患不在颛臾，而是在自己的内部呢！"

【评析】

本章故事发生在鲁哀公十一年（公元前484年），孔子归鲁之后。这一章反映出孔子的反战思想。他不主张通过军事手段解决国际、国内的问题，而希望采用仁、义、礼、乐的方式解决问题，这是孔子的一贯思想。此外，这一章里孔子还提出了"不患贫而患不均，不患寡而患不安"的思想。朱熹对此句的解释是："均，谓各得其分；安，谓上下相

安。"这种思想对后代人的影响很大,甚至成为人们的社会心理。此章,孔子反复论辩,明责门人长恶之罪,暗斥季氏不臣之心。

【原文】

16.2 孔子曰:"天下有道,则礼乐征伐自天子出;天下无道,则礼乐征伐自诸侯出。自诸侯出,盖十世希不失矣;自大夫出,五世希不失矣;陪臣执国命,三世希不失矣。天下有道,则政不在大夫。天下有道,则庶人不议。"

【译文】

孔子说:"天下有道的时候,制礼作乐和出兵打仗都由天子做主决定;天下无道的时候,制礼作乐和出兵打仗,由诸侯做主决定。由诸侯做主决定,大概经过十代很少有不垮台的;由大夫做主决定,经过五代很少有不垮台的;家臣执掌了国家的命运,经过三代很少有不垮台的。天下有道,国家政权就不会落在大夫手中。天下有道,老百姓也就不会议论国家政治了。"

【评析】

"天下无道"指什么?孔子这里讲,一是周天子的大权落入诸侯手中,二是诸侯国家的大权落入大夫和家臣手中,三是老百姓议论政事。对于这种情况,孔子极感不满,认为这种政权很快就会垮台。他希望回到"天下有道"的那种时代去,国泰民安,平民百姓就不会去妄议政治。这是孔子从历史尤其是春秋时期的诸侯国历史考察所得出的结论,在不少国家的兴衰更替中得到了印证。

【原文】

16.3 孔子曰:"禄之去公室五世①矣,政逮②于大夫四世③矣,故夫三桓④之子孙微矣。"

【注释】

①五世:指鲁国宣公、成公、襄公、昭公、定公五世。②逮:及。③四世:指季孙氏文子、武子、平子、桓子四世。④三桓:鲁国孟孙、叔孙、季孙都是鲁桓公后代,所以叫三桓。

【译文】

孔子说:"鲁国国君失去国家政权已经有五代了,政权落在大夫之手已经四代了,所以三桓的子孙也要衰微了。"

【评析】

三桓掌握了国家政权,这是春秋末期的一种政治变动,对此,孔子表示不满。上章讲政自大夫出,五世希不失矣。今鲁国大夫专政已经四世,所以三桓的子孙理当气数将尽。季桓子为家臣阳虎所囚,验证了孔子的判断。《尚书》说:"臣之有作威、作福、玉食,其害于而家,凶于而国。"

【原文】

16.4 孔子曰:"益者三友,损者三友。友直,友谅①,友多闻,益矣。友便辟②,友善柔③,友便佞④,损矣。"

【注释】

①谅:诚信。②便辟:惯于走邪道。③善柔:阿谀奉承,善于和颜悦色骗人。④便佞:惯于花言巧语。

【译文】

孔子说:"有益的交友有三种,有害的交友有三种。同正直的人交朋友,同诚信的人交朋友,同见闻广博的人交朋友,这是有益的。同惯于走邪道的人交朋友,同善于阿谀奉承的人交朋友,同惯于花言巧语的人交朋友,这是有害的。"

【评析】

张居正评曰:"与直者为友,则可以攻我之过失,而日进于善矣;与谅者为友,则可以消吾之邪妄,而日进于诚矣;与多闻为友,则可以广吾之识见,而日进于明矣,岂不有益于我乎?所以说益者三友。所谓三损者,一种是威仪习熟、修饰外貌的人;一种是软熟柔媚、阿谀奉承的人;一种是便佞口给、舌辩能言的人。与便辟为友,则无闻过之益,久之将日驰于浮荡矣;与善柔为友,则无长善之益,久之将日流于污下矣;与便佞为友,则无多闻之益,久之将日沦于寡陋矣,岂不有损于我乎？所以说损者三友。人能审择所从，于益友则亲近之，于损友则斥远之，何患乎德之无成也哉？然友之为道，通乎上下，况君德成败，乃天下治忽所关，尤不可以不谨。故日与正人居，所闻者正言，所见者正行，亦所谓益友也；与不正人居，声色犬马之是娱，阿谀逢迎以为悦，亦所谓损友也。养德者可不辨哉？"

【原文】

16.5 孔子曰："益者三乐，损者三乐。乐节礼乐①，乐道人之善，乐多贤友，益矣。乐骄乐②，乐佚③游，乐宴乐④，损矣。"

【注释】

①节礼乐：孔子主张用礼乐来节制人。②骄乐：骄纵不知节制的乐。③佚：通"逸"。④宴乐：沉溺于宴饮取乐。

【译文】

孔子说："有益的喜好有三种，有害的喜好有三种。以礼乐调节自己为喜好，以称道别人的好处为喜好，以有许多贤德之友为喜好，是有益的。以骄纵放肆为乐，以闲逸游荡为乐，以宴饮纵欲为乐，是有害的。"

【评析】

结交比你优秀的人很重要，因为你会成为你交往的人的样子。

【原文】

16.6 孔子曰："侍于君子有三愆①：言未及之而言谓之躁，言及之而不言谓之隐，未见颜色而言谓之瞽②。"

【注释】

①愆（qiān）：过失。②瞽（gǔ）：盲人。

【译文】

孔子说："侍奉在君子旁边陪他说话，要注意避免犯三种过失：还没有问到你的时候就说话，这是急躁；已经问到你的时候你却不说，这叫隐瞒；不看君子的脸色而贸然说话，这是盲目。"

【评析】

以上这几章，主要讲的是言语及社会交往过程中应当注意的问题。交朋友要结交那些正直、诚信、见闻广博的人，而不要结交那些逢迎谄媚、花言巧语的人，要用礼乐调节自己，多多地称道别人的好处，与君子交往要注意不急躁、不隐瞒等等，这些对我们都有很好的参考价值。

【原文】

16.7 孔子曰："君子有三戒：少之时，血气未定，戒之在色；及其壮也，血气方刚，戒之在斗；及其老也，血气既衰，戒之在得。"

【译文】

孔子说："君子有三种事情应引以为戒：年少的时候，血气还不成熟，要戒除对女色的迷恋；到了壮年，血气方刚，要戒除与人争斗；等到老年，血气已经衰弱了，要戒除贪得无厌。"

【评析】

这是孔子对人从少年到老年这一生中需要注意的问题给出的忠告。这对今天的人们还是很有启发的。

【原文】

16.8 孔子曰："君子有三畏：畏天命，畏大人，畏圣人之言。小人不知天命而不畏也，狎大人，侮圣人之言。"

【译文】

孔子说："君子有三件敬畏的事情：敬畏天命，敬畏德高位尊的人，敬畏圣人的话。小人不懂得天命因而也不知敬畏，不尊重德高位尊的人，轻侮圣人之言。"

【评析】

心中有敬畏，比如了解了孔子之后，就不会再狂妄自大。

【原文】

16.9 孔子曰："生而知之者，上也；学而知之者，次也；困而学之，又其次也；困而不学，民斯为下矣。"

【译文】

孔子说:"生来就知道的人,是上等人;经过学习以后才知道的,是次一等的人;遇到困难再去学习的,是又次一等的人;遇到困难还不学习的人,这种人就是下等的人了。"

【评析】

孔子虽说有"生而知之者",但他不承认自己是这种人,也没有见到这种人。他说自己是经过学习之后才知道的。他希望人们勤奋好学,不要等遇到困难再去学习。俗话说:书到用时方恨少,就是讲的这个道理。至于遇到困难还不去学习,就不足为训了。

【原文】

16.10 孔子曰:"君子有九思:视思明,听思聪,色思温,貌思恭,言思忠,事思敬,疑思问,忿思难,见得思义。"

【译文】

孔子说:"君子有九种要思考的事:看时要明察,听时要清楚,脸色要温和,态度要谦恭,言谈要忠诚,办事要敬慎,有疑要问,忿怒要避祸,获利要合义。"

【评析】

本章通过孔子所谈的"君子有九思",把人的言行举止各个方面都考虑到了,他要求自己和学生们一言一行都要认真思考和自我反省,这里包括个人道德修养的各种规范,如温、良、恭、俭、让、忠、孝、仁、义、礼、智等,所有这些,是孔子关于道德修养学说的组成部分。

【原文】

16.11 子曰:"见善如不及,见不善如探汤。吾见其人矣,吾闻其语矣。隐居以求其志,行义以达其道。吾闻其语矣,未见其人也。"

【译文】

孔子说:"看到善良的行为,就担心自己达不到,看到不善良的行为,就好像把手伸到开水中一样赶快避开。我见到过这样的人,也听到过这样的话。以隐居避世来保全自己的志向，依照义而贯彻自己的主张。我听到过这种话，却没有见到过这样的人。"

【评析】

孔子说，好善恶恶、洁身自好的君子得见其人，得闻其声。而能无道则隐、有道则现的经世济民之才得见其声，难见其人。

【原文】

16.12 齐景公有马千驷，死之日，民无德而称焉。伯夷、叔齐饿死于首阳之下，民到于今称之。其斯之谓与？

【译文】

齐景公有马四千匹，死的时候，百姓们觉得他没有什么德行可以称颂。伯夷、叔齐饿死在首阳山下，百姓们到现在还在称颂他们。说的就是这个意思吧。

【评析】

孔子用对比的方法教育学生：要得到民众的称赞，不在于财富的多少，而在于德行的高低。齐景公生前富贵超人，但死后却无人称颂；而伯夷、叔齐生前无权无势，最后却流芳百世。正所谓：人固有一死，或重于泰山，或轻于鸿毛。

【原文】

16.13 陈亢①问于伯鱼曰："子亦有异闻②乎？"对曰："未也。尝独立，鲤趋而过庭。曰：'学《诗》乎？'对曰：'未也。''不学《诗》，无以言。'鲤退而学《诗》。他日又独立，鲤趋而过庭。曰：'学《礼》乎？'对曰：'未也。''不学《礼》，无以立。'鲤退而学《礼》。闻斯二者。"陈亢退而喜曰："问一得三。闻《诗》，闻《礼》，又闻君子之远③其子也。"

【注释】

①陈亢（gāng）：即陈子禽。②异闻：这里指不同于对其他学生所讲的内容。③远：不亲近，不偏爱。

【译文】

　　陈亢问伯鱼："你在老师那里听到过什么特别的教诲吗？"伯鱼回答说："没有呀。有一次他独自站在堂上，我快步从庭堂走过，他说：'学《诗》了吗？'我回答说：'没有。'他说：'不学《诗》，就不懂得怎么说话。'我回去就学《诗》。又有一天，他又独自站在堂上，我快步从庭堂走过，他说：'学《礼》了吗？'我回答说：'没有。'他说：'不学《礼》，就不懂得怎样立身。'我回去就学《礼》。我就听到过这两件事。"陈亢回去高兴地说："我提一个问题，得到三方面的收获，听了关于《诗》的道理，听了关于《礼》的道理，又听了君子不偏爱自己儿子的道理。"

【评析】

　　圣人之心，至虚至公，其教子也，固未尝徇私而独有所传，亦非因避嫌而概无所异，唯随其资禀学力所至。可与言《诗》，则教之以《诗》；可与言《礼》，则教之以《礼》。圣人教人一体同仁，循序渐进。

【原文】

　　16.14 邦君之妻，君称之曰夫人，夫人自称曰小童；邦人称之曰君夫人，称诸异邦曰寡小君；异邦人称之亦曰君夫人。

【译文】

　　国君的妻子，国君称她为夫人，夫人自称为小童；国人称她为君夫人，对他国人则称她为寡小君；他国人也称她为君夫人。

【评析】

　　这套称号是周礼的内容之一，也是中级官员需要了解的邦交礼仪。这是为了维护等级名分制度，以达到"名正言顺"的目的。

阳货第十七

阳货第十七

● **本篇提要**

《阳货》篇主题是修身之道，共计26章，1019字。从德行为先、不学无仁、言语贵实、仁义礼智等方面做了论述。本篇的重点是讲行，指出一般士人的修养要求。上篇指出君子的行为举止，本篇提到小人的种种行径。人生的成就是各种因素共同作用的结果。但是不论做什么，重要的是一定要走好第一步。积善积恶，成仁成魔，为君子为小人，全在于自己内心一念之间的自悟自觉。

【原文】

17.1 阳货①欲见孔子，孔子不见，归孔子豚②。孔子时其亡③也，而往拜之，遇诸涂④。谓孔子曰："来！予与尔言。"曰："怀其宝而迷其邦⑤，可谓仁乎？"曰："不可。""好从事而亟⑥失时，可谓知乎？"曰："不可。""日月逝矣，岁不我与⑦。"孔子曰："诺，吾将仕矣。"

【注释】

①阳货：又叫阳虎，季氏的家臣。②归（kuì）孔子豚（tún）：归，赠送。豚，小猪。赠给孔子一头烤乳猪。③时其亡：时，通"伺"，伺机。亡，外出。时其亡，等他外出的时候。④遇诸涂：涂，通"途"，道路。遇诸涂，在路上遇到了他。⑤迷其邦：听任国家迷乱。⑥亟：屡次。⑦与：在一起，等待的意思。

【译文】

　　阳货想见孔子,孔子不见,他便赠送给孔子一头烤乳猪,想要孔子去拜见他。孔子打听到阳货不在家时,往阳货家拜谢,却在半路上遇见了。阳货对孔子说:"来,我有话要跟你说。"(孔子走过去。)阳货说:"把自己的本领藏起来而听任国家迷乱,这可以叫作仁吗?"(孔子回答)说:"不可以。"(阳货)说:"喜欢参与政事而又屡次错过机会,这可以说是智吗?"(孔子回答)说:"不可以。"(阳货)说:"时间一天天过去了,年岁是不等人的。"孔子说:"好吧,我将要去做官了。"

【评析】

　　阳货将计就计,半道拦截,仁、智、时夺命三问不可谓不犀利,孔子都有些招架不住。孔子非不出仕,实是待机而动,择主而仕。

【原文】

　　17.2 子曰:"性相近也,习相远也。"

【译文】

　　孔子说:"人的本性是相近的,由于习染不同才相互有了差别。"

【评析】

　　人的善恶,系于习而不系于性。所以后天的教育培养格外重要,修身出了问题不可推托到天性因素上。

【原文】

　　17.3 子曰:"唯上知与下愚不移。"

【译文】

　　孔子说:"只有上等的智者与下等的愚者是改变不了的。"

【评析】

　　"上智"是指高贵而有智慧的人;"下愚"指卑贱而又愚蠢的人,这两类人是先天所决定的,是不能改变的。世人多以中人居多,上智与下愚都是少数,可善可恶的是大多数。所以说"气质之用小,学问之功大"。

【原文】

17.4 子之武城①,闻弦歌②之声。夫子莞尔而笑,曰:"割鸡焉用牛刀?"子游对曰:"昔者偃也闻诸夫子曰:'君子学道则爱人,小人学道则易使也。'"子曰:"二三子!偃之言是也。前言戏之耳。"

【注释】

①武城:鲁国的一个小城,当时子游是武城宰。②弦歌:弦,指琴瑟。以琴瑟伴奏歌唱。

【译文】

孔子到武城,听见弹琴唱歌的声音。孔子微笑着说:"杀鸡何必用宰牛的刀呢?"子游回答说:"以前我听老师说过,'君子学习了礼乐就能爱人,百姓学习了礼乐就容易听使唤。'"孔子说:"学生们,言偃的话是对的。我刚才说的话,只是开个玩笑而已。"

【评析】

孔子喜后继有人,高度表扬子游独行礼乐之治,所管理的武城百姓安居乐业,弦歌不辍。

【原文】

17.5 公山弗扰①以费畔,召,子欲往。子路不说,曰:"末之也已②,何必公山氏之之也③?"子曰:"夫召我者,而岂徒④哉?如有用我者,吾其为东周乎⑤!"

【注释】

①公山弗扰:人名,又称公山不狃,字子洩,季氏的家臣。②末之也已:末,无。之,到、往。末之,无处去。已,止,算了。③之之也:第一个"之"字是助词,后一个"之"字是动词,去到的意思。④徒:徒然,空无所据。⑤吾其为东周乎:为东周,建造一个东方的周王朝,在东方复兴周礼。

【译文】

公山弗扰据费邑反叛，来召孔子，孔子准备前去。子路不高兴地说："没有地方去就算了，为什么一定要去公山弗扰那里呢？"孔子说："他来召我，难道只是一句空话吗？如果有人用我，我就要在东方复兴周礼，建设一个东方的西周！"

【评析】

张居正评曰："孔子自表其用世之志，以晓子路如此。而其拨乱反正之微权，转移化导之妙用，则有未易窥者。然考之春秋传，公山弗扰与季氏战，兵败奔齐，而孔子亦竟未应其召。道之将废，而鲁之终于不振也。"

【原文】

17.6 子张问仁于孔子。孔子曰："能行五者于天下，为仁矣。""请问之。"曰："恭、宽、信、敏、惠。恭则不侮，宽则得众，信则人任焉，敏则有功，惠则足以使人。"

【译文】

子张向孔子问仁。孔子说："能够处处实行五种品德，就是仁人了。"（子张）说："请问哪五种。"（孔子）说："庄重、宽厚、诚信、勤敏、慈惠。庄重就不致遭受侮慢，宽厚就会得到众人的拥护，诚信就能得到民众的信任，勤敏就能提高效率，慈惠就能够使唤人。"

【评析】

恭、宽、信、敏、惠可以看作是领导干部的五项基本原则，此五德并举，成仁的体用就兼备了。

【原文】

17.7 佛肸①召，子欲往。子路曰："昔者由也闻诸夫子曰：'亲于其身为不善者，君子不入也。'佛肸以中牟②畔，子之往也，如之何？"子曰："然，有是言也。不曰坚乎，磨而不磷③；不曰白乎，涅④而不缁⑤。吾岂匏瓜⑥也哉？焉能系⑦而不食？"

【注释】

①佛肸（bì xī）：晋国大夫范氏家臣，中牟城地方官。②中牟：地名，在晋国，约在今河北邢台与邯郸之间。③磷：损伤。④涅：一种矿物质，可用作颜料染衣服。⑤缁（zī）：黑色。⑥匏瓜：葫芦中的一种，味苦不能吃。⑦系（jì）：结，扣。

【译文】

佛肸召孔子去，孔子打算前往。子路说："从前我听先生说过：'亲自做坏事的人那里，君子是不去的。'现在佛肸据中牟反叛，你却要去，这如何解释呢？"孔子说："是的，我曾说过这样的话。不是说坚硬的东西磨也磨不坏吗？不是说洁白的东西染也染不黑吗？我难道是个苦味的葫芦吗？怎么能只挂在那里而不给人吃呢？"

【评析】

张居正评曰："孔子前于公山之召，则以东周自期；此于佛肸之召，则以坚白自信。盖圣人道大德宏，故能化物而不为物所化。若使坚白不足而自试于磨涅，则己且不免于辱，何以能转移一世乎？君子处世，审己而动可也。"

【原文】

17.8 子曰："由也，女闻六言六蔽矣乎？"对曰："未也。""居①，吾语女。好仁不好学，其蔽也愚②；好知不好学，其蔽也荡③；好信不好学，其蔽也贼④；好直不好学，其蔽也绞⑤；好勇不好学，其蔽也乱；好刚不好学，其蔽也狂。"

【注释】

①居：坐。②愚：受人愚弄。③荡：放荡。好高骛远而没有根基。④贼：害。⑤绞：说话尖刻。

【译文】

孔子说："由呀，你听说过六种品德和六种弊病吗？"子路回答说："没有。"孔子说："坐下，我告诉你。爱好仁德而不爱好学习，它的弊病是受人愚弄；爱好智慧而不爱好学习，它的弊病是行为放荡；

爱好诚信而不爱好学习，它的弊病是易受骗危害自己；爱好直率却不爱好学习，它的弊病是易说话尖刻；爱好勇敢却不爱好学习，它的弊病是易犯上作乱；爱好刚强却不爱好学习，它的弊病是易狂妄自大。"

【评析】

仁、智、信、直、勇、刚，六者都是美德；愚、荡、贼、绞、乱、狂，六者都是恶习。人常常因自我意识过强或流于自大，而使美德退化为恶习。可见讲学穷理的重要性和紧迫感，须时时警醒自己过犹不及，勿失中正。

【原文】

17.9 子曰："小子何莫学夫《诗》？《诗》，可以兴①，可以观②，可以群③，可以怨④。迩⑤之事父，远之事君；多识于鸟兽草木之名。"

【注释】

①兴：激发感情的意思。一说是诗的比兴。②观：观察了解天地万物与人间万象。③群：合群。④怨：怨气。⑤迩（ěr）：近。

【译文】

孔子说："弟子们为什么不学习《诗》呢？学《诗》可以激发志气，可以提高观察能力，可以使人合群，可以抒发怨气。近可以用来侍奉父母，远可以侍奉君主；还可以多知道一些鸟兽草木的名字。"

【评析】

本章讲了学习《诗经》的重大作用。《诗经》的作用有三个方面：

第一，《诗经》可以兴、观、群、怨，这是对其功能最本质的陈述。兴，这里指激发人的意志和感情。好的诗歌都是有感而发的，读之可以使人感动，并且兴发爱憎的感情，在潜移默化中陶冶情操。观，指提高人的观察能力。《诗经》内容丰富，题材多样，历史上的政治得失、现实生活状况，乃至当时各国的风土人情、自然风物等在诗中都有反映。读诗可以丰富知识，从而相应地提高观察能力。群，指使人合群。诗离不开写人，多读诗可以更深切地了解人，懂得如何与人相处、相交，培养锻炼人合群的能力。怨，是怨气。《诗经》中有不少怨刺

诗，表达对现实的愤懑，抒发人们心中的不平，讽刺社会中的不合理现象。读了后，可以学会用讽刺方法，表达心中怨恨不平的感情。

第二，使人依道德行事，坚持正道。"迩之事父，远之事君"，只是举其大者，关于夫妇、兄弟、朋友等人伦之道，都可以从学习《诗经》中得到巩固。

第三，知识的扩充。单是鸟兽草木等自然之物在《诗经》中已够丰富。据统计：《诗经》中出现的谷类有24种，蔬菜38种，药物17种，草37种，花果15种，木和鸟各43种，兽40种，马的异名27种，虫37种，鱼16种。可见其知识积累之广博。

【原文】

17.10 子谓伯鱼曰："女为《周南》《召南》①矣乎？人而不为《周南》《召南》，其犹正墙面而立②也与？"

【注释】

①《周南》《召南》：《诗经·国风》中的第一、二两部分篇名。周南和召南都是地名，这里是指当地的民歌。②正墙面而立：面向墙壁站立着。

【译文】

孔子对伯鱼说："你学习《周南》《召南》了吗？一个人如果不学习《周南》《召南》，那就像面对墙壁而站着吧？"

【评析】

本章孔子要伯鱼学习《诗经》中的《周南》《召南》，明确修身齐家之道。"二南"大都有关男女夫妇之道，历代儒者认为具有一定的礼乐文化的教育意义。清代刘逢禄在《论语述何》中说"此章即夫子告伯鱼善处夫妇之意"。并说"二南""皆无淫荡狎亵之私，而有肃穆庄敬之意，无乖离伤义之苦，而有敦笃深挚之情，夫妇道德之盛极矣"。孔子还用比喻启发伯鱼，如果不学习"二南"，就好比一个人面壁而立，不可能合群，也无法向前。

【原文】

17.11 子曰："礼云礼云，玉帛云乎哉？乐云乐云，钟鼓云乎哉？"

【译文】

孔子说："礼呀礼呀，只是说的玉帛之类的礼器吗？乐呀乐呀，只是说的钟鼓之类的乐器吗？"

【评析】

本章是孔子针对春秋时代礼崩乐坏的现实发出的感叹。孔子认为精神内涵是礼乐的本，物质形式只是末。理之所重者在敬，敬为质，玉帛之类则为用。如果重形而忘其质，则将会流于追求奢侈之玉帛而忘其治国安民之本质。至于乐，以和为质，钟鼓乐器则为用。如果重形式而忘其质，则将会流于追求声色之美而忘其移风易俗之本质。礼乐的精神内涵重敬。敬里边还有核心的东西，那就是仁。孔子说："人而不仁，如礼何？人而不仁，如乐何？"可见"仁"才是礼乐的灵魂。

【原文】

17.12 子曰："色厉而内荏①，譬诸小人，其犹穿窬②之盗也与？"

【注释】

①色厉而内荏：厉，威严。荏，虚弱。色厉而内荏，外表严厉而内心虚弱。②窬（yú）：洞。

【译文】

孔子说："外表严厉而内心虚弱，以小人做比喻，就像是挖墙洞的小偷吧？"

【评析】

本章孔子所指的是当时春秋末期那些权势者的虚伪面孔。那些当权者外表装得非常威严，内心却怯懦虚弱。他们装腔作势，表里不一，孔子把他们比作爬墙挖洞的小偷，是辛辣的讽刺。孔子对这种人是蔑视的。孔子教育学生要襟怀坦白，表里如一，做堂堂正正的君子。

【原文】

17.13 子曰:"乡愿,德之贼也。"

【译文】

孔子说:"没有道德修养的伪君子,就是破坏道德的人。"

【评析】

孔子所说的"乡愿",多指谁也不得罪的"老好人",即那些表里不一、言行不一的伪君子,这些人欺世盗名,却可以堂而皇之地自我炫耀。孔子反对"乡愿",就是主张以仁、礼为原则,只有仁、礼可以使人成为真正的君子。

【原文】

17.14 子曰:"道听而涂说,德之弃也。"

【译文】

孔子说:"在路上听到传言就到处去传播,这是道德所唾弃的。"

【评析】

道听途说是一种背离道德准则的行为,而这种行为自古以来就存在。在现实生活中,有些人不仅道听途说,而且四处打听别人的隐私,然后到处传播,以此作为生活的乐趣,实乃卑鄙小人。

【原文】

17.15 子曰:"鄙夫可与事君也与哉?其未得之也,患得之;既得之,患失之。苟患失之,无所不至矣。"

【译文】

孔子说:"可以和一个鄙夫一起侍奉君主吗?他在没有得到官位时,总担心能不能得到;已经得到了,又怕失去它。如果他担心失掉官职,那他就什么事都干得出来了。"

【评析】

本章孔子将那些一心想当官的人斥为鄙夫,这种人在没有得到官位时总担心得不到，一旦得到又怕失去。为此，他就会不择手段去做任何事情，以至于不惜危害群体，危害他人。这种人在现实生活中也是司空见惯的。当然，这种人是不会有什么好结局的。以上四章指出了四类小人的行径，值得我们对照警醒。君子当以道德仁义为追求，小人才以功名利禄为目标。

【原文】

17.16 子曰："古者民有三疾，今也或是之亡也。古之狂①也肆②，今之狂也荡③；古之矜也廉④，今之矜也忿戾⑤；古之愚也直，今之愚也诈而已矣。"

【注释】

①狂：狂妄自大，愿望太高。②肆：放肆，不拘礼节。③荡：放荡，不守礼。④廉：棱角义，指为人峭厉难以接近。⑤戾：火气太大，蛮横不讲理。

【译文】

孔子说："古代人有三种毛病，现在恐怕连这三种毛病也不是原来的样子了。古代的狂者不过是愿望太高、不拘小节而现在的狂妄者却是放荡不羁、难见志向；古代骄傲的人不过是难以接近，现在那些骄傲的人却是凶恶蛮横；古代愚笨的人不过是直率一些，现在的愚笨者却是无知妄作了。"

【评析】

孔子所处的时代，已经与上古时代有所区别，上古时期人们的"狂""矜""愚"虽然也是毛病，但并非不能让人接受，而今天人们的这三种毛病都变本加厉。从孔子时代到现在，又过去了两三千年，这三种毛病并没有改变，有的人反而愈益加重，到了令人无法理喻的地步。这就需要用道德的力量加以格治。

【原文】

17.17 子曰："巧言令色，鲜矣仁。"①

【注释】

①本章重出,见《学而》篇1.3章。

【译文】

孔子说:"花言巧语,装出和颜悦色的样子,这种人的仁心就很少了。"

【评析】

"仁"是孔子思想的核心。表现在"言"上,孔子认为花言巧语的人不是有仁德的人。他反对花言巧语、工于辞令,认为说话应谨慎小心,要言行一致,诚实守信,注重实际而力戒空谈。

【原文】

17.18 子曰:"恶紫之夺朱也,恶郑声之乱雅乐也,恶利口之覆邦家者。"

【译文】

孔子说:"我厌恶用紫色取代红色,厌恶用郑国的声乐扰乱雅乐,厌恶用花言巧语颠覆国家这样的事情。"

【评析】

孔子在本章中提出三件事:紫之夺朱,郑声四起,利口之人得重用。这是古代社会动乱的显现,江山易主的先兆。关于颜色,夏朝尚黑,殷人尚白,周人尚赤。孔子从周,所以以红色为正色。可是春秋末期,逐渐崇尚紫色,还成为国君的服饰。孔子对于音乐,最推崇的是《韶》乐,称赞说是尽善尽美。孔子认为郑声淫,破坏了正统的雅乐,搞乱了人们的思想。在国家用人上,孔子主张用正人,反对用强嘴利舌的人,他指出那种利口之人,有倾覆邦家的危险。孔子对这三件事之所以憎恶,是因为这些似是而非的东西搅乱了人们的是非标准,搞乱了百姓的思想。

【原文】

17.19 子曰:"予欲无言。"子贡曰:"子如不言,则小子何述焉？"子曰："天何言哉？四时行焉，百物生焉，天何言哉？"

【译文】

孔子说："我想不说话了。"子贡说："您如果不说话，那么我们这些学生还传述什么呢？"孔子说："天何尝说话呢？四季照常运行，万物照样生长。天何尝说话呢？"

【评析】

本章孔子用含蓄的语言，教育学生学习要靠主观努力，靠自己领悟，靠独立观察思考。为避免学生徒以言语求道，发此警之。孔子为了说明学习主要靠主观努力，运用了类比法。"天何言哉？四时行焉，百物生焉，天何言哉？"孔子认为，天虽然不言不语，无声无息，却不但主宰着人间的生死祸福，而且操纵着自然界四时的变化和万物的生灭。

【原文】

17.20 孺悲①欲见孔子，孔子辞以疾。将命者出户，取瑟而歌，使之闻之。

【注释】

①孺悲：鲁国人，鲁哀公曾派他向孔子学礼。

【译文】

孺悲想见孔子，孔子以有病为由推辞不见。传话的人刚出门，（孔子）便取来瑟边弹边唱，（有意）让孺悲听到。

【评析】

《礼记·杂记下》篇："恤由之丧，哀公使孺悲之孔子，学士丧礼。士丧礼于是乎书。"孺悲曾从孔子学礼，然孔子愠于鲁国当政者学而不用、知而不行，因此借故推辞不见孺悲。而在《述而》篇中，孔子却破例接见"难与言"的互乡童子。不见官员与接见儿童，这见与不见的对比，充分诠释了孔子不按身份高低待人的"有教无类"思想。本章是孔子以直报怨的生动体现，亦是一种不屑之教。

【原文】

17.21 宰我问:"三年之丧,期已久矣。君子三年不为礼,礼必坏;三年不为乐,乐必崩。旧谷既没,新谷既升,钻燧改火①,期②可已矣。"子曰:"食夫稻③,衣夫锦,于女安乎?"曰:"安。""女安则为之。夫君子之居丧,食旨④不甘,闻乐不乐,居处不安,故不为也。今女安,则为之!"宰我出。子曰:"予之不仁也!子生三年,然后免于父母之怀。夫三年之丧,天下之通丧也。予也有三年之爱于其父母乎?"

【注释】

①钻燧改火:古人钻木取火,四季所用木头不同,每年轮一遍,叫改火。②期(jī):一年。③食夫稻:古代北方少种稻米,故大米很珍贵。这里是说吃好的。④旨:甜美,指吃好的食物。

【译文】

宰我问:"服丧三年,时间太长了。君子三年不讲究礼仪,礼仪必然败坏;三年不演奏音乐,音乐就会荒废。旧谷吃完,新谷登场,钻燧取火的木头轮过了一遍,有一年的时间就可以了。"孔子说:"(才一年的时间,)你就吃起了大米饭,穿起了锦缎衣,你心安吗?"宰我说:"我心安。"孔子说:"你心安,你就那样去做吧!君子守丧,吃美味不觉得香甜,听音乐不觉得快乐,住在家里不觉得安宁,所以不那样做。如今你既觉得心安,就那样去做吧!"宰我出去后,孔子说:"宰予真是不仁啊!儿女生下来,到三岁时才能离开父母的怀抱。服丧三年,这是天下通行的丧礼。难道宰予对他的父母没有三年的爱吗?"

【评析】

这一段说的是孔子和他的弟子宰我之间,围绕丧礼应服几年的问题展开的争论。孔子的意见是孩子生下来以后,要经过三年才能离开父母的怀抱,所以父母去世了,也理所应当为父母守三年丧。所以,他批评宰我"不仁"。其实在孔子之前,华夏族就已经有为父母守丧三年的习俗,经过儒家在这个问题上的道德制度化,一直到清代依然严格遵守。孔子继承时对此做了新的解释。他认为"三年之丧",不是外在约束,而是出于子女尽孝的情理，把原来的强制性规定提升为基于生活的自觉理念，这样，就使礼具有了更普遍的可接受性和付诸实践的有效性。

【原文】

17.22 子曰："饱食终日，无所用心，难矣哉！不有博弈①者乎？为之，犹贤乎已。"

【注释】

①博弈：博是掷采行棋的游戏，如飞行棋，凭运气和智力；弈是围棋，纯智力游戏。

【译文】

孔子说："整天吃饱了饭，什么心思也不用，终将一事无成！不是还有局戏和围棋等游戏吗？干这些，也比闲着好。"

【评析】

本章孔子在批评谋食不谋道，有物质缺精神的现象。事实上，饱暖思淫逸，无事易生非，确实是社会的一大弊病。孔子反对游手好闲，鼓励动脑思考。

【原文】

17.23 子路曰："君子尚勇乎？"子曰："君子义以为上。君子有勇而无义为乱，小人有勇而无义为盗。"

【译文】

子路说："君子崇尚勇敢吗？"孔子答道："君子以义作为高尚的品德，君子有勇无义就会作乱，小人有勇无义就会偷盗。"

【评析】

子路好勇，所以提出君子是否崇尚勇的问题。孔子是主张有勇的，认为君子应具备智、仁、勇三种美德。孔子告诫子路，勇要以义加以指导，即勇必以义为前提，受到义的制约。君子无义会挑起战乱，小人无义会铤而走险。

《荀子·荣辱》篇中，荀子把勇分为四等，分别是狗彘之勇、贾盗之勇、小人之勇、士君子之勇。"争饮食，无廉耻，不知是非，不辟死伤，不畏众强，恈恈然唯利饮食之见，是狗彘之勇也。为事利，争货财，无辞让，果敢而振，猛贪而戾，恈恈然唯利之见，是贾盗之勇也。轻死而暴，是小人之勇也。义之所在，不倾于权，不顾其利，举国而与之不为改视，重死、持义而不桡，是士君子之勇也。"荀子对四种勇作了恰当的定义，荀子关于勇的论述继承和发扬了孔子关于勇的思想。

【原文】

17.24 子贡曰："君子亦有恶①乎？"子曰："有恶。恶称人之恶者，恶居下流②而讪③上者，恶勇而无礼者，恶果敢而窒④者。"曰："赐也亦有恶乎？""恶徼⑤以为知⑥者，恶不孙⑦以为勇者，恶讦⑧以为直者。"

【注释】

①恶（wù）：厌恶。②下流：下等的，在下的。③讪（shàn）：诽谤。④窒：阻塞，不通事理，顽固不化。⑤徼（jiǎo）：窃取，抄袭。⑥知：通"智"。⑦孙：通"逊"。⑧讦（jié）：攻击、揭发别人。

【译文】

子贡说："君子也有厌恶的事吗？"孔子说："有厌恶的事。厌恶宣扬别人坏处的人，厌恶身居下位而诽谤在上者的人，厌恶勇敢而不懂礼节的人，厌恶果敢而固执的人。"孔子又说："赐，你也有厌恶的事吗？"子贡说："厌恶窃取别人的成果而冒充智者的人，厌恶把不谦虚当作勇敢的人，厌恶揭发别人的隐私而自以为直率的人。"

【评析】

孔子所列举的四种人是君子所憎恨的。这四种人的问题是道德品质问题，因此他们是"不仁"的人。孔子曾说过："唯仁者能好人，能恶人。"这就是说，君子既然以仁为本，就必然会对不符合仁的行为表示憎恶。孔子与子贡列举的憎恶的内容，正是不符合仁的具体表现。因此说，有爱必有憎，不过，要正确地爱其所爱，憎其所憎。

【原文】

17.25 子曰:"唯女子与小人为难养也,近之则不孙;远之则怨。"

【译文】

孔子说:"与(领导身边的)妾侍和仆从相处是有难度的,亲近他们,他们就会无礼;疏远他们,他们就会抱怨。"

【评析】

这一章是孔子饱受诟病,被责歧视妇女的地方。实际上完全是误读。本篇通篇讲的是普通世人的修身齐家之道,这里的女子和小人特指官员的妾侍和仆从,善御仆妾亦是齐家之要事,不可小视。尤其是在阳货这类家臣手下当差,那就更加要当心了。做这样解读,有四大依据:一是孔子三岁失父,从小和慈母相依为命,可谓上有慈母,中有贤妻,下有才女;二是上一篇文末亦有与领导夫人相关的礼仪注意点,结构相似;三是若做歧视妇女解,众多优秀弟子在编书时何以不作删除;四是"周有三太",周朝有三位伟大的女性。

"周有三太"的故事。中国古时尤其尊重女子,主内的工作比主外的工作更受重视。从"太太"这个称呼中我们可以对此窥见一斑。"太太"这个称呼就来自周朝开国的三位妇女,因为她们的名字,都有一个"太"字。

周太王古公亶父有贤妃"太姜",即泰伯、仲雍、季历三兄弟之母。太姜性情贞静柔顺,极有智慧,教导诸子至于成人,从来没有过失。古公谋事,必与太姜商量。古公要迁徙到什么地方,她都不辞劳苦,顺从跟随。季历即位,又娶有贤妃"太妊",史载,太妊端庄诚一,德行无缺失。及有身孕,即自开始胎教,所谓"目不视恶色,耳不听淫声,口不出傲言",因此而生文王。文王又有贤妃"太姒"。《史记·周本纪》记载:"武王同母兄弟十人,母曰太姒,文王正妃也。"《列女传》称其:"生十男,亲自教诲。自少及长,未尝见邪僻之事。"

太姜、太妊、太姒这三位妇女把孩子都教导成圣人,周室能够维持

王朝八百年之久，都是由其上辈的德育教化而来，绝非偶然。因此，后世尊称妻子为"太太"，便是从周室有三位圣人之母而来。

【原文】

17.26 子曰："年四十而见恶焉，其终也已。"

【译文】

孔子说："到了四十岁的时候还被人所厌恶，那他这一生也就没什么作为了。"

【评析】

四十不惑，无论道德还是学问都应有所成就。基层管理者无论是看人还是用人，四十是一道坎。从修身之道的角度讲，盛年不再来，及时当勉励。

微子第十八

微子第十八

●本篇提要

《微子》篇主题是得道多助，共计11章，620字。从仁者之风、隐者之嘲、仁才相依等方面做了论述，列举了四隐者、七逸民、八乐师。失仁者，贤人尽离散；行仁者，一门纳八士。在漫长的人类历史进程中，起决定作用的是社会变革，然而变革的成功需要凝聚先进的思想。时代成就英雄，英雄名传千古，而人们往往忽视了智者的思想。但正是那些睿智的思想，穿透了岁月的迷雾，引领着人们前行。

【原文】

18.1 微子①去之，箕子②为之奴，比干③谏而死。孔子曰："殷有三仁焉。"

【注释】

①微子：殷纣王的同母兄长，见纣王无道，劝他不听，遂离开纣王。②箕（jī）子：箕，殷纣王的叔父。他去劝纣王，见王不听，便披发装疯，被降为奴隶。③比干：殷纣王的叔父，屡次强谏，激怒纣王而被杀。

【译文】

微子离开了纣王，箕子做了纣王的奴隶，比干以死相谏。孔子说："这是殷朝的三位仁人啊！"

【评析】

三位仁者采取了三种方式：微子去恶，箕子装疯，比干死谏。其去者欲存宗祀，非忘君也；奴者欲忍死以有待，非惧祸也；死者欲正言而悟主，非沽名也。所以说，殷有三仁。后来，微子创建了宋国，箕子建立了朝鲜国。

【原文】

18.2 柳下惠为士师①，三黜②。人曰："子未可以去乎？"曰："直道而事人，焉往而不三黜？枉道而事人，何必去父母之邦？"

【注释】

①士师：典狱官，掌管刑狱。②黜：罢免不用。

【译文】

柳下惠当典狱官，三次被罢免。有人说："你不可以离开鲁国吗？"柳下惠说："按正道侍奉君主，到哪里不会被多次罢官呢？如果不按正道侍奉君主，为什么一定要离开本国呢？"

【评析】

柳下惠三黜不去，忍辱负重，任人安排，与箕子相似。孔子评其为降志辱身，不懂权变。张居正评曰："衰世昏乱，故正直见恶于时，惟治朝清明，斯君子得行其志，是以有道之君于秉公持正者，必崇奖而保护之，倾险邪媚者，必防闲而斥远之，则众正之路开，而群枉之门杜矣！"

【原文】

18.3 齐景公待孔子曰："若季氏，则吾不能；以季、孟之间待之。"曰："吾老矣，不能用也。"孔子行。

【译文】

齐景公讲到对待孔子的礼节时说："像鲁君对待季氏那样，我做不到，我用介于季氏、孟氏之间的待遇对待他。"又说："我老了，不能用他了。"孔子离开了齐国。

【评析】

孔子至齐，本为行道，既不能用其道，而徒拟议于礼节之间，故如宋国先主微子般去之。

【原文】

18.4 齐人归①女乐，季桓子②受之，三日不朝。孔子行。

【注释】

①归：通"馈"，赠送。②季桓子：鲁国宰相季孙斯。

【译文】

齐国人赠送了一批歌姬舞女给鲁国，季桓子接受了，三天不上朝。孔子于是离开了鲁国。

【评析】

张居正评曰："鲁定公时，孔子为司寇，三月而鲁国大治。齐人惧其为霸，选出八十名美女，皆衣文衣，乘文马，舞康乐以馈送鲁君，欲以惑乱其心，阻坏其政。鲁君果中其计，同季桓子再三游观，悦而受之。于是荒于声色，怠于政事，三日不复视朝，则其简贤弃礼，不足与有为可知，故孔子行。盖礼貌衰则去，一见几之明也。合前章而观，景公知好贤矣，而耄倦于勤，好之而不能用；定公能用之矣，而中荒于欲，用之而不能终，无怪乎二国之不就也。"

【原文】

18.5 楚狂接舆①歌而过孔子曰："凤兮凤兮！何德之衰？往者不可谏，来者犹可追。已而已而！今之从政者殆而！"孔子下，欲与之言。趋而辟之，不得与之言。

【注释】

①楚狂接舆：春秋时代楚国著名的隐士，姓陆，名通，字接舆。平时"躬耕以食"，因对当时社会不满，剪去头发，佯狂不仕，所以也被人们称为楚狂接舆。

【译文】

楚国的狂人接舆唱着歌从孔子的车旁走过，他唱道："凤凰啊，凤凰啊！你的德运怎么这么衰弱呢？过去的已经无可挽回，未来的还来得及改正。算了吧，算了吧！今天的执政者危乎其危！"孔子下车，想同他谈谈，他却赶快避开，孔子没能和他交谈。

【评析】

　　接舆以避世为高，而不以救时为急。孔子在车中闻其歌词，知其为贤人，故下车来欲与之讲明君臣之大义。而接舆自以为是，不肯接谈，遂趋走避匿。圣人抱拯溺亨屯之具，而又上畏天命，下悲人穷，是以周游列国，虽不一遇，而其心终不能一日忘天下也。

【原文】

　　18.6 长沮、桀溺①耦而耕②。孔子过之，使子路问津③焉。长沮曰："夫执舆④者为谁？"子路曰："为孔丘。"曰："是鲁孔丘与？"曰："是也。"曰："是知津矣。"

　　问于桀溺。桀溺曰："子为谁？"曰："为仲由。"曰："是孔丘之徒与？"对曰："然。"曰："滔滔者天下皆是也，而谁以易之⑤？且而与其从辟⑥人之士也，岂若从辟世之士哉？"耰⑦而不辍。

　　子路行以告。夫子怃然⑧曰："鸟兽不可与同群，吾非斯人之徒与而谁与？天下有道，丘不与易也。"

【注释】

　　①长沮、桀溺：两位隐士，真实姓名和身世不详。②耦而耕：两个人合力耕作。③问津：津，渡口。问津，寻问渡口。④执舆：即执辔。⑤之：指乱世。⑥辟：通"避"，躲避。⑦耰（yōu）：用土覆盖种子。⑧怃然：怅然，失意。

【译文】

　　长沮、桀溺在一起耕种，孔子路过，让子路去询问渡口在哪里。长沮问子路："那个拿着缰绳的是谁？"子路说："是孔丘。"长沮说："是鲁国的孔丘吗？"子路说："是的。"长沮说："那他应该知道渡口的位置。"

　　子路再去问桀溺。桀溺说："你是谁？"子路说："我是仲由。"桀溺说："你是鲁国孔丘的门徒吗？"子路说："是的。"桀溺说："世道纷乱如滔滔江水一般，当政者都一样无德，你们同谁一起去改变

它呢？而且你与其追随回避昏君之士，还不如追随我们这些回避乱世之人呢。"说完，继续不停地做田里的农活。

子路回来后把情况报告给孔子。孔子很失望地说："人是不能与飞禽走兽合群共处的，如果不同世上的人群打交道还与谁打交道呢？如果天下太平，我就不会与你们一道来从事改革了。"

【评析】

这一章反映了孔子关于社会改革的主观愿望和积极的入世思想。儒家不倡导消极避世的做法，这与道家不同。儒家认为，即使不能齐家治国安天下，也不能只独善其身。孔子就是这样一位身体力行者。所以，他感到自己有一种社会责任，正因为社会动乱、天下无道，他才与自己的弟子们不辞辛苦地四处呼吁，为社会改革而努力，这是一种可贵的忧患意识和历史责任感。

【原文】

18.7 子路从而后，遇丈人，以杖荷蓧①。子路问曰："子见夫子乎？"丈人曰："四体不勤，五谷不分，孰为夫子？"植其杖而芸。子路拱而立。止子路宿，杀鸡为黍②而食③之。见其二子焉。明日，子路行以告。子曰："隐者也。"使子路反见之。至，则行矣。子路曰："不仕无义。长幼之节，不可废也；君臣之义，如之何其废之？欲洁其身，而乱大伦。君子之仕也，行其义也。道之不行，已知之矣。"

【注释】

①蓧（diào）：古代耘田所用的竹器。②黍（shǔ）：黏小米。③食（sì）：拿东西给人吃。

【译文】

子路跟随孔子出行，落在了后面，遇到一个老丈，用拐杖挑着除草的工具。子路问道："你看到我的老师了吗？"老丈说："四肢不劳动，五谷分不清，谁是你的老师？"说完，便把拐杖插在地上除草去了。子路拱着手恭敬地站在一旁。老丈留子路到他家住宿，杀了鸡，做了小米饭给他吃，又叫两个儿子出来与子路见面。第二天，子路赶上孔子，把这件事告诉了老师。孔子说："这是个隐士啊。"叫子路回去再看看他。子路到了那里，老丈已经走了。子路说："读书人不做官是不合乎道理的。长幼间的关系尚不能废弃，君臣间的关系怎么能废弃呢？想要自身清白，却破坏了根本的君臣伦理关系。君子做官，只是为了实行君臣之义的。至于自己的政治理想难以实现，早就知道了。"

【评析】

丈人为何前倨后恭，还请子路吃饭？盖因丈人一顿炮轰，见子路依然能以礼相待，知非常人，故款待之。子路言"不仕无义"，看似无关，实是回应丈人所责"四体不勤，五谷不分，孰为夫子？"的"重农轻文"思想。

本章的要点在于子路所做的总结。即认为，隐居山林是不对的，老丈与他的儿子的关系仍然保持，却抛弃了君臣之伦。这是儒家向来都不提倡的。孝为仁本，忠是孝国，小孝孝家，大孝孝国，所以"忠孝两全"，忠字在前。加上前面两章，四位独善其身的隐者从不同方面对孔子做了嘲讽，更加凸显了兼济天下的孔子"知其不可而为之"的可贵。

【原文】

18.8 逸民①：伯夷、叔齐、虞仲、夷逸、朱张、柳下惠、少连②。子曰："不降其志，不辱其身，伯夷、叔齐与？"谓柳下惠、少连："降志辱身矣，言中伦，行中虑，其斯而已矣。"谓虞仲、夷逸："隐居放③言，身中清，废中权。我则异于是，无可无不可。"

【注释】

①逸民：逸通"佚"，指隐逸之贤士。②虞仲、夷逸、朱张、少连：虞仲，是吴泰伯的弟弟仲雍。夷逸，春秋时周大夫夷诡诸之后，隐居不仕，或劝其仕，夷逸以牛为譬，曰：宁服轭以耕于野，不忍被绣入庙而为牺。朱张，有说是范蠡，当时在齐国隐姓埋名，化名朱公，待考。少连，在《礼记·杂记》中出现过，孔子说："少连、大连善居丧，三日不怠，三月不解，期悲哀，三年忧。东夷之子也。"③放：放弃，不再谈论世事。

【译文】

隐逸的贤士有：伯夷、叔齐、虞仲、夷逸、朱张、柳下惠、少连。孔子说："不降低自己的意志，不屈辱自己的身份，这是伯夷叔齐吧？"说柳下惠、少连："被迫降低自己的意志，屈辱自己的身份，但说话合乎伦理，行为合乎人心，仅此而已。"说虞仲、夷逸："过着隐居的生活，不论世事，能洁身自爱，离开官位合乎权宜。我与他们不同，可以这样做，也可以那样做。"

【评析】

前几章讲了接舆、长沮、桀溺、丈人四位隐士；本章又列举了七位逸民。孔子通过点评众人，表达了自己的观点：他们对世道的态度我懂，但是我跟他们不一样，我是无可无不可。孔子的无可无不可，是什么意思呢？孟子有一个四圣论："伯夷，圣之清者也；伊尹，圣之任者也；柳下惠，圣之和者也；孔子，圣之时者也。"孔子周游天下，颠沛流离，到处找机会，可以待下来就待下来，可以做官也可以不做官，无可无不可，怎么都行，这就是圣之时者。正如孔子所说，杜绝"意必固我"四种弊病：没有主观猜疑，没有绝对肯定，没有固执己见，没有自私之心。

张居正评曰："在伯夷、叔齐、虞仲、夷逸，则以绝世离俗为可，而以和光同尘为不可；在柳下惠、少连则以和光同尘为可，而以绝世离俗为不可。各是其是，各非其非，都先有个主意在，其见偏矣！若我则异于是，可仕则仕，可止则止，用之则行，舍之则藏。因时制宜，不胶于一定，固无所谓可，亦无所谓不可也。要之，七人之心有所倚，故止成其一节之高，圣人之心无所倚，故优入于时中之妙。"

【原文】

18.9 大师挚①适齐，亚饭干适楚，三饭缭适蔡，四饭缺适秦②，鼓方叔③入于河，播鼗④武入于汉，少师⑤阳、击磬襄⑥入于海。

【注释】

①大师挚：大通"太"。太师是鲁国乐官之长，挚是人名。②亚饭、三饭、四饭：都是乐官名。干、缭、缺是人名。③鼓方叔：击鼓的

乐师名方叔。④鼗（táo）：小鼓。⑤少师：乐官名，副乐师。⑥击磬襄：击磬的乐师，名襄。

【译文】

太师挚到齐国去了，亚饭干到楚国去了，三饭缭到蔡国去了，四饭缺到秦国去了，打鼓的方叔到了黄河边，敲小鼓的武到了汉水边，少师阳和击磬的襄到了海滨。

【评析】

周成王特赐鲁国以天子之乐，所以有"周乐尽在鲁"的说法。到春秋时代礼坏乐崩，鲁国以"洋洋乎盈耳哉"的师挚为首的乐师们不满鲁哀公荒于朝政，沉迷于齐国的歌姬舞女，因而四处逃散。要知道，乐师们大多是盲人，行动不便，但毅然选择远走他乡，从一个侧面表明，不行仁政，必定不得人心，人才四散。

【原文】

18.10 周公谓鲁公①曰："君子不施②其亲，不使大臣怨乎不以③，故旧无大故则不弃也，无求备于一人。"

【注释】

①鲁公：指周公的儿子伯禽，封于鲁。②施：通"弛"，怠慢、疏远。③以：用。

【译文】

周公对鲁公说："君子不疏远他的亲属，不使大臣们抱怨不被重用，旧友老臣没有大的过失就不要遗弃他们，不要对人求全责备。"

【评析】

张居正评曰："立国以忠厚为本。忠厚之道在于亲亲、任贤、录旧、用人而已。盖亲，乃王家一体而分者，苟恩义不笃，则亲亲之道废矣，必也亲之欲其贵，爱之欲其富，使至亲不至于遗弃可也。大臣，国之所系以为安危者，苟大臣有怨，则任贤之礼薄矣，必也推心以厚其托，久任以展其才，不使大臣怨我之不见信用，可也。故旧之家皆先世之有功德于民

者，苟弃其子孙，则念旧之意衰矣。必也官其贤者，其不贤者亦使之不失其禄，非有恶逆大故，则不弃也。人之才具各有短长，在乎因材而器使之，苟责备于一人，则用才之路狭矣。必也因能授任，不强其所不能。无求全责备于一人焉。此四者皆君子之事，忠厚之道也。"

【原文】

18.11 周有八士①：伯达、伯适、仲突、仲忽、叔夜、叔夏、季随、季騧。

【注释】

①八士：一门有八位贤士，伯、仲、叔、季是兄弟次序。

【译文】

周代一门有八位贤士：伯达、伯适、仲突、仲忽、叔夜、叔夏、季随、季騧。

【评析】

这两章看似与孔子无关，实则不然。周朝之所以兴盛，在于统治者实行仁政，善用贤人，才得以人才济济，同心协力，开八百年之基业。春秋末期，鲁国衰微，人才四散，孔子深为感慨，在本篇中提到四位隐士、七位逸民、八位乐师、一门八士，足见孔子对人才的重视，警醒上位者的拳拳之心。行暴政，殷有三仁分崩；行仁政，周聚八士一门。两相对比，可见行仁政与行暴政的天壤之别。

子张第十九

子张第十九

本篇提要

《子张》篇主题是后继有人，共计25章，842字。以孔门五子：子贡、曾参、子张、子夏、子游为文行忠信的代表，阐述了他们传承孔子的思想言论。用了近一半的篇幅，重点记录了子贡尊师的名言："圣者无常师""宗庙之美，百官之富""贤比日月，犹天难阶"，刻画了孔子"其生也荣，其死也哀"的圣人境界。

【原文】

19.1 子张曰："士见危致命，见得思义，祭思敬，丧思哀，其可已矣。"

【译文】

子张说："士遇见危险时能献出自己的生命，看见有利可得时能考虑是否符合义的要求，祭祀时能想到自己是否严肃恭敬，居丧的时候想到自己是否哀伤，这样就可以了。"

【评析】

"见危致命，见得思义"，这是君子之所为，在需要自己献出生命的时候，他可以毫不犹豫，勇于献身。同样，在有利可得的时候，他往往想到这样做是否符合义的规定。这是孔子思想的精华点。

颛孙师(公元前503—前447年)，复姓颛孙，名师，字子张，比孔子小48岁，陈国人。《论语》中提及23次。他为人雍容大度，才貌过人，交友广泛。他崇敬孔子，好学深思，喜欢与孔子讨论问题。多次向孔子问

"政"、问"行",孔子也反复对他加以指教,强调"忠"和"信"。颛孙师便把有关忠、信的教导写在衣带上,以示永远不忘。他还说过:"实行德而不能发扬光大,信仰道而不忠实坚定,这样的人算不上贤士,对社会无足轻重。"后来还以有关忠信的言论教导自己的学生。他随孔子周游列国,曾被困于陈、蔡。他提出,士应该看见危险便肯豁出生命,看见所得便考虑是否该得,祭祀时应该严肃认真,居丧时则应悲痛哀伤。他主张"尊贤容众",喜欢同比自己贤能的人交朋友。在生活上不拘小节,随和从俗,不注重衣冠的整洁美观,在观点上与墨家有相通之处。

孔子认为他过于心高气傲,而或流于一偏,对他的评语是"辟"(偏激)。因其性格狂放,不能守仁,故孔门弟子对他敬而远之。所以曾子说:"堂堂乎张也,难与并为仁矣。"他虽向孔子学干禄之道,但未尝从政。孔子死后,颛孙师独立招收弟子,宣扬儒家学说。《韩非子·显学》篇谓孔子死后,儒分为八派,其中有子张之儒,列为"儒家八派"之首,《大戴礼记·千乘》即子张之儒的文献。

【原文】

19.2 子张曰:"执德不弘,信道不笃,焉能为有?焉能为亡①?"

【注释】

①亡:通"无",没有。

【译文】

子张说:"实行德而不能发扬光大,信仰道而不忠实坚定,(这样的人)算不上贤士,对社会无足轻重。"

【评析】

当然之理谓之道,道贵能信,信贵能久。信道不笃,终归学无所成,学无所成自然可有可无。

【原文】

19.3 子夏之门人问交于子张。子张曰:"子夏云何?"对曰:"子夏曰:'可者与之,其不可者拒之。'"子张曰:"异乎吾所闻:君子尊贤而容众，嘉善而矜不能。我之大贤与，于人何所不容？我之不贤与，人将拒我，如之何其拒人也？"

【译文】

子夏的学生向子张询问怎样结交朋友。子张说："子夏是怎么说的？"答道："子夏说：'可以相交的就和他交朋友，不可以相交的就拒绝他。'"子张说："我所听到的和这些不一样：君子既尊重贤人，又能容纳众人；能够赞美善人，又能同情能力不够的人。如果我是十分贤良的人，那我对别人有什么不能容纳的呢？我如果不贤良，那人家就会拒绝我，又怎么谈能拒绝人家呢？"

【评析】

本章讲了子夏和子张各自的观点。子夏和子张在交友观上是相反的。子夏的观点明确认为不能随便交朋友，一定要与好人交朋友，而拒绝坏人。子张则相反，他认为自己不是完全单方面受朋友影响，而是可以通过自己的努力去影响朋友。朋友好的一面，我们可以去学习效仿；朋友的缺点，我们可以不去学，但也不一定要去排斥或拒绝，而是可以包容朋友的不足，甚至可以去改变他的缺点。

【原文】

19.4 子夏曰："虽小道①，必有可观者焉，致远恐泥②，是以君子不为也。"

【注释】

①小道：指各种农工商医卜之类的技能。②泥：阻滞，不通，妨碍。

【译文】

子夏说："虽然都是些小的技艺，也一定有可取的地方，但用它来达到远大目标就行不通了，所以君子不去做。"

【评析】

君子以天下国家为己责，以修齐治平为己事，故孔子不以多能为圣，尧、舜不以百亩之不易为忧。

【原文】

19.5 子夏曰："日知其所亡，月无忘其所能，可谓好学也已矣。"

【译文】

子夏说："每天学到一些过去所不知道的东西，每月都不忘记已经学会的东西，这就可以叫作好学了。"

【评析】

这是孔子教育思想的一个组成部分。博闻强记不可缺少，因为人类知识中的很多内容都需要认真记忆，不断巩固，并且在原有知识的基础上再接受新的知识。对日知月能或日积月累要有深度的理解，每日学到的知识是量变的、平面的、物理的，长年累月沉淀下来的才是质变的、立体的、化学的，知而不能，积而不累，谈不上好学。

【原文】

19.6 子夏曰："博学而笃志①，切问②而近思，仁在其中矣。"

【注释】

①笃志：坚定志向。②切问：问与切身有关的问题。

【译文】

子夏说："广泛学习并坚定志向，多问自己切身的问题并联系实际深入思考，仁就在其中了。"

【评析】

求仁的关键，在于能近取譬，从身边事做起，不好高骛远。朱熹的《近思录》书名出自本章，"博学、笃志、切问、近思"，是复旦大学的校训。

【原文】

19.7 子夏曰："百工居肆①以成其事，君子学以致其道。"

【注释】

①百工居肆：百工，各行各业的工匠。肆，古代社会制作物品的作坊。

【译文】

子夏说："各行各业的工匠住在作坊里来完成自己的工作，君子通过学习来掌握道。"

【评析】

子夏认为，百工居肆，从早到晚，从事生产劳动，其志勤奋，其学专精，故能完成制造任务。君子学道也是一样，从早到晚，自始至终，致力于学业，从学习、实践中领悟仁道。所以子夏强调君子想"致其道"，只能像百工那样踏踏实实地去做，没有其他的路可走。

【原文】

19.8 子夏曰："小人之过也必文。"

【译文】

子夏说："小人犯了过错必定会加以掩饰。"

【评析】

心中全是私欲蒙蔽，护短自是，不肯认错，反将无心差失都做了有心罪恶，所谓耻过作非，心劳而日拙。

【原文】

19.9 子夏曰："君子有三变：望之俨然，即之也温，听其言也厉。"

【译文】

子夏说："君子有三变：远看他的样子庄严可畏，接近他又温和可亲，听他说话语言严厉不苟。"

【评析】

君子应该远看是庄重自持的样子，自觉接受礼仪、礼节的约束；接近他时，感觉和蔼可亲，平易近人；和他交谈时，感觉严厉不苟，义正词严，发人深省。这是一幅学生心目中形神兼备的孔子画像。

【原文】

19.10 子夏曰："君子信而后劳其民；未信，则以为厉己也。信而后谏；未信，则以为谤己也。"

【译文】

子夏说："君子必须取得（百姓）信任之后才去使唤百姓，否则（百姓）就会以为是在虐待他们。要先取得（君主）信任，然后才去规劝；否则，（君主）就会以为是在诽谤他。"

【评析】

君子欲有为于天下，非积诚以感动之，未有能济者也。下之事上，趋事赴功，乃其常分，君之于臣，听言纳谏乃为至明。

【原文】

19.11 子夏曰："大德①不逾闲②，小德出入可也。"

【注释】

①大德、小德：指大节、小节。②闲：木栏，这里指界限。

【译文】

子夏说："大节上不能超越界限，小节上有些出入是可以的。"

【评析】

这一章提出了大节、小节的问题。儒家向来认为，作为有君子人格的人，他应当顾全大局，而不在细枝末节上斤斤计较。

【原文】

19.12 子游曰："子夏之门人小子，当洒扫应对进退，则可矣，抑①末也。本之则无，如之何？"子夏闻之，曰："噫，言游过矣！君子之道，孰先传焉？孰后倦②焉？譬诸草木，区以别矣。君子之道，焉可诬③也？有始有卒者，其惟圣人乎！"

【注释】

①抑：但是，不过。转折的意思。②倦：通"传"，传授。③诬：欺骗。

【译文】

子游说："子夏的学生，做些打扫和迎送客人的事情是可以的，但这些不过是末节小事。根本的东西却没有学到，这怎么行呢？"子夏听了，说："唉，子游说过头了！君子之道，先传授哪一条？后传授哪一条？这就像草和木一样，都是分类区别、由浅入深的。君子之道宜因材施教，怎可诬罔后学？全程教育，本末一贯，不假进修次第，恐怕只有圣人才能做到吧！"

【评析】

孔子的两个学生子游和子夏，在如何教授学生的问题上进行了激烈的讨论。子游立意高远，认为应当教学生《诗》《书》《礼》《乐》等根本的学问，对子夏的教法看不上，觉得是舍本逐末。子夏笃实务本，主张草木有别，因材施教，教学内容宜由浅入深，由近及远，不可操之过急，好高骛远。不难看出，子夏注重下学上述的教学方式，与孔子曾教育子贡"行仁"要"能近取譬"更为贴合。子夏培养了一大批实干家，如魏文侯、吴起、段干木、李克，这与他经世致用、"大德不逾闲，小德出入可也"的思想密不可分。

【原文】

19.13 子夏曰："仕而优①则学，学而优则仕。"

【注释】

①优：有余力。

【译文】

子夏说："做官还有余力的人应该去学习，学习有余力的人应该去做官。"

【评析】

子夏的这段话集中概括了孔子的教育方针和办学目的。做官之余，还有精力和时间，那他就可以去学习礼乐等治国安邦的知识；学习之余，还有精力和时间，他就可以去做官从政。同时，本章又一次谈到"学"与"仕"的关系问题。张居正评曰："凡人为学，则以藏修为主。出仕则以尽职为忠，事固各有所专。然学所以求此理，而不仕则学为无用。仕所以行此理，而不学则仕为无本，乃相须以为用者也。故凡出仕而在位者，当夙夜匪懈，先尽其居官之事，待职业修举有余力之时，却也不可闲过了光阴，仍须从事于学，以讲明义理，考究古今。未仕而为学者，当朝夕黾勉，先进其务学之事，待涵养纯熟，有余力之时，却不可虚负了所学，必须出仕从政，以致君泽民，行道济时。"

【原文】

19.14 子游曰："丧致①乎哀而止。"

【注释】

①致：极致、竭尽。

【译文】

子游说："丧事做到尽哀也就可以了。"

【评析】

世事常常文胜质衰，礼备仁不足不可取，子游这是切时弊而言。

【原文】

19.15 子游曰："吾友张也为难能也，然而未仁。"

【译文】

子游说："我的朋友子张可以说是难得的了，然而还没有做到仁。"

【评析】

本章与下一章都是对子张的评论。朱熹认为："子张行过高，而少诚实侧怛之意。"子张才高意广人所难及，但他性格外向，心驰于外，

缺少内心修为,不符中庸之仁德。在这里,子游对子张既赞叹又惋惜。

【原文】

19.16 曾子曰:"堂堂乎张也,难与并为仁矣。"

【译文】

曾子说:"子张外表堂堂,难以和他一起做到仁啊。"

【评析】

曾子做学问重在"真心诚意",每日"三省吾身",非常注意内心的修养功夫。子张外有余而内不足,他的为人重在"言语形貌",不重"正心诚意",故别人不能助他为仁,他也不能助别人为仁。子张虽有不足,但他能继承和弘扬孔子的学说,成为后来儒家八派之一。

【原文】

19.17 曾子曰:"吾闻①诸夫子:人未有自致②者也,必也亲丧乎。"

【注释】

①诸:之于。②自致:自己尽情表露。

【译文】

曾子说:"我听老师说过:人没有自己尽情表露感情的情况,(如果有)一定是在父母去世的时候。"

【评析】

对于常人而言,别人的事最大也是小事,唯有父母去世时,真性情才会显现。如果这种真情实感可以推广至仁、礼,则君子之风可兴。

【原文】

19.18 曾子曰:"吾闻诸夫子:孟庄子①之孝也,其他可能也;其不改父之臣与父之政,是难能也。"

【注释】

①孟庄子:鲁国大夫仲孙速。

【译文】

曾子说:"我听老师说过:孟庄子的孝,其他人也可以做到;但他不更换父亲的旧臣及其政治措施,这是别人难以做到的。"

【评析】

以亲之心为心,无适己自便之意。以父之贤臣与善政为臣与政,立身行道,以显亲扬名,乃孝之大者,所以说难能。

【原文】

19.19 孟氏使阳肤①为士师,问于曾子。曾子曰:"上失其道,民散久矣。如得其情,则哀矜②而勿喜。"

【注释】

①阳肤:曾子的学生。②矜:怜悯。

【译文】

孟氏任命阳肤做典狱官,阳肤向曾子请教。曾子说:"在上位的人偏离正道,百姓早就离心离德了。你如果能弄清他们的情况,就应当怜悯他们,而不要自鸣得意。"

【评析】

本章曾子谈了他的政治理想。曾子的看法是:一方面要对由于社会和时代的原因造成犯罪的人抱以哀怜同情;另一方面不要因为审出一个案子而居功骄傲,沾沾自喜。作为法官,可喜的应该是自己没有什么事情做,没有什么案子可审。正如孔子所说:"听讼,吾犹人也。必也使无讼乎?"(《颜渊》篇12.13)"必也使无讼乎",就是让人们没有官司可打,自然也就无案可审了。

【原文】

19.20 子贡曰:"纣①之不善,不如是之甚也。是以君子恶居下流②,天下之恶皆归焉。"

【注释】

①纣:商代最后一个君主,名辛,"纣"是他的谥号,历来被认为

是一个暴君。②下流：即地势低洼、各处来水汇集的地方，比喻名声不好的局面。

【译文】

子贡说："纣王的不善，不像传说的那样厉害。所以君子憎恨处于名声不好的局面下，使天下一切坏名声都归到他的身上。"

【评析】

子贡告诫人们不要身处名声不好的局面中，与坏事沾边，否则会成为众矢之的。据史料记载，纣有文武全才，对东方的开发、文化的发展和中国的统一都有过贡献，但他宠爱妲己，贪酒好色，刚愎自用，拒绝忠言，制定残酷刑法，压制人民；又大兴土木，无休止地役使人民，结果在百姓的反抗声中自焚而死。子贡因此认为商纣的为恶不像传说的那么严重，这里不是为纣王开脱，而是提醒世人应当经常自我警诫反省。

【原文】

19.21 子贡曰："君子之过也，如日月之食焉：过也，人皆见之；更也，人皆仰之。"

【译文】

子贡说："君子的过错好比日食月食：他犯过错，人们都看得见；他改正过错，人们都仰望着他。"

【评析】

人非圣贤，孰能无过。过而能改，善莫大焉。君子勇于改正自己的错误，而不会文过饰非。

【原文】

19.22 卫公孙朝①问于子贡曰："仲尼②焉学？"子贡曰："文武之道，未坠于地，在人。贤者识其大者，不贤者识其小者，莫不有文武之道焉。夫子焉不学？而亦何常师之有？"

【注释】

①卫公孙朝：卫国的大夫公孙朝。②仲尼：孔子的字。

【译文】

卫国的公孙朝问子贡说:"仲尼的学问是从哪里学来的?"子贡说:"文王、武王的道,并没有失传,还留在人们中间。贤能的人可以了解它的根本,不贤的人只了解它的末节,没有什么地方无文王、武王之道。我们老师何处不学,又何必要有固定的老师传授呢?"

【评析】

这一章又讲到孔子之学何处而来的问题。子贡说,孔子承袭了周文王、周武王之道,并没有固定的老师给他传授。这实际是说,孔子肩负着上承尧、舜、禹、汤、文、武、周公之道,并把它发扬光大的责任,这不需要什么人讲授给孔子。表明了孔子"不耻下问""学无常师"的学习过程。唐代韩愈的《师说》云:"生乎吾前,其闻道也固先乎吾,吾从而师之;生乎吾后,其闻道也亦先乎吾,吾从而师之。吾师道也,夫庸知其年之先后生于吾乎?是故无贵无贱,无长无少,道之所存,师之所存也。""道之所存,师之所存也"就是子贡描述孔子学习的状况。

【原文】

19.23 叔孙武叔①语大夫于朝曰:"子贡贤于仲尼。"子服景伯②以告子贡。子贡曰:"譬之宫墙③,赐之墙也及肩,窥见室家之好。夫子之墙数仞④,不得其门而入,不见宗庙之美,百官⑤之富。得其门者或寡矣。夫子之云,不亦宜乎!"

【注释】

①叔孙武叔:鲁国大夫,名州仇,三桓之一。②子服景伯:鲁国大夫。③宫墙:宫也是墙。围墙,不是房屋的墙。④仞(rèn):古时七尺为仞。⑤官:这里指房舍。

【译文】

叔孙武叔在朝廷上对大夫们说:"子贡比仲尼更贤。"子服景伯把这一番话告诉了子贡。子贡说:"拿围墙来做比喻,我家的围墙只有齐肩高,室家所有一目了然。老师家的围墙却有几仞高,如果找不到门进去,你就看不见里面宗庙的富丽堂皇和房屋的绚丽多彩。能够找到门进

去的人很少。叔孙武叔那么讲，也很正常！"

【评析】

子贡尊师自谦，说自己学问浅，老师的学问深不可测。

【原文】

19.24 叔孙武叔毁仲尼。子贡曰："无以为也！仲尼不可毁也。他人之贤者，丘陵也，犹可逾也；仲尼，日月也，无得而逾焉。人虽欲自绝，其何伤于日月乎？多①见其不知量也。"

【注释】

①多：用作副词，只是的意思。

【译文】

叔孙武叔诽谤仲尼。子贡说："（这样做）是没有用的！仲尼是毁谤不了的。别人的贤德好比丘陵，还可超越过去；仲尼的贤德好比太阳和月亮，是无法超越的。虽然有人要自绝于日月，这对日月又有什么损害呢？只是表明他不自量力而已。"

【评析】

叔孙武叔毁谤孔子，子贡便毫不迟疑地站出来维护老师的声望，义正词严地予以驳斥。子贡代表众弟子捍卫老师的崇高人格，实际上也是捍卫自己的人格，既是捍卫真理和正义，也是继承和弘扬老师的绝学。

【原文】

19.25 陈子禽谓子贡曰："子为恭也，仲尼岂贤于子乎？"子贡曰："君子一言以为知，一言以为不知，言不可不慎也。夫子之不可及也，犹天之不可阶而升也。夫子之得邦家者，所谓立之斯立，道之斯行，绥之斯来，动之斯和。其生也荣，其死也哀。如之何其可及也？"

【译文】

陈子禽对子贡说："您是谦恭了，仲尼怎么会比您更贤良呢？"子贡说："君子的一句话就可以表现他的智慧，一句话也可以表现他的不智，所以说话不可以不慎重。夫子的高不可攀，正像天是不能够顺着梯子爬上去一样。夫子如果得国而为诸侯或得到采邑而为卿大夫,那就会像人们说的那样,教百姓立于礼,百姓就会立于礼;要引导百姓,百姓就会跟着走;安抚百姓,百姓就会归顺;动员百姓,百姓就会齐心协力。他在世时,百姓以他为荣;他去世了,百姓为他哀伤。我怎么能赶得上他呢?"

【评析】

以上这几章,都是子贡回答别人贬低孔子而抬高子贡的问话。子贡对孔子十分敬重,本章再次论述了孔子的为政才能,认为他高不可攀。所以子贡不能容忍别人对孔子的毁谤。子贡用"其生也荣,其死也哀"为孔子的一生做了总结,相当到位。孔子确实是生得伟大,死得光荣。

堯曰第二十

尧曰第二十

本篇提要

《尧曰》篇主题是仁政纲要，共计3章，369字。从往圣仁政、孔子之政、至圣三知等方面做了论述。和谐社会是人类的共同愿望。孔子对三代以来的美德善政做了高度概括，可以说是对《论语》全书中有关治国安邦思想的总结，将君子所应该具备的政治才能和修养品质做了充分的论述，主张敬德而尊贤，崇慕古代以仁德而治的大同世界。面对纷乱的世道，为了实现自己"五美四恶"的政治抱负，孔子怀着一颗救世之心，"知其不可为而为之"，尽管到处碰壁，仍不懈地宣扬"仁"，孜孜以求复礼，以承德义，以救时失，汲汲每恐不可及，体现了朴素而可贵的民本思想。

【原文】

20.1 尧曰①："咨②！尔舜！天之历数在尔躬，允③执其中。四海困穷，天禄永终。"舜亦以命禹。

曰："予小子履④，敢用玄牡⑤，敢昭告于皇皇后帝：有罪不敢赦，帝臣不蔽，简⑥在帝心。朕⑦躬有罪，无以万方；万方有罪，罪在朕躬。"

周有大赉⑧，善人是富。虽有周亲⑨，不如仁人。百姓有过，在予一人。

谨权量⑩，审法度⑪，修废官，四方之政行焉。兴灭国，继绝世，举逸民，天下之民归心焉。

所重：民、食、丧、祭。

宽则得众，信则民任焉，敏则有功，公则说。

【注释】

①尧曰：下面引号内的话是尧在禅让帝位时给舜说的话。②咨：即"啧"，感叹词，表示赞誉。③允：真诚，诚信。④履：这是商汤的名字。⑤玄牡：玄，黑色谓玄。牡，公牛。⑥简：这里是知道的意思。⑦朕：我。⑧赉（lài）：赏赐。⑨周亲：至亲。⑩权量：权，秤锤。指量轻重的标准。量，斗斛。指量容积的标准。⑪法度：指量长度的标准。

【译文】

尧说："啧啧！你这位舜！上天的大命已经落在你的身上了。诚实地保持那中道吧！假如天下百姓都隐于困苦和贫穷，上天赐给你的禄位也就会永远终止。"舜也这样告诫禹。

（商汤）说："我小子履谨用黑色的公牛来祭祀，向伟大的天帝祷告：有罪的人我不敢擅自赦免，天帝的臣仆之善恶我也不敢掩蔽，都由天帝的心来分辨、选择。我本人若有罪，不要牵连天下万方，天下万方若有罪，都归我一个人承担。"

周朝大封诸侯，使善人都富贵起来。（周武王）说："我虽然有至亲，不如有仁德之人。百姓有过错，都在我一人身上。"

认真检查度量衡器，周密地制定法度，恢复废弃的官职和机构，全国的政令就会通行了。复兴被灭亡的国家，接续已经断绝的世族，提拔被遗落的人才，天下百姓就会真心归服了。

所重视的四件事：人民、粮食、丧礼、祭祀。

宽厚就能得到众人的拥护，诚信就能得到百姓的信任，勤敏就会有功绩，公平就会使百姓心悦诚服。

【评析】

孔子对三代以来的美德善政做了高度概括，可以说是对《论语》全书中有关治国安邦思想的总结，对后代产生了很大的影响力。这段话提到了尧、舜、禹、汤、文、武、周公这些历代圣王。更重要的是，无论是"允执其中。四海困穷，天禄永终"的权力合法性论证，还是"朕躬有罪，无以万方；万方有罪，罪在朕躬"的权力自我谦卑及其担当；无论是"虽有

周亲，不如仁人""兴灭国，继绝世，举逸民，天下之民归心焉"的公天下理念，还是"谨权量，审法度，修废官，四方之政行焉"的公平治理观念；抑或是"民，食，丧，祭"的首要性政治选择，"宽则得众，信则民任焉，敏则有功，公则说"的仁政风格，都是"王道"的主要内涵。到孔子时代，"王道"时代——由"王"来代表、推行和保护的"道义"时代已经遥不可及，当时的王，也只是有王的名分而无王的德性。并且，中间甚至还隔着一个时代："霸道时代"。如果"王道时代"是中国文化叙事中的黄金时代，那么，以齐桓公为代表的"霸道时代"，则是白银时代。但"霸道"的名声则与"王道"迥若云泥：王道是礼乐理想的代名词，而霸道则是蛮横无理的集中表述。

【原文】

20.2 子张问于孔子曰："何如斯可以从政矣？"子曰："尊五美，屏四恶，斯可以从政矣。"子张曰："何谓五美？"子曰："君子惠而不费，劳而不怨，欲而不贪，泰而不骄，威而不猛。"子张曰："何谓惠而不费？"子曰："因民之所利而利之，斯不亦惠而不费乎？择可劳而劳之，又谁怨？欲仁而得仁，又焉贪？君子无众寡，无小大，无敢慢，斯不亦泰而不骄乎？君子正其衣冠，尊其瞻视，俨然人望而畏之，斯不亦威而不猛乎？"子张曰："何谓四恶？"子曰："不教而杀谓之虐；不戒视成谓之暴；慢令致期谓之贼；犹之与人也，出纳之吝，谓之有司。"

【译文】

子张问孔子说："怎样才可以治理政事呢？"孔子说："尊重五种美德，排除四种恶政，这样就可以治理政事了。"子张问："五种美德是什么？"孔子说："君子要给百姓以恩惠而自己却无所耗费，使百姓劳作而不使他们怨恨，要追求仁德而不贪图财利，庄重而不傲慢，威严而不凶猛。"子张说："如何做到要给百姓以恩惠而自己却无所耗费呢？"孔子说："让百姓们去做对他们有利的事，这不就是对百姓有利而节省国家的开支吗？选择适合百姓劳作的时间和事情让百姓去做，这又有谁会怨恨呢？自己要追求仁德便得到了仁德，又还有什么可贪的呢？君子对人，无论多少，势力大小，都不怠慢他们，这不就是庄重而不傲慢吗？君子衣冠整齐，目不斜视，使人见了就生敬畏之心，这不也是威严而不凶猛吗？"子张问："什么叫四种恶政呢？"孔子说："不经教化便加以杀戮叫作虐；不加告诫便要求成功叫作暴；不加监督而突然限期叫作贼；当赏财物时却出手吝啬，叫作小气。"

【评析】

这是子张向孔子请教为官从政的要领。孔子讲了"五美四恶"，这是他政治主张的基本观点，其中包含有丰富的"民本"思想，比如："因民之所利而利之""择可劳而劳之"，反对"不教而杀""不戒视成"的暴虐之政。从这里可以看出，孔子对德治、礼治社会有自己独到的主张，在今天仍不失其重要的借鉴价值。

【原文】

20.3 子曰："不知命，无以为君子也；不知礼，无以立也；不知言，无以知人也。"

【译文】

孔子说："不清楚使命，就不能成为君子；不知道礼，就不能立身处世；不善于分辨别人的言语，就不能真正了解人。"

【评析】

这一章，孔子再次向君子提出三点要求，即"知命""知礼""知言"，这是君子立身处世需要特别注意的问题。《论语》一书最后一章谈君子人格的内容，表明此书之重点，就在于塑造具有理想人格的君子，培养治国安邦的志士仁人。林则徐有一句诗："苟利国家生死以，岂因祸福避趋之。"这便是知命，知晓使命就是为国效力，只要对国家有利的，就是命里该做的，就不因福祸而趋利避害。以"三不"结尾完美呼应书的开头"三不"，可见编者的用心和水准。不学，何以知命？不学，何以知礼？不学，何以知言？故《学而》篇为第一篇。《论语》以"人不知而不愠，不亦君子乎"开头，以"不知命，无以为君子也"结束，故《论语》也可以称之为"君子学"。

后记：《论语》的声音

听话听声、锣鼓听音，声与音非常重要，有时候甚至超过文字本身。《论语》的声音是什么？论其字词就是句段，论其句段就是篇章，论其全书是孔子的生平和品行。读《论语》要学会放风筝，拽着线可以神游，穿越时空与孔子及他的弟子们交流思想。断句很重要，前人做了大量工作。划分段落是当代学人研究《论语》的关键，全书近五十处疑难句或分歧句的根源就在这里，解决这些问题的途径可能也在这里。对于这些疑难之处，皓首穷经、词章考古的作用已经不大了，有些还可能产生新的分歧。最有效的是通过对《论语》整体结构的把握，结合上下文、前后章逻辑推理。

参阅过往的《论语》注释作品，发现或多或少都存在一些缺陷或误读，没有一本书指出或提出全书和篇章的框架结构。有些地方对于孔子的思想理解还有较大的偏差和出入。笔者经长期研究和反复论证有以下思考：

1. 提出全书框架。全书20篇文章是一个有机整体，每篇文章内容都有一定的结构，绝不是通常所言散编或杂编。《论语》作为"孔子学校"的主打教材，没有整体的篇章结构是不符合逻辑的。

《论语》以"子曰：学而时习之，不亦说乎？有朋自远方来，不亦乐乎？人不知而不愠，不亦君子乎"开篇，以"子曰：不知命，无以为君子也。不知礼，无以立也。不知言，无以知人也"收尾，可谓首尾遥相呼应，学礼、义友、仁人三个关键词是这两段话共同的主旨。前10篇讲内修圣德，后10篇讲外行王道，实际上是理论篇与实践篇的关系。其中第1~3篇好学第一（《学而》篇）、为政以仁（《为政》篇）、礼为仁表（《八佾》篇），与第11~13篇先进于礼（《先进》篇）、为仁以礼（《颜渊》篇）、仁政之路（《子路》篇）一一对应；第4~8篇分别就仁的表现、标准、途径等做了阐述，与第14~18篇仁的守则及治国、齐家、修身三种仁的不同要求相对应；第9篇仁者无忧（《子罕》篇）与第19篇后继有人（《子张》篇）遥相呼应；第10篇礼仁日常（《乡党》

篇）与第20篇仁政纲要（《尧曰》篇）完美对接。

2.《论语》的主编很大可能是子贡。理由如下：（1）子贡是孔门第一大弟子。子贡是三千弟子中修身、齐家、治国、平天下的最杰出代表，中华儒商鼻祖，令各国诸侯都得分庭抗礼，在弟子中的威望、号召力无出其右。(2）子贡是孔门贡献第一人。子贡可谓是孔子学堂总经理，无论是"陈蔡脱困"还是"存鲁乱齐破吴霸越强晋"，每到危急关头，子贡总能力挽狂澜。甚至有专家认为：孔子周游列国十四年的费用，孔子葬礼以及众弟子三年服丧期间所需的开支，都由子贡一手筹措。《史记》评价：孔子因子贡力推而名扬天下。（3）子贡是弟子间称"子"的唯一一人。鲁国官方公开宣称"子贡贤于仲尼"，子贡在《论语》中出场次数最多，高达57次，开篇和尾篇都是压轴发言。子贡的影响力无人可及。（4）子贡是尊师重道第一人。孔子是教育事业的开创者，子贡对孔子推崇备至，为纪念老师而发起编写《论语》的意愿是非常强烈的。子贡是曲阜孔林中唯一一位非孔氏人物，为孔子庐墓六年，而此时恰是弟子们追思孔子、回忆学业生涯的集中时段，有理由相信《论语》的主体内容完成于此时，后经多代弟子反复修订最终成书，故书中人物称谓不一，历史跨度隔代。（5）子贡是孔门言语科第一人。子贡的口才、文采无人能及，司马迁说，令孔子"常黜其辞"。子贡也是与孔子言诗第一人，"温、良、恭、俭、让""如切如磋，如琢如磨""宗庙之美、百官之富"皆出自子贡之口。《史记》中记载子贡事迹逾两千字，而记载其他弟子如孟子、荀子事迹不过两百字。

综合以上号召力、财力、影响力、愿力、能力等五大方面来看，子贡作为《论语》的主编可谓众望所归，别无他选。

3. 词句误读校正。比如贤贤易色、无友不如己、绘事后素、有教无类、辞达而已、唯女子与小人为难养也等等。

4. 孔子学生的名字和每一篇文章的标题基本都有精心的编排和含义。

《论语》成书久远，但思想可以跨越时空，所谓"海内存知己，天涯若比邻"。笔者认为整本《论语》是精心设计、分工撰章、周密集成的集体创作。如交响曲一般，在内仁外礼、内圣外王的统一指挥下，把孔子的执政理念，治国、齐家、修身之法娓娓道来，旁征博引，深入浅出，令人拍案叫绝。但也正因如此，篇章结构比较隐蔽，难以被发现。

既需要自上而下，从《论语》核心思想"内仁、外礼"两条主线出发，由目录、框架结构入手；也需要自下而上，从字句归纳上升为段落划分，进而提炼出篇章的主题和分论点；再由上而下，解决站在局部理解不透的问题。子曰："吾道一以贯之。"言为心声，或许只有这样才能更好地听懂《论语》的声音。

　　书名定为《论语通义》，一是希望提供一个正本清源、语义通达的《论语》读本，经得起历史的考验；二是要写得通俗易懂，让读者"一本通"，儒家思想本身是日用常识，没有那么深奥难懂。本书的独特之处：第一，首次提出了《论语》全书的完整结构，每个篇章提炼了新的题目，篇首加了提要；第二，对全部20篇文章都进行了分段，理清了每一篇文章的结构；第三，对全书512章中的近50章疑难、分歧章句进行了全新的解读和鉴别，扫清了多年来困扰无数读者和专家学者的阅读障碍；第四，首次统计了全书合计512章，字数为15912字，对每篇字数也分别做了统计，运用数据统计结果，从数字人文的独特角度，印证孔门十哲出场次数与人物影响力的关系；第五，首次提出《论语》的主编是子贡；第六，用"一本八参"的立体观升级"四书五经"的平面观。

　　成书过程中特别要感谢两位先贤：朱熹、张居正。朱熹的《四书章句集注》是《论语》解读的基本盘。《张居正直解四书》最为透彻，对《论语》有独到的见解，部分疑难章句的理解所见略同。张居正是一代名相、帝王之师，是平天下之人，康熙有言："俱精实之义，无泛设之词，堪解读之最。"读古人的书，要回到古人的语境中去。语言学家说，意思的传达，语境占75%，语言本身只占25%。孔子的话，都是微言大义，只有那几个字，没有语境就说不清楚，也给后人各种解释发挥留下巨大空间。而还原语境，要对当时的历史、人物、社会都有认识，这需要很多年的历史阅读积累。儒家把学习分为"为己"和"为人"两种。学习为己，是为自己学，朱熹、张居正，首先都是为自己学，学习怎么修身齐家治国平天下，知行合一，有实践经验。而纯做学问的人是为别人学，纸上得来转授他人，两者不可同日而语。

　　对于儒释道三家，有人比喻：儒家好比粮店，佛家是百货店，而道家是药店。也有学者指出，人的一生围绕三个问题：儒家解决习性问题，佛家解决情绪问题，而道家解决欲望问题。我们老祖宗最厉害的地方，也是给我们留下的最好的文化遗产，就是让儒释道合流归一。因此，每个炎黄子孙血脉里都有着儒释道的影子，集体人格中也多多少少有着三家的文化基因。这也是中华民族和中华文明历经灾难和战乱，至今仍生生不息的重要原因。笔者的观点是：儒家讲今生，不光"坐而论道"，更是"起而行之"，是"主食饭菜"不可或缺；佛家讲来生，是"点心"调剂；道家讲往生，是"水果"补充。因此作为华夏民族的指导思想，儒家的重要性不言而喻。《论语》是经典中的经典，"半部论语治天下"名不虚传。

《论语》是中国文化的根，《论语》是中国人的《圣经》，《论语》是中国人的必读书。"天下武功出少林，国学经典在《论语》。半部《论语》治天下，一句子曰益终生。"四书五经是中国文化的集中体现，而四书五经都脱胎于孔子。四书里的《大学》《中庸》《孟子》三本书是关于《论语》的读后感及读书体会；五经《诗》《书》《礼》《易》《春秋》是孔子周游列国回到鲁国后删述的。因此笔者大胆提出一个新概念"一本八参"：《论语》是本是正文，《大学》是序言、《中庸》是后记、《孟子》是讨论，五经是参考文献。《论语》是中国人为人处世的说明书，修身、教子、为官、经商之道尽在其中。尤其是孩子，学习后如同进入一座宝山，长大后随时开发，取之不尽，用之不竭。所以最值得读的是《论语》。熟读《论语》，读通《论语》，青少年可以积极进取、不断成长，十五志学、三十而立；中年人可以遇事泰然、心平气和，四十不惑、五十知命；老年人可以心胸坦荡、颐养天年，六十耳顺、七十从心。这便是《论语》的力量。

感佩于孔子"成人之美""功成不必在我""知其不可而为之"的精神，也动容于子贡为首的弟子们终身追随、不离不弃的师生情，遂有此书的问世。虽百转千回，勉力为之，但囿于学识，不到之处敬请指正。草诗一首，愿与诸君相会于热泪盈眶处：

> 庸年斗米竟潦草，
> 诗书礼乐易春秋。
> 自古皆言语无构，
> 贯道执御曾记否？

"四书五经"老生谈，
"一本八参"焕新颜。
遍看《论语》几多版，
不读《通义》难了然。

后记：《论语》的声音